삶의 얽힘을 푸는
가족세우기

The Roots of Love
A guide to Family Constellation: Understanding the ties that bind us and the path to freedom
Copyright ⓒ 2006 Svagito R. Liebermeister
All rights reserved.

Originally published in England by Perfect Publishers Ltd., Cambridge.
Korean translation copyrights ⓒ 2009 by Dong-Yun Publishing Co.
This Korean edition was published by arrangement with Svagito R. Liebermeister.

이 책의 한국어판 저작권은 저작권자와 독점 계약한 도서출판 동연에 있습니다.
저작권법에 의해 한국 내에서 보호를 받은 저작물이므로 무단 전제와 무단 복제를 금합니다.

버트 헬링거의 가족 심리 치료법

삶의 얽힘을 푸는
가족세우기

스바기토 R. 리버마이스터 지음
박선영 · 김서미진 옮김

Family Constellation

동연

"부모는 당신에게 생명을 주었지만,
또 다른 탄생이 기다리고 있다.
그것은 내가 나에게 생명을 주는 것이다.
당신 자신이 그러한 탄생의 부모가 되어야 한다."

― 오쇼 ―

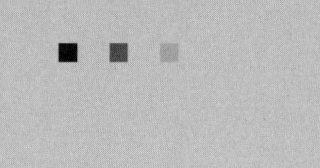

한국어판 서문

나는 가족세우기의 기본적인 개념과 이해를 돕기 위해 간단하지만 명료하게 글을 쓰려고 하였다. 이 책은 특별히 가족의 문제나 직업, 그리고 어떤 대인 관계에서든 개인적인 문제를 이해하고 싶어하는 사람들에게 도움이 되고, 타인을 돕는 상담자나 치료자들을 위한 핸드북으로도 사용될 수 있을 것이다. 부모-자녀 관계와 남녀 관계의 핵심적인 원리, 그리고 치료자의 태도에 대해서 자세히 설명했다.

이 책은 우리가 전체의 한 부분이라는 것과 우리의 문제가 여러 세대를 걸쳐 있다는 것을 이해하는 데 도움이 된다. 이러한 이해는 치료적인 접근을 뛰어넘어 동양적인 명상의 전통을 만나게 하고 자아self를 넘어 자기Self로 성장할 수 있게 한다.

이 책이 한국어로 출판되어 대단히 기쁘다. 나는 이 책을 통해 한국인들의 삶이 더 풍성해지고, 아직도 많은 가족에게 영향을 미치고 있는 한국전쟁의 집단적인 상처를 치유하는 데 도움이 되기를 바란다. 한국에서 열린 가족세우기를 통해 한국 사람들을 더욱 사랑하게 되었으며, 한국에 머무는 동안 따스한 환대를 받은 것과 사랑이 우리의 삶을 얼마나 크게 변화시키는지 배운 것에 대해 정말 감사하게 생각한다.

특별히 이 책을 번역하고 세상에 나오도록 도와준 한국춤테라피학회 박선영 씨와 가족세우기 치료자 김서미진 씨에게도 고마운 마음을 전한다.

스바기토 R 리버마이스터

감사의 글

먼저 영적 스승인 오쇼에게 감사의 마음을 보낸다. 치료사로서의 작업뿐 아니라 개인적으로도 나에게 가장 큰 영감을 주었다. 그는 전통적인 견해에 대해 의문을 품고 다시 생각해 볼 수 있도록 나에게 용기를 주었으며, 삶에 대한 깊은 통찰로 나를 이끌어 주었고, 경험하는 모든 것 속에 넘쳐나는 신비로움에 감사할 수 있게 해주었다.

심리 치료 영역에서 가족세우기라는 접근 방법을 만들어 낸 버트 헬링거Bert Hellinger 박사에게도 감사한다. 그가 만든 가족세우기는 개인적으로, 그리고 치료사로서 나에게 새로운 관점을 열어 주었다.

절대적인 사랑으로 나를 가르쳐 준 어머니와 자유를 존중하는 법을 내게 가르쳐 준 아버지에게 감사를 보낸다. 사랑하는 파트너이며 아내로서 나와 인생을 나누고, 항상 나의 기쁨과 모험을 일깨워 준 미라Meera에게도 감사한다.

또한 이 책을 만드는 데 도움을 준 사비타Savita와 수티Subhuti에게도 고마운 마음을 전한다. 그들의 도움과 지지가 없었더라면, 책을 시작할 엄두도 내지 못했을 것이고, 내게 글을 가볍게 쓰면서 초점을 유지하도록 해준 수티가 없었더라면 책이 출판되지 못했을 것이다.

가족세우기를 나에게 가르쳐 주고 함께해 준 모든 사람, 특히 스페인에 가족세우기를 알리는 데 큰 도움을 준 수라비Suravi와 내 가슴 깊은 곳에 신뢰와 사랑을 전해 준 그룹 참여자들과 지도자 과정에 참가한 사람들에게도 깊은 감사를 보낸다. 그들은 나의 삶과 작업을 더욱 풍성하게 해주었으며, 내가 성장에 대해 더 많이 이해할 수 있도록 도와주었다. 이 책에는 그동안 가족세우기에 참여했던 수많은 내담자들의 사례가 있지만, 그들의 사생활을 보호하기 위해 이름과 출신지, 그리고 어떤 사건은 내용을 바꾸어 수록했다.

서문

모든 사람은 부모가 있다. 이것은 전 인류에게 보편적이며, 대부분 당연하게 생각하는 사실이지만, 가끔은 그것을 잊어버리곤 한다. 하지만 여전히 우리의 삶에서 가장 중요한 관계가 바로 어머니와 아버지다. 우리는 부모를 통해서 몸과 생명을 받아 이 세상에 태어났다. 신비가인 오쇼는 이렇게 말했다.

"당신 존재의 반은 어머니이고, 나머지 반은 아버지이다. 부모가 있기에 당신이 지금 여기 존재하는 것이고, 그들이 아니었다면 당신은 존재할 수 없었다. 어떤 면에서, 당신에게 일어난 모든 일은 부모님 덕분이다. …… 이러한 사실을 깨달아야 한다."

알든 모르든 우리는 모두 부모와 깊게 연결되어 있으며, 부모에게 사랑이나 원한을 품고 있다. 또한 그들 곁에 가까이 있기를 바라거나 혹은 최대한 멀리 도망가려고 한다. 드물게는, 부모를 무관심하게 대하기도 한다.

우리는 '가족'을 모든 고통의 뿌리이거나 반대로 사회를 건강하게 만드는 바탕이라고 여기고, 가족 관계의 역동을 지난 수십 년간 과학적으로 연구해 왔다. 가족세우기는 독일 심리 치료사인 버트 헬링거 박사가 발전시킨 심리 치료의 한 형태이며, 전 세계적으로 빠르게 확산되고 있다. 이 접근법의 핵심은, 모든 문화에서 동일하게 작용하며 가족 체계를 관장하는 기초적인 법칙을 발견하는 것이다.

가족세우기의 기본적인 통찰을 이해하려는 사람들은 이 책을 지침서로 사용할 수 있을 것이다. 이를 위해서, 나는 가능한 한 쉽게 요점을 설명하려고 노력했고, 심리 치료를 넘어서는 보다 확장된 내용을 다루었다. 나는 버트 헬링거 박사의 발견을 정리하고 거기에 내 개인적인 견해를 첨부했으며, 사람들이 더 깊고 근본적인 방법으로 가족세우기를 이해할 수 있도록 헬링거 박사가 사용한 명상법을 보완하여 소개했다. 여기에 언급한 사례들은 대부분, 여러 나라를 오가면서 내가 진행한 가족세우기 세션에서 발췌한 것이다.

가족세우기 세션을 진행하려는 사람들은 이 책을 매뉴얼로도 사용할 수 있으며, 가족과 개인적인 관계를 더 깊이 이해하고 싶은 사람들도 유용할 것이다.

1부에서는 부모-자녀 관계에 적용되는 법칙과 이러한 법칙이 우리가 태어난 원가족에게 어떻게 적용되는지를 논의했다.

2부에서는 남녀 관계의 독특함과 좀 더 건강하게 자신의 배우자와 관계하는 방법을 살펴볼 것이다.

3부에서는 가족세우기 세션을 진행할 때 고려해야 할 사항을 요약했다.

4부에서는 명상과 가족세우기를 결합하는 방법과, 가족세우기는 사람을 '고치는' 것이 아니라 개인의 진정한 본성에 가까이 가게 하는 징검다리와 같다는 것과, 무엇이 우리의 행동을 만들어 내고 그 행동의 이면에는 무엇이 숨겨져 있는지 살펴볼 것이다.

또한, 헬링거 박사의 작업과 수많은 명상 기법을 발전시킨 인도의 신비가 오쇼의 통찰을 통합하여 소개할 것이다. 오쇼는 기본적으로 가족세우기를 포함한 심리 치료 방법들이 마음의 짐을 내려놓는 수단으로 유용하기 때문에 명상의 고요와 침묵 속으로 쉽게 들어갈 수 있다고 생각한다.

특정한 표현

가족세우기에서만 사용하는 고유한 표현들이 있다. 다음의 몇 가지 기본적인 단어 정의는 가족세우기를 더욱 잘 이해하는 데 도움이 될 것이다.

가족세우기 세션에서 **가족 구성원**이라고 말할 때, 그것은 어떤 사람을 대신하는 대리인을 뜻한다. 보통 실제 가족 구성원은 세션에 참가하지 않는다.

내담자는 자신의 가족 관계를 탐색하기 위해 가족세우기 세션을 받는 사람을 말한다.

가족세우기 세션을 안내하는 사람을 **치료자**라고 부른다.

대리인이란 가족세우기 세션에서 내담자가 자신이나 가족 구성원의 한 사람을 대신하여 배치하는 사람을 뜻한다.

치유 문장은 대개 세션에서 치료자가 대리인이나 내담자가 가족세우기에 배치된 다른 사람에게 말하게 하는 문장이다.

운명은 어떤 사람이 살아가야 할 길을 나타내며, 그것은 좋은 부분과 힘든 부분을 모두 포함한다.

움직임은 대리인의 움직임이나, 내적인 정서의 동요 혹은 감정을 말한다.

얽힘은 어떤 사람이 가족이나, 사회적인 관계를 맺은 다른 사람의 삶에 정서적으로 관여되어 있다는 뜻이다.

어떤 사람이 "**작다**" 혹은 "**크다**"라고 할 때는, 신체적인 크기를 말하는 것이 아니고, 이 책에서 설명하는 심리적인 태도를 뜻하는 것이다.

차 례

한국어판 서문 _7
감사의 글 _8
서문 _9

1부 가족세우기의 이해

1장 가족 체계: 어떻게 작용하는가? _17
2장 양심: 거부할 수 없는 힘 _30
3장 소외: 누가 제외되었는가? _45
4장 신성한 질서 _58
5장 가족 죄책감: 균형의 필요성 _74
6장 가해자와 피해자 _85
7장 죽은 자와 산 자 _99
8장 어머니를 향한 움직임의 방해물 _113
9장 질병 뒤에 숨겨진 가족의 역동: 얽힘의 기본적인 패턴 _120

2부 현재 관계 이해하기

10장 남녀 관계 _133
11장 관계 안에서 성장하기 _150
12장 관계의 진화 _164
13장 자녀 출산 _180
14장 사랑의 여러 가지 차원 _190
15장 특별한 주제: 근친상간, 낙태, 입양, 동성애, 삼각관계 _196

3부 가족세우기 세션을 안내하기

16장 가족세우기의 준비 단계 _215
17장 치료자의 자세 _223
18장 치료자를 위한 지침 _241
19장 세 가지 요소: 질서, 실체, 에너지 _247
20장 치유 문장 _262
21장 영혼의 움직임 _268

4부 가족세우기와 명상

22장   명상 기법 _283
23장 개인 세션과 세미나 _290
24장 작업의 배경 _301

부록
자주하는 질문 _319
옮긴이의 글 _324
참고도서 _327

1부
가족세우기의 이해

1
가족 체계: 어떻게 작용하는가?

이미 100년 전 일이다. 현대 심리학을 창시한 지그문트 프로이트Sigmund Freud가 어린 시절에 경험하는 부모와의 관계가 인간의 심리적 발달의 미세한 부분에까지 영향을 끼친다는 사실을 발견한 것이. 그는 특히 어머니의 양육 방식이 아이에게 신경증이나 정신장애, 절망감 등을 유발할 수도 있다고 보았다.

그래서, 한동안 사람들은 인간의 심리적 문제의 원인을 어머니의 탓으로 돌렸다. 아이에게 미치는 어머니의 역할이 사실로 드러나면서 인간의 모든 문제에 대한 책임을 어머니에게 돌리는 게 유행이 된 것이다. 치료자 집단에서도 부모에게 책임을 지우는 것, 특히 어머니를 비난하는 것이 불행을 설명하는 전형으로 자리 잡았다.

1960년대에 들어서자 가족 전체의 역동에 대한 탐구가 더욱 깊어졌다. 그 선두에는 랭R.D. Laing이나 토마스 스자즈Thomas Szazz와 같은 선구적인 정신과 의사들이 있었다. 그들은 부모의 영향뿐만이 아니라, 어린 시절에 경험한 갈등의 메시지가 어떻게 신경증과 정신병의 행동으로 나타나는지 연구했다. 이후 전체 가족 구성원 중 한 사람으로서 정서장애 아동과 불행한 성인을 바라보고 치료하는 방법이 심리 치료 분야의 주류 안에서 자리 잡기 시작했다.

양자 물리학을 예로 들어 보자. 양자 물리학에서는 원자 입자를 구성하는 각 부분은 다른 부분과 영향을 주고받는다고 말하고 있다. 이것은 지구의 기상 패턴이나 동물의 먹이사슬, 인간의 가족을 포함한 모든 거대한 시스템에도 적용된다.

버지니아 사티어Virginia Satir와 다른 몇 사람이 가족 체계를 지배하는 영향력과 법칙에 대한 연구를 더욱 발전시켰다. 또한 1990년경 심리 치료사인 버트 헬링거Bert Hellinger 박사는 가족과 조직을 위한 새로운 접근 방법을 선보여 전 세계인의 주목을 받았다.

현재 25개국 이상에서 상담가와 심리 치료사, 가족과 조직세우기 안내자들이 헬링거 박사의 접근 방법을 사용하여 작업한다.

헬링거 박사는 정통 정신분석학을 교육받은 바탕 위에 심리적인 관찰의 몇 가지 요소와 가족 체계 이론, 그리고 그가 체험했던 남아프리카 줄루Zulu 족이 가족 관계를 다루는 방법을 통합했다. 그는 이러한 다양한 요소를 가지고 가족세우기Family Constellation 혹은 조직세우기Systemic Constellations라고 하는 단순하고 강력한 치료 형태를 만들었다.

헬링거 박사는 자신이 고안해낸 새로운 방식에 모레노Moreno의 사이코드라마와 사티어의 가족 조각sculpture의 요소들을 수정하여 도입했다.

사이코드라마는 연극적인 방법으로 내담자의 어린 시절 정서적인 문제를 시각화한다. 내담자를 포함한 참가자들이 마치 공연을 하는 것처럼 가족의 역할을 하면서 내담자의 문제를 설명하거나 해결하려고 하며, 때로는 현재 가족 내에서 벌어지는 현상보다 좀 더 긍정적인 결과나 더 나은 해결책을 찾아내기도 한다.

'가족 치료의 어머니'라고도 알려진 사티어는 좀 더 상징적인 방법으로 가족의 모습을 실연했다. 그는 가족 관계를 나타내 주는 사람들의 자세나 사람들 사이의 거리를 최초로 관찰했다. 처음에는 내담자의 실제 가족과 함께 작업했는데, 가족 구성원이 모두 참가하지 않은 날에는 실제 가족이 아닌 그룹 참가자를 대신 세워야만 했다.

사티어는 이러한 방법으로 세션을 진행하다 대리인들이 실제 가족이 느끼는 감정과 행동을 느끼고 표현할 수 있다는 사실을 발견했다.

헬링거 박사는 실제 가족 구성원을 대신하는 대리인만을 사용하는 사티어의 통찰을 다듬었다. 그는 대리인들에게 내담자의 개인적인 해석에 영향을 받지 않으면서 자신들의 내적인 느낌에 따라 움직이고 표현할 수 있는 자유를 주었다.

또한 헬링거 박사는 캐나다의 정신과 의사로 교류분석을 개발한 에릭 번Eric Berne의 작업도 끌어들였다. 번은 모든 사람이 생애 초기에 만들어진 은밀한 '인생 각본Life script'을 따라 살아간다는 것과, 이러한 인생 각본을 드러내서 의식적으로 인정하게 되면 삶을 바꿀 수 있다는 것을 알아챘다.

하지만 번은 인간의 개인적인 삶을 넘어서지 못했다. 반면에 헬링거 박사는 조상의 각본이 후대로 전해지고, 후손은 조상의 각본을 자신의 것으로 받아들인다는 것을 발견했다. 이러한 숨겨진 인생 각본을 발견하고, 번과 헬링거 박사는 그러한 인생 각본에서 벗어나도록 도울 수 있는 '치유 문장'을 도입했다.

헬링거 박사는 여러 가지 심리 치료법을 통합하여 가족세우기를 만들었지만 가족세우기 치료법은 여러 가지 심리 치료를 합친 것보다 훨씬 효과적이다. 가족세우기는 그 자체로 유기적인 체계이며, 지금까지 연구된 것 중에서 가장 강력하고 심오한 심리 치료 방법이다. 가족세우기는 단지 20여 분의 짧은 세션 한 번으로 자신과 가족의 깊은 진실을 드러낸다. 그 진실이 드러나기 시작하면 우리 삶은 자유를 얻고, 치유되며, 극적으로 바뀐다.

가족세우기란 무엇인가? ■ ■ ■

가족세우기 세션의 기법은 정말로 간단하다. 가족의 역동을 보고 싶어 하는 사람이 자신을 포함한 가족 구성원의 대리인들을 뽑는다. 그 대리인들에게 어떤 설명이나 지시를 하지 않으면서, 내담자는 자신이 원하는 대로 대리인들을 적당한 자리에 세운다.

여기까지 작업이 가족 구성원들이 서로 느끼는 친밀감이나 고통, 사랑이나 버려짐의 정도를 표현하는 '가족 초상화'를 만드는 것이다.

순식간에, 대리인들은 원래 가족 구성원이 실제로 느꼈던 그 무엇을 느끼기 시작하는데, 이것은 세션을 하면서 실제 가족 구성원에 의해 수없이 입증되었다. 사전 정보가 없는 상태에서, 대리인들이 자신이 대신하는 가족 구성원의 신체장애를 정확하게 표현하는 일을 흔히 볼 수 있다.

어떤 세션에서, 내담자 할아버지의 대리인이 오른쪽 다리에 심한 통증을 느꼈는데, 내담자는 자기 할아버지가 전쟁 중에 다리 부상을 입고 고생했다고 말했다. 또 다른 경우에 목에 통증을 느끼는 대리인이 있었는데, 내담자는 목이 졸려 죽은 친척이 있다고 말했다. 때로는 실제 가족이 했던 말을 대리인이 정확하게 반복하기도 한다.

이러한 동시성은 상식을 넘어서는 일이지만, 가족세우기 세션에서는 일상적으로 벌어진다. 누구나 자신이 대리하는 사람의 신체 감각과 정서를 느낄 수 있는 어떤 에너지 장이 존재하는 것으로 보인다. 그것은 마치 가족 체계의 에너지 장으로 들어가면, 그 체계의 상호 관계에 대한 진실을 즉각적으로 받아들일 수 있는 것과 같다. 이러한 현상에 대해 전문가들은 '형태의 장', '정보의 장', 또는 '인식의 장'이라고 부른다.

세션이 진행되는 동안, 대리인은 위치를 바꾸고 나서 보통 한 줄짜리 문장을 말하게 된다. 이 문장으로 가족 구성원의 관계에 대한 깊은 진실이 드러난다. 세션이 진행됨에 따라 대리인들은 다른 위치로 옮겨가는데, 궁극적으로는 모든 사람이 더 편안하게 느끼는 곳으로 움직이게 된다.

내담자는 세션을 하는 동안 대부분 수동적인 관찰자로 존재하지만, 세션의 막바지에 이르러서는 내담자가 자기를 대신하던 대리인의 자리에 서 있게 되는 경우가 많다. 한마디로 가족세우기는 아주 짧은 시간에 내담자에게 긍정적인 결과를 가져다 줄 수 있는 아주 효과적인 방법인 것이다.

우리는 공동체의 일부분이다 ■ ■ ■

가족세우기를 통해서, 우리는 하늘에서 뚝 떨어진 존재가 아니라, 좋든 싫든 자신이 속한 가족 체계의 통합된 부분이라는 것을 이해하게 된다. 또한 개인은 자기가 속한 가족의 문화에 길들여져 있으며, 가족 문화에 직접적인 영향을 받는다는 것을 발견한다.

일반적인 일대일 세션에서는 문제를 내담자 개인에게 한정하는 경향이 있다. 즉, 내담자의 문제를 다룰 때 한 개인으로서 그가 맺은 관계를 다룬다. 반면에, 가족세우기에서는 개인의 문제라도 가족이라는 큰 그림 안에서 본다. 몸과 마음을 하나의 역동체계로 바라보는 전인치료처럼, 가족세우기에서는 개인을 하나의 유기체로 기능하는 가족 체계의 일부분으로 여기는 것이다.

세션을 진행하면서 치료자가 가족 구성원의 위치를 바꾸거나 말하는 방식을 바꿔줄 때, 한 개인이 어떤 방식으로 영향을 받게 되는지 쉽게 알 수가 있다. 예를 들면 가족세우기에서, 내담자의 죽은 남동생이 아무도 볼 수 없는 뒤편에 서 있다고 하자. 그 남동생을 가족의 관심을 받을 수 있는 자리로 옮겨주면, 내담자의 대리인뿐 아니라 가족 구성원 모두가 영향을 받는다.

어떤 사람들은 한숨을 쉬거나 불안해하고, 눈물을 흘리면서 울기도 한다.

이렇게 가족세우기에 참가한 그룹 구성원 모두는, 자신이 정서적으로 묶여 있는 공동체의 일부라는 사실을 깨닫고 자신이 속한 거대한 체계와 조율하기 시작하면, 가족 안에서 조화롭게 살 수 있게 된다.

가족세우기는 우리들 중 그 누구도 홀로 떨어진 섬이 아니라는 사실을 진정으로 이해하게 한다. 인간은 어느 누구도 혼자 고립된 존재가 아니다. 우리보다 앞선 세대와 단절되고, 부모의 도움 없이 지구에 혼자서 뚝 떨어졌다는 생각은 환상일 뿐이다. 조상이 어떤 사람인지 알든 모르든 우리 모두는 조상 및 가족 구성원과 연결되어 있다. 가족세우기를 통해 이것을 확인할 수 있다.

가족세우기는 우리보다 먼저 태어났으며 알지 못하는 사이에 우리의 삶에 영향을 주는 사람들과 가슴으로 만날 수 있도록 도와준다. 또한 세대를 통해 전해 내려온 삶의 에너지에 뿌리를 내릴 수 있게 해준다.

가족세우기는 어떤 사람에게 유용한가? ■ ■ ■

우리 모두는 가족 안에서 태어났으며, 자신이 의식하지 못하더라도 가족과의 관계에서 풀리지 않은 어떤 문제를 갖고 있다. 그러므로 아버지와 어머니를 가진 사람이라면 누구나 가족세우기를 통해 무엇인가를 얻을 수 있다. 헬링거 박사의 작업을 통해 가족을 세워 본 사람이라면, 이 작업이 가족 간의 관계를 정확하게 나타내고 관계 속의 숨겨진 의미를 드러낸다는 것을 알게 된다. 가족세우기에서 가족 문제만을 다루는 것은 아니다. 연인을 찾지 못하거나 연인과 친밀한 관계를 유지하기 힘들어 하는 사람, 직업이 마음에 들지 않는 사람, 대인관계의 어려움이 여러 가지 신체 증상으로 나타나는 사람은 물론, 별 문제는 없는데 삶이 공허하고 의미가 없다고 생각하는 사람도 가족세우기를 받아 볼 수 있다.

가족세우기는 우리 삶에 정서적이거나 실제적인 변화를 가져오는 어떤 문제라도 다룰 수 있다. 왜냐하면 이러한 심리적인 문제를 거슬러 올라가 보면 대부분 미해결된 가족 문제를 만나기 때문이다. 자신의 개인적인 문제가 조상들이나, 살면서 만난 사람들과의 부조화 때문이라는 사실을 이해하기만 해도 편안해진다.

가족세우기의 준비 ■ ■ ■

건강 문제로 찾아온 한 내담자의 예를 들어 보자.

이 여성은 만성적인 건선乾癬(마른버짐)으로 고생하고 있었는데, 일반적으로 피부병은 심리적인 원인으로 발생하는 경우가 많다. 내담자는 원가족과 어떤 문제가 있는지 알고 싶어 했다.

치료자는 내담자의 원가족 구성원보다 더 많은 수의 사람을 세션에 참가 시키고, 내담자에게 어머니와 아버지, 내담자 자신, 그리고 가족 체계에 속한 중요한 가족 구성원의 대리인을 고르게 했다. 내담자는 나중에 다른 사람을 더 세울 수도 있다. 그 다음 자신의 느낌에 따라 대리인들을 양손으로 방 한쪽에 세우게 했다. 이때 내담자는 말을 해서는 안 되며, 대리인에게 특정한 자세를 취하도록 요구해도 안 된다. 다만 대리인을 방 한곳으로 데려가 바라보는 방향만 정확하게 하여 세우면 된다.

대리인은 내담자가 세워 준 자리에서 자신은 내담자의 가족 중 하나라고 생각하고 편안히 있으면 된다. 그러면 곧 가족 에너지 장의 영향을 받은 대리인은 고개를 떨어뜨리거나 자리를 옮기고, 슬픔이나 분노와 같은 감정을 표현하기 시작한다.

이것이 내담자가 자신의 문제와 관련이 있는 가족의 대리인을 자신의 느낌에 따라 방 안에 배치하면서 시작하는 전통적인 가족세우기 방식이다. 대리인들이 서 있는 위치나 그들이 보이는 감정과 태도는 그 순간 일어나고 있는 내담자 가족 관계의 역동을 드러내는 그림이라고 할 수 있다.

만약 개인 세션을 할 때 충분한 대리인을 구할 수 없다면, 사람 대신 쿠션·병·종이·의자·구두와 같은 물건들을 사용할 수 있다. 하지만 그룹 세션에서는 실제로 사람들이 가족 대리인 역할을 한다. 내담자는 가족 대리인을 방 안에 배치한 후 자리에 앉아 수동적인 관찰자로서 세션을 지켜본다. 대리인들이 움직임이기 시작하면, 가족 구성원들 사이의 역동이 일어나기 시작한다. 가족세우기 치료자는 내담자 가족 체계의 배치를 보고 문제의 뿌리를 이해하게 된다. 그렇게 되면, 치료자는 해결을 위해 움직이기 시작한다. 치료자는 대리인의 현재 느낌을 묻거나 가족 구성원들이 가족 체계 안에서 좀 더 조화로운 위치를 찾을 수 있도록 도와준다.

이번 장에서는 가족세우기의 기본적인 틀만 소개하고 구체적인 설명은 생략한다. 가족세우기의 다양한 진행방식은 이 책 전반에 걸쳐 실려 있는 다양한 세션 사례를 통해 계속 살펴볼 수 있을 것이다.

단 일 세 션 기 법 ■ ■ ■

가족세우기는 내담자가 이해하고 싶거나 통찰하고 싶은 실제적인 문제와 위급한 상황에 처해 있을 때 가장 잘 이루어진다. 물론 내담자들 대부분은 자신이 처한 진짜 문제가 무엇인지 모른다. 또한 그 문제가 드러나면 놀라워한다. 비록 자신의 문제를 모를 경우에도 내담자는 가족세우기를 통해 얻고 싶은 게 뭔지 구체적으로 말하는 것 자체만으로도 도움을 받는다.

가족세우기는 연속적인 세션을 하는 것이 아니라 보통 단일 세션으로 진행한다. 치료자는 가족의 특정한 역동을 관찰하고, 보여지는 어떤 변화나 해결책을 내담자가 이해하고 받아들이게 한다. 세션을 마친 후 내담자는 가족세우기를 통해 경험한 것을 되새기고 소화할 시간이 필요하다. 내담자에게 다른 의문이나 문제가 생겼을 때 다시 가족세우기를 할 수 있지만, 이것은 첫 번째 세션의 후속 세션이 아니라 새로운 단일 세션으로 보아야 한다.

가족 대리인 역할을 하는 참가자들은 특별한 지식이나 내담자의 과거사에 대해 알 필요가 없다. 보통 대리인은 자신이 대리하는 사람과 같은 성별을 세우는 것 외에는, 누가 대리인을 맡든 세션에 아무런 영향을 주지 않는다.

가족세우기 세션이 끝난 뒤에, 내담자가 특별하게 해야 할 일은 없다. 그 세션이 내담자에게 어떤 영향을 주었든지, 무의식 안에서 자연스럽게 작업이 일어날 것이다. 자기 내면에 깊이 잠자던 무엇인가를 만났다는 것만으로도 충분하다.

가족세우기가 끝나고 자신의 가족 역동에 대해 무언가를 이해하게 되었다면, 내담자는 삶의 문제를 이전과 다르게 바라보게 될 것이다. 하지만 이러한 변화는 의도된 노력이나 계획에 의해서가 아니라 내면에서 저절로 일어나는 극적인 것이다. 이 변화는 내담자를 자기 존재의 더 깊은 차원으로 다가가게 만든다.

깊은 내면에 대한 새로운 이해가 변화을 불러온다. 당신이 먹으려던 것이 자두가 아니라 돌이라는 것을 깨닫는 순간, 그것을 입에 넣지도 깨물지도 않는다. 마찬가지로 개인적인 게슈탈트Gestalt를 변화시킨 무언가를 이해하게 되면, 이전에 했던 방식으로는 행동하지 않게 된다.

내담자는 자신이 몰랐던 가족 내 갈등을 만나고, 새로운 방식으로 갈등을 이해하게 된다. 이로써 자신이 취해야 할 올바른 행동을 알게 된다.

그것은 내담자가 가족세우기 세션에서 일어난 일을 얼마나 깊게 알아차리고 받아들이는지에 달려 있다. 예를 들어 가족세우기를 통해서 당신과 전처,

딸 사이의 관계에 대한 진실을 알게 되었다고 하자. 당신은 '그래, 내 딸을 보살필 때야'라고 생각하고, 아버지로서 딸을 좀 더 잘 보살피게 된다면 좋은 일이다.

가족세우기는 정통심리학에서 문제를 다루는 방식과는 달리, 어떤 결론이나 해결을 내리지 않는다. 많은 내담자가 어떤 문제를 반드시 '해결해야' 한다고 생각하며 세션을 시작하지만 가족세우기는 접근법이 다르다. 가족세우기는 해결책을 내는 것보다 우리 자신과 가족 얽힘의 진실이나 실체와의 만남을 더 중요하게 여긴다. 어떤 현상의 참의미를 알게 되는 것만으로도 도움이 된다. 물론 많은 경우에, 세션에서 어떤 움직임이 일어나고, 무엇인가가 바뀌고, 사람들이 평화와 조화를 회복하는 것은 사실이다. 하지만 늘 그런 것은 아니다.

사람들은 조화롭고 평화로운 느낌만을 중요하게 생각하는 경향이 있다. 물론 그 마음을 이해할 수는 있지만, 이런 태도는 한쪽면만 보는 것이다. 힘든 상황에 머물면서 통찰과 이해가 일어날 때까지 기다리는 것이 해결책을 찾으려고 서두르는 것보다 훨씬 가치 있다. 아무 변화도 일어나지 않을 것 같을 때, 치료자가 세션을 마무리 짓는다 하더라도, 긴 안목으로 보면 그것이 내담자에게 필요한 일일 수도 있다. 헬링거 박사가 종종 내담자에게 "더 이상 아무것도 할 수 없어요"라고 말하는 것이 가혹하게 보일지도 모른다. 하지만 그런 순간에는 내담자의 문제를 다음으로 미루는 것이 최선이다.

일반적으로 말해서 진정한 변화는 세션 도중이 아니라 세션이 끝난 다음에 일어난다. 세션이 끝난 다음 내담자는 자신을 옥죄던 틀에서 벗어나 자유롭고 자연스러워진다. 삶을 신뢰하게 되고, 고유한 삶의 흐름에 자신을 맡길 수 있게 되는 것이다. 내적인 성장은 의도적으로 무엇을 하려고 계획해서 되는 것이 아니라 자연스럽게 일어난다.

전형적인 가족세우기 세션 ■ ■ ■

　　40세의 오스트리아인 맥스Max는 대인관계에 어려움을 겪고 있었다. 그는 지나치게 수줍어해서 자기 마음을 표현하는 데 서툴렀다. 사전 인터뷰를 통해 맥스의 어머니가 서너 살 때 외할아버지를 여의었다는 사실을 알게 되었다.

　　약 25명의 참가자 중에서 내담자 자신과 부모의 대리인을 고르게 했다. 내담자는 대리인들을 모두 한쪽 방향을 바라보게 배치했는데, 아버지와 어머니의 대리인을 옆으로 나란히 세웠고 자신의 대리인은 부모님 앞에 세웠다. 어머니는 아들을 뚫어지게 바라보았고, 아들은 슬픈 얼굴로 바닥을 내려다보았.

　　내가 대리인들에게 어떤 느낌이 드는지 물었을 때, 어머니 대리인은 아들이 자신에게 가장 소중한 존재라서 남편에게는 그다지 관심이 가지 않는다고 말했다. 내담자의 대리인은 부모를 바라볼 수 없어서 아주 슬프다고 말했다.

　　이때 나는 남자 참가자들 중에서 죽은 외할아버지의 대리인을 불러 아들 앞에 눕게 했다. 어머니는 계속 아들을 응시했고, 아들은 외할아버지 옆으로 다가가 외할아버지 옆에 누웠다. 그러자 어머니는 불편하고 불안해하는 모습을 보였지만, 아들은 외할아버지 옆에서 편안한 표정으로 쉬고 있는 듯이 보였다.

　　나는 아들에게 일어나라고 하고, 어머니에게 아들이 누워 있던 자리에 가서 누우라고 말했다. 어머니는 자기 아버지 옆에 눕자 편안하다고 했다. 맥스 대리인은 어머니에게서 떨어져 아버지의 품에 안겼다.

　　나는 누워 있던 어머니와 그녀의 친정아버지에게, 일어나 서로를 바라보게 했다. 어머니는 이내 눈물을 터트리면서 자기 아버지에게 가서 안겼다. 잠시 후 나는 '해결의 자리'라고 부르는 가족 순서에 따라 대리인들을 다시 세웠다. 먼저 외할아버지를 세우고 그의 왼쪽에 어머니, 그 다음으로 아버지, 맨 끝에 아들을 서게 했다.

그리고 맥스의 대리인 대신 맥스 본인을 세웠다. 맥스에게 외할아버지를 바라보며 절을 하고, "외할아버지, 존경합니다"라고 말하게 했다. 그 다음 어머니를 보면서 "어머니, 외할아버지는 항상 제 가슴속에 있어요. 저는 어머니의 아들이기 때문에 외할아버지를 대신할 수는 없어요. 저를 아들로 봐 주시고, 제가 아버지한테 간다고 해도 슬퍼하지 마세요"라고 말하게 했다. 그런 다음 아들에게 아버지에게로 다가가 안기며 "아버지, 제가 아버지 곁에 있게 해주세요"라고 말하게 했다. 맥스는 아버지의 품안에서 편안해졌다.

이 세션에서 무슨 일이 일어났는지 살펴보자.

아들을 향한 어머니의 집중된 눈길은 아들이 그녀의 과거에 중요한 사람이었다는 것을 나타내거나, 아들이 어머니를 위해 무언가를 해주길 바란다는 것을 나타낸다. 아들이 바닥을 내려다보는 것은, 그가 죽은 사람을 바라본다는 것을 의미한다. 이러한 사실은 수많은 가족세우기를 통해 입증되었고, 모두 대리인들이 받는 느낌으로 알게 되었다. 맥스의 경우에는 아들이 어머니를 위해 무언가를 하고 있다고 생각되었다.

어머니가 어렸을 때 친정아버지를 잃었다는 것을 알고, 맥스가 아마도 외할아버지를 바라보는 것이라고 생각했다. 2장에서 설명하겠지만, 어머니는 일찍이 아버지를 잃은 슬픔을 충분히 느끼지 못한 채 고통을 억누르고, 맥스에게 그 짐을 지웠다. 동시에 맥스를 친정아버지와 동일시하고 있었다. 내담자는 외할아버지를 대신하면서, 정서적으로 어머니와 부자연스럽게 애착하는 사이가 되었으며, 성인이 되어서도 어머니 곁을 떠나지 못했다. 결과적으로 부자 사이가 불편해졌고, 남성적 힘을 아버지에게서 받지 못했다. 아마도 이것이 문제의 원인일 것이다.

물론 이 가설은 증명되지 않았기 때문에, 가족세우기에 '소외된 사람'(이 경우에는 외할아버지)을 불러내서 다른 가족 대리인들의 반응을 보고, 이 가설이 맞는지 확인해야 한다. 만일 다른 가족 대리인들이 아무런 반응을 보이지 않는다면 가설은 틀리고, 맥스의 경우처럼 영향을 강하게 받는다면 가설은 맞다고 볼 수 있다.

위의 사례에서는, 맥스의 내담자가 외할아버지에게 이끌려 다가가는 것을 보면, 외할아버지에 대한 맥스의 동일시가 분명하게 드러난다. 이런 사실을 알게 되면 문제의 해결책도 분명해진다. 어머니는 친정아버지를 잃은 슬픔을 직면하면서 아버지와의 끝나지 않은 관계를 마무리해야 하고, 아들은 어머니의 슬픔을 어머니에게 남겨 두고 아버지에게 다가가야 한다.

해결 과정의 각 단계에서, 연관된 사람들 모두가 서서히 편안해졌다. 맥스는 어깨에 있던 무거운 짐을 내려놓은 것처럼 보였다.

이 편안함은 치료자가 문제를 정확히 이해하고, 치유와 해결의 방향으로 나아가고 있다는 좋은 사인이다. 이렇게 가족 얽힘의 숨겨진 이유를 발견하는 것이 문제 해결의 중요한 단서이다. 이것에 대해 2장에서 좀 더 살펴보자.

2
양심: 거부할 수 없는 힘

우리는 행동 지침을 찾을 때, 가불가可不可를 판단해야 할 때, 해야 할 일과 하지 말아야 할 일이 무엇인지 알아야 할 때, 양심이라는 내면의 분별력을 참고하곤 한다. 이것은 마음에게 따라야 할 가치와 따르지 말아야 할 가치를 알려주는 일종의 장치다.

우리는 어떻게 이런 가치들을 알게 되었을까? 우리는 자신이 속해 있거나, 태어나고 자란 국가·부족·가문·종교와 같은 특정한 사회 집단으로부터 가치들을 배우는데, 그중에서 가장 중요한 가치 전달자는 가족 구성원이며 특히 부모의 역할이 크다.

인간은 사회 집단에 속해야 생존을 보장받는다. 집단에 속하려는 본능은 원시 유목민 시기부터 우리 내면 깊이 감춰져 내려왔다. 그 시대에 부족에서 추방당하는 것은 죽음을 의미했기에 집단에 소속되려는 본능은 거의 모든 이에게 필수적이었다.

사회 공동체의 가치를 기꺼이 배우고 따르려는 우리의 자발성은 생존 본능과 밀접하게 연관되어 있다. 우리는 무력하고 무지한 상태로 태어나고, 부모는 우리가 생존하기를 바란다. 그래서 부모는 우리가 확실하게 '올바른' 방식으로 자라서 '올바른' 태도를 발달시키고 '올바른' 일을 하게 만들려고 열을 올린다. 부모는 우리가 '잘 적응하여' 집단의 새 구성원으로 받아들여지기를 원한다.

당신은 나쁜 짓을 할 때(예를 들면 바닥에 껌을 뱉거나, 뒷마당에서 소리치며 뛰어놀거나, 찻길에 부서진 장난감을 버려둘 때) 이웃들이 어떻게 생각할까에 대해 부모님이 신경 쓰는 이유를 생각해 본 적이 있는가? 어머니의 표정을 기억할 수 있는가?

어머니가 그토록 염려하는 이유는 이웃들이 두려워서 그런 것이 아니라, 어머니의 양심을 자극하는 고대의 생존 본능 때문이다. 자신과 자신의 아이가 사회적으로 고립되거나 거부될 수도 있다는 어머니 내면의 두려움은, 집단기억의 무의식적인 수준에서는 죽음을 뜻한다.

만약 불행히도 당신이 학교의 또래집단에서 거부되거나 소외당한 적이 있다면 이와 유사한 경험을 상기할 수 있을 것이다. 이것은 고대의 생존 본능을 뿌리째 뒤흔드는 것이기 때문에, 우리에게 그 사건의 무게보다 훨씬 더 큰 충격을 줄 수도 있다.

양심은 사회적 지표와 같다. 마음의 긴장이 풀리고 순수하며 편안할 때는, 우리가 규칙을 잘 지키고 있고, 소속의 권리가 보장되고 있다는 뜻이다. 만일 죄책감이 느껴진다면, 규칙을 어겼다는 신호이다. 우리는 가족이나 사교 모임·종교·국가·조기축구회처럼 다양한 집단에 속하고 싶어하기 때문에, 모든 집단이 비슷하게 일반적인 가치를 추구할지라도, 각각의 집단에 따라 서로 다른 양심을 발달시키게 된다.

심지어 부모와 관계를 맺을 때도 서로 다른 두 개의 양심을 가지고 있다. 우리는 아버지가 좋아하는 것은 무엇이고, 어머니가 기대하는 것은 어떤 것인지, 그에 따라 각각의 부모에게 어떻게 행동해야 하는지 재빨리 파악한다. 예를 들면 과자 통에서 사탕을 꺼내 먹은 아이는 너그러운 아버지에게는 가책을 느끼지 않지만, 이빨이 썩지 않을까 걱정하는 어머니에게는 심한 죄책감을 느끼게 된다.

그리고 우리가 양심에 따라 생활하고 성장하면서, 이러한 내면의 규범이 우리 자신의 독립적인 의견이나 신념 체계라고 믿어버리는 놀라운 일이 발생한다. 우리를 올바르게 행동하도록 강제하는 것이 무엇이든지 간에, 그것이 개성과 정체성에 본래 내재되어 있던 것이라고 생각하면서 자신의 특성에 포함시킨다.

양심은 고정된 것이 아니다. 한 문화에서 '좋은 것'이라고 여기는 것이, 다른 문화에서는 '나쁜 것'으로 여길 수도 있다. 대부분의 서양사회에서는 선물을 받으면 '고맙습니다'라고 말해야 예의에 어긋나지 않는다. 하지만 인도 사람은 자신이 주는 선물에 대해 고마움의 표시를 하면 불쾌하게 생각할 수도 있다.

어떤 종교의 금기 행동이 다른 종교에서는 허용되기도 한다. 기독교인들은 해가 진 뒤에도 와인을 마시고 음식을 먹을 수 있지만, 자이나교도들은 해가 진 뒤에 음식 먹는 것을 철저히 금지한다. 힌두교인에게 조혼은 일반적인 풍습이지만, 유대교인이나 기독교인은 이해할 수 없는 일로 여긴다.

자신이 속한 집단이 바라는 것을 하지 않으면, 깊은 갈등 상황에 빠진다. 그 집단에 속하고 싶다면 순응하고, 그 집단과 다른 집단의 가치를 철저하게 구분해야 한다. 이러한 양심의 충돌이 모든 전쟁과 싸움을 일으킨다. 최근 몇 년 동안 광적인 테러리스트들이 양심이라는 절대적인 이름을 걸고, 자신의 종교와 믿음이라는 명분으로 소름끼치는 행동을 해왔다.

도덕적 가치가 엄격할수록 양심은 더 크게 작용한다. 그래서 일반적으로 도덕적인 사람들일수록 가족이나 종교, 문화적 가치를 더욱 엄격하게 지키고 따른다.

개인의 양심: 소속의 필요성 ■ ■ ■

개인의 양심은 개인적으로 느끼는 것이다. 우리는 죄책감이 들면 일을 바로 잡기 위해서 무엇이든 하려 한다. 그래야 죄책감이라는 나쁜 느낌이 사라질 것이고, 집단 소속을 보장하는 규칙을 잘 따르고 있다는 확신이 들기 때문이다. 비서와 바람을 피운 남편은 집에 가는 길에 아내에게 줄 꽃을 사야 한다고 느낄지도 모른다. 사탕을 사려고 어머니의 지갑에서 돈을 훔친 아이는 그날 밤 편하게 잠들려면 어머니에게 사실을 고백해야만 한다고 느낄 수도 있다.

개인의 양심은 영·유아기부터 싹튼다. 아이에게 무엇보다 중요한 것은 어머니에게 속하는 것이고, 나중에 아버지에게로 옮겨간다. 자신의 생존이 달려있는 문제이기 때문에 아이는 무조건적으로 부모를 사랑한다. 이것이 아이의 생존을 보장하는 자연의 방식이고, 포유류의 가장 깊고 강력한 내적 본능이다. 어머니와 맺어진 끈이 없으면 아이는 시들거리다가 죽게 될 것이다. 그러므로 어머니 가까이 있기 위해서 아이는 무엇이든 하게 된다.

성장하면서 이러한 유대감이 다른 가족 구성원들에게까지 확장되고, 이런 식으로 가족의 정체성이 생겨난다. 우리는 가족을 넘어 다른 사람들을 만나기 시작하고, 점차 더 큰 사회 집단과 유대를 맺으면서 사회정체성을 획득한다. 또한 또래집단에서 세계적인 종교 단체에 이르기까지, 사회 집단의 한 구성원으로 참여하며 세상에 자신의 자리와 역할을 갖고 싶어하는 욕구를 충족한다.

우리가 다른 나라에 갔을 때 소속에 대한 욕구가 더 강력해진다. 그래서 조국을 상징하는 의식을 더 강조한다. 예를 들면 토론토의 아시아공동체에 살고 있는 인도인은 델리에 살고 있는 여동생보다 고국의 문화적 전통을 더 철저히 따른다. 그녀는 힌두교 종교 의식을 더 엄격하게 따르고, 종교 규칙을 더욱 신봉한다.

다수의 다른 종교 사람에게 압도되는 것이 두려워서, 인도 사람들은 서로 단결하고 주위의 아시아인이 아닌 사람들로부터 자신들을 분리시킨다. 뉴욕의 오차드Orchard 거리에서 런던의 브릭Brick 거리까지, 전 세계의 이민자 공동체는 집단정체성을 강화하고 생존을 보장받기 위해서 단결하여 다른 사람들을 배척한다.

요약하자면, 모든 사람은 어떤 집단에 소속될 필요가 있다. 각 집단은 개인의 옳고 그르다는 정서를 통제하고, 소속감을 느끼게 하는 '체계'가 있다. 우리가 행하는 모든 일은 개인의 양심을 따르거나 아니면 거스르는 것 중의 하나이고, 이것은 체계와의 유대를 강화시키거나 혹은 약화시킨다. 만약 유대감을 위협하는 행동을 하게 되면, 우리는 양심에 찔려 죄책감을 느끼고, 벌을 받아야 한다고 생각한다. 사실, 우리는 종종 벌을 받고 싶어한다. 그것이 사회추방이라는 가장 가혹한 형벌은 면해 주기 때문이다.

우리의 소속감과 충성심은 개인 또는 집단의 중요도에 따라 달라진다. 그리고 이미 말했듯이, 부모와 맺는 초기의 유대 관계는 무엇보다 강력하며, 그중에서도 생의 첫 번째 만남인 어머니와의 유대가 가장 강력하다.

균형의 필요 ■ ■ ■

개인 양심은 소속의 욕구보다는 약하지만, 역시 중요하다. 우리는 개인 양심을 균형감각이라고 부를 수 있다. 균형은 상호관계에 대한 것이다. 예를 들면 내가 당신에게 선물을 주면, 당신은 나에게 어떤 것을 되돌려 주고 싶어진다는 뜻이다. 당신이 나에게 보답으로 무언가를 주면, 아마 나는 더 좋은 어떤 것을 당신에게 주고 싶어질 것이다.

만약 이러한 교환이 재미있고 사랑스럽게 이루어진다면 교환을 할 때마다 관계는 더 깊어진다. 균형이 다양한 형태로 이루어지면서 관계는 성장하고 풍성해진다. 이것이 관계에서 오는 즐거움의 본질이고, 사람들을 함께하도록 만드는 유대감의 핵심적인 작용 방식이다.

선물을 받았을 때, 보답을 해야 된다는 **의무감**은 일반적인 현상이다. 선물을 준 사람이 누구든 고마움을 표시해야 한다. 최소한 '고맙다' 라는 말이라도 하지 않으면 불완전한 느낌 때문에 마음이 찝찝해진다. 반대로 내가 선물을 주었다면, 나는 '고맙다' 는 말을 꼭 듣고 싶어한다. 만약 '고맙다' 라는 말을 듣지 못하면 무언가 부족하다고 느낀다.

시간을 두고 서서히 형성되는 우정 · 친밀감 · 사회적 관계를 유지하면서, 우리는 대부분 돌려줄 것이 있거나 되돌려 받을 것이 있는 상태에 놓인다.

만약 당신이 대학 등록금이 필요한 조카에게 수천 달러를 줬다고 가정해 보자. 그 조카가 감사의 마음을 담아 꽃을 한 다발 사들고 당신의 집을 찾아온다. 하지만 당신은 "꽃은 됐어!" 라고 말했다고 하자. 그 꽃을 한쪽에 던져 놓거나 꽃이 별로라고 말한다면, 당신은 감사를 표현하고 싶어하는 조카의 욕구를 부정하고, 조카의 감정을 상하게 할 수도 있다. 선물을 거절하면 관계는 위태로워진다. 어떤 차원에서, 조카는 그렇게 많은 돈을 받은 부담감에서 해방되고 싶어한다. 그래서 말 그대로 '꽃으로 그 마음을 말하고 있다.' 만약 당신이 조카와 맺는 관계의 균형을 유지하고 싶다면, 그 꽃을 감사하게 받아야 한다. 비록 당신이 장미를 싫어하고, 장미향에 알레르기가 있다고 할지라도.

균형은 긍정적으로 나타나기도 하지만, 부정적으로 나타나기도 한다. 상대가 우리에게 해준 대로 사랑과 애정으로 보답하고 싶은 반면에, 상처를 받으면 보복하고 보상받으려는 충동이 일어난다. 어떤 사람들은 이것을 잘못 이해하고, 그것이 평생토록 우리를 따라다니는 원초적이고 강제적인 '원수를 갚으려는' 인간의 욕구라고 생각한다. 개인 양심은 우리가 받아야 한다고 느끼는

'정의롭지 못함'에 대한 '대가'를 그 사람에게 요구하게 한다. 복수의 욕구는 국가와 종교, 기술 발달 차이를 넘어서 인간 법률의 가장 기본이며, 신화·문학·영화의 단골 소재로 등장하여 공감을 불러일으킨다.

그러나 이것이 영화와 문학에만 존재하는 것은 아니다. 실제 삶에서도 신화나 드라마의 소재인 사기나 거짓말, 감정에 상처주기가 자주 등장한다.

사 회 질 서 와 에 티 켓 ■ ■ ■

개인의 양심에 의해 규제되는 또 다른 상황은 사회적 관계에 대한 것이다. 만일 사회적으로 이상하고 괴상하다고 여겨지는 방식으로 행동한다면 어떤 일이 생길까? 예를 들어 실수로 공식적인 만찬에서 샐러드 칼로 생선을 자르거나, 와인을 물 컵에 따라 마신다면? 혹은 정원사 복장으로 오페라 공연장에 입장하거나, 나이트클럽에 잠옷을 입고 나타난다면? 상황에 맞지 않는 의복을 입으면 다른 사람들의 시선이 신경 쓰이고 주위 사람들도 불쾌해 할 것이다.

사회 질서는 한 사람에게 집단의 사회적 체계에서 요구하는 행동과 예의를 받아들이고 수용하게 만드는 집단적 요구에서 나온다. 개인 양심의 이면裏面은 세 가지 법칙 중에 가장 마지막으로, 위의 경우에서처럼 때때로 우스운 상황을 만들기도 한다.

일본에서는 국수를 먹을 때 소리를 내는 관습이 있다. 당신이 국수를 정말로 맛있게 먹고 있다는 것을 보여 줄 때 소리를 낸다. 그러나 유럽에서는 소리를 내면서 국수를 먹는 것은 예의에 어긋난 행동으로 여긴다. 하지만 소리 내지 않고 먹기란 힘들기 때문에 유럽 사람들은 국수를 먹으면서 가능한 한 소리를 내지 않으려고 애쓴다.

이와 유사한 경우로, 중동과 태평양 몇몇 섬나라에서는 식사가 끝난 후 저음의 트림을 하는 것은 주인의 대접에 매우 만족한다는 뜻이다. 그러나 영국에서는 트림을 하면 주위 사람들이 눈살을 찌푸린다.

사회 질서와 연관된 양심을 위반하는 것은 보통 다른 두 법칙보다 죄책감을 덜 느낀다. 사회적인 양심에 대한 죄책감을 극복하기는 쉽지만, 우리가 죄를 범하면서 받는 영향은 크다. 그래서 오래전에 일어났던 사건이지만 그 기억이 떠오를 때마다 여전히 얼굴이 빨갛게 달아오를 수 있다.

개인 양심의 영향력을 요약해 보면, 개인 양심은 우리가 규칙을 어길 때 죄책감을 느끼게 한다. 개인 양심은 내가 잘못한 것을 보상하게 하고, 받은 것에 대한 보답으로 무언가를 돌려주게 만든다. 또한 개인 양심은 사회 질서를 따르게 하기 위해 상황에 알맞은 행동을 하게 만든다.

집 단 양 심 ■ ■ ■

집단 양심은 훨씬 더 강력하고, 비밀스러운 힘으로 눈에 보이지 않게 작용한다. 아무도 집단 양심이 어디에서 왔는지 모르고, 정의 내리기도 어렵다. 또한 집단 양심을 어기더라도 죄책감이 크게 느껴지지도 않는다.

집단 양심은 개인의 선택에 따라 개인적 차원에서 작용하는 것이 아니라, 아무도 알지 못하는 사이에 가족 전체에 작용한다.

전구에 불이 들어오는 것을 보고 전기가 흐르고 있다는 것을 확인하는 것처럼, 행동에 변화가 나타나는 것을 보고 집단 양심의 존재를 알게 된다.

가족세우기에서는 이 집단 양심을 다룬다. 집단 양심의 법칙을 이해할 때, 법칙을 드러내는 의미와 의도를 이해하게 되고, 가족 체계의 불균형을 치유하며, 내담자에게 과거에 생긴 일을 있는 그대로 받아들이게 돕는 것이다.

개인의 양심에 세 가지 법칙이 있듯이 집단 양심에도 소속, 질서, 균형이라는 세 가지 법칙이 있다.

이제 집단 양심을 움직이는 세 가지 법칙에 대해 좀 더 깊이 살펴보자.

소속의 법칙

모든 가족 구성원은 가족의 일원으로서 동등한 권리를 가진다. 모든 가족 구성원은 그들이 누구이고, 언제 태어났고, 무슨 일을 했든 상관없이 자기 자리에 있을 권리가 있다.

한 아이는 음악에 재능이 있고 다른 아이는 몸이 아프거나 장애가 있으며 또 다른 아이는 반사회적인 행동을 보일 수도 있지만, 그것이 아이들 사이의 어떤 차이를 만들지 않는다. 심지어 친척들 중에서 누가 어릴 때 죽거나 자살했다고 해도 기본적인 소속의 권리가 없어지는 것이 아니다. 모든 사람은 동등하게 존중되고, 가족으로 포함되어야 한다.

질서의 법칙

가족 체계에서, 가족 구성원은 태어난 순서에 따라 서열을 갖는다. 일찍 태어난 사람이 나중에 태어난 사람보다 서열이 더 높다. 나이 많은 형제가 나이 어린 형제보다 우선한다. 첫 번째 부인은 첫째로 기억되어야 하고, 두 번째 부인은 세 번째 부인보다 먼저 기억되어야 한다.

먼저 태어난 사람이 먼저이고 나중에 태어난 사람이 나중이다. 연대기적 순서가 절대적인 우선권을 부여한다. 이것은 도덕적 신념체계의 일부로써, 의도적으로 만들어진 법률적 정의가 아니다. 가족이 탄생하면 자연히 따라오는 실존적 법칙이다.

먼저 태어난 사람이 누구든지 간에 우선권을 준다는 생각은 우리의 집단 무의식 속에 일상생활 전반에 걸쳐 뿌리 깊게 박혀 있다. 예를 들어 영화 매표소에서 줄을 서거나 비행기 표를 예매할 때, 당연히 먼저 온 사람이 좋은 자리를 차지할 거라고 생각한다. 신입사원이 오래 근무한 사람보다 먼저 승진하면 회사 분위기가 이상해지고, 모든 사람이 '정말 불공평해'라고 생각한다.

이것은 가족에게도 마찬가지다. 가슴 깊은 곳에서, 태어난 시간에 근거한 서열이 유지되고 있기 때문에, 만일 자기 위치에 맞지 않는 행동을 하거나 어떤 사람이 '자기 자리'에 있지 않거나 '자기 위치를 벗어난 행동'을 할 때 서열에 대한 무의식이 발동한다. 영어에는 이런 개념을 표현하는 용어가 많다. '그것을 할 위치가 아니다It was not his position to do that, 그가 순서를 어겼어요He was not of order, 그런 말을 할 만한 위치가 아니에요It was not his place to say such a thing.'

균형의 법칙

이전 세대 가족 구성원에게 가해진 불의나, 그들이 저지른 잘못은 다음 세대에서라도 균형을 잡아야 한다.

이미 언급했듯이, 개인적인 차원에서는 우리에게 일어난 어떤 것을 균형 잡고, 우리가 받은 상처와 사랑을 돌려주려는 마음은 인식할 수 있다.

그러나 가족 체계 안에 작동하는 힘은 훨씬 더 크다. 이것은 우리의 잘못이 아니라, 조상들이 한 일에 대한 대가를 치르게 만든다. 과거에 가족 체계에서 부정적인 행동이 일어났고 그것을 속죄하지 않았다면, 그것이 무엇이든 다음 세대에 나타나게 될 것이다. 이것은 마치 몸에 숨어 있던 바이러스가 나중에 발병하는 것과 같은 이치다.

그러므로 이것은 '눈에는 눈, 이에는 이'나 '나를 때렸으니, 나도 너를 때리겠다'와 같은 즉각적인 보복이 아니라 세대에 걸쳐 일어나는 훨씬 더 광범위하고 뿌리 깊은 현상이다. 이 개념은 '아버지의 죄는 아들이 갚을 것이다'라는 성경 구절에도 나타난다. 만약 할아버지가 첩을 죽인다면, 무의식적인 방식으로 손자가 죗값을 치를 수도 있다는 것을 의미한다.

나는 이것이 도덕적인 규범이 아니라는 것을 강조하고 싶다. 인위적인 규범이 아니라 실존적 진실이다. 윤리적인 이유가 아니라, 학계에서는 실체에 대한 '현상학적 접근법'으로 알려져 있는 순수한 관찰을 통해 발견한 것이다.

다시 말하면 집단 양심은 가족 체계가 존재하는 방식이며, 그것을 지탱하는 기본법칙 중 하나다. 만약 가족의 한 사람이 자신의 행동에 책임지지 않으면 가족 내의 다른 사람이 책임을 지게 된다. 집단 양심은 책임이 최종적으로 선언되고 요구되고 취소될 때까지 한 세대에서 다음 세대로 책임을 전가할 것이다.

개인 양심은 자신이 잘못한 것을 스스로 균형 잡게 한다. 집단 양심은 자신이 모르는 사이에, 대개는 알지도 못하는 가족 구성원을 위해서 어떤 것을 균형 잡게 만든다.

개인 양심 때문에 죄책감을 느끼고, 집단 양심 때문에 무의식적인 힘에 이끌리게 된다. 이것은 결국 우리 마음속에는 우리가 한 행동과 그 행동이 다른 사람에게 끼친 영향을 책임지도록 하는 무의식적인 층이 있다는 것을 보여 준다. 자신의 행위 여부와 상관없이 모든 사람이 그것을 책임져야 한다.

성숙을 향한 우리의 욕망과 직접적으로 관련된 개인 양심과 집단 양심 사이에는 또 다른 차이가 있다. 우리의 개인적 성장은 개인 양심이 일으키는 부모에 대한 책임감, 의무감, 죄책감을 극복하고 홀로 설 수 있느냐에 달려 있다. 하지만 집단 양심에서는 '홀로 있음'이 어느 정도까지만 가능하다. 다시 말해서 우리는 자신이 가족사의 한 부분이라는 사실을 받아들이고, 운명을 짊어질 준비를 해야 한다. 우리가 이 사실을 받아들일 때에만 이것을 넘어설 수 있다. 그 전에는 안 된다.

모든 체계의 안녕 ■ ■ ■

집단 양심은 모든 구성원을 동등하게 다루고, 구성원 사이에 어떤 차이도 두지 않으며, 전체의 생존과 안녕安寧을 위해 작용한다. 이 법칙은 가족원의 권리를 보호하고, 체계 안에서 각자의 위치를 보장한다.

전통적인 사회에서는 세대의 연속성이 존중되며, 그러한 법칙이 사회적 상호작용의 기본이다. 위계의 전통은 모든 원시 부족에 존재하고, 부족 연장자들은 진심으로 존중받는다. 그들은 젊은 세대보다 특권을 가지고, 현대사회에서는 더 이상 찾아볼 수 없는 방식으로 강력한 우선권을 행사한다.

현대 서양사회에서 개인은 신성하게 존중된다. 요즈음에는 종종 아버지의 뜻을 거스르는 아들과 딸이 있지만, 원시 집단에서는 누구도 감히 연장자의 뜻을 거스를 수 없었다. 엄격한 위계체계에 의해 나타나는 집단의 이익은 개인의 이익에 우선한다. 집단 구성원은 모두 이 사실을 알고 지키며, 그에 상응하는 책임을 받아들인다.

일례로, 다리를 심하게 다친 아프리카 유목민 집단의 어떤 남자에 대한 실화를 보자. 부족원 중 한 사람이 다친 남자를 병원에 데려갔는데, 의사는 다리를 자르지 않으면 죽을 것이니 수술 여부를 결정하라고 했다.

원주민들은 그 자리에서 대답을 하지 않고, 집에 돌아와 이 문제를 논의하기 위해 회의를 소집했다. 그들이 병원에 다시 가서 남자가 수술을 받지 않을 것이라고 하자 의사는 무척 놀랐다. 이제 다리를 다친 남자가 죽게 되었기 때문이다.

이런 일이 서양인의 시각에서는 잔인하게 보일 수도 있다. 하지만 이것이 유목민의 문화적 특성이 집단에서 내리는 결정에 어떤 영향을 주는지에 대한 사례이며, 집단의 안녕이 얼마나 신성한 것인지를 보여 준다. 유목민들은 가축에게 먹일 풀이 떨어지면 전통적인 이동 경로를 따라서 계속해서 움직여야만 한다. 그런데 다리 아픈 사람이 절단 수술을 받는다면, 한쪽 다리가 없는 남자 때문에 집단의 이동 속도가 늦어질 것이고, 집단의 생존에 위협이 될 수 있으므로 그를 죽게 내버려두기로 결정했던 것이다.

다리를 다친 본인을 포함해서 집단의 모든 사람은 이러한 사실을 인정하고 그 결정에 동의했다.

집단 양심을 거스르는 개인 양심 ■ ■ ■

원시 부족 내에서 이러한 집단적인 사회 규칙이 작용한다는 것을 알 수 있지만, 21세기인 현대 가족 안에도 이런 규칙이 작용한다고 생각하기는 어렵다.

개인 양심의 발달은 집단에 따라 다른 가치를 만들어 내는 경향이 있는데, 그것은 집단의 어떤 사람이 다른 사람보다 더 많은 소속의 권리를 가진다는 믿음이 기초가 된다. 예를 들어 집단의 가치와 일치되는 행동을 하는 사람은 그렇지 않은 사람보다 집단에 소속될 권리가 더 많다고 느끼는 것이다.

이것은 성경의 탕자 이야기에 나오는 내용이다. 여행을 떠나 사치스러운 생활을 하면서 유산을 낭비한 작은아들에 비해, 집에 남아서 아버지를 도운 '착한' 큰아들은 자신에게 더 많은 권리가 있다고 느낀다. 착한 일이라고는 털끝만큼도 하지 않은 동생을 위해서가 아니라, 자신을 위해 살찐 소를 잡아야 한다고 생각한다.

현대적인 사례로, 사무용품을 훔쳐 가거나 늘 지각하는 직원보다, 직장에서 수년간 열심히 일한 사람이 더 좋은 대우를 받아야 한다고 느낄 것이다.

하지만 이런 개인적인 부분은 집단에 반하는 개인의 이익이라고 할 수 있다. 왜냐하면 집단은 이런 구분이 없기 때문이다. 집단의식 안에서 모든 아들은 가족에 소속될 동등한 권리가 있고, 모든 사원은 회사에 소속될 수 있는 동등한 자격이 있다.

집단 양심은 개인 양심보다 훨씬 더 강력하고, 심지어는 집단 양심의 법칙을 따르기 위해서 자신의 개인 양심을 거스르기도 한다.

탕자의 예를 다시 생각해 보자. 만일 내가 열심히 모든 가족을 돌보는 동안 동생이 가족을 버려두었다고 해서 동생의 유산을 가로챘다면, 나의 개인 양심은 "나는 동생보다 더 많은 돈을 가질 권리가 있어"라고 말하면서 나의 행위를 정당화한다.

하지만, 뒤에 동생을 속인 것에 대한 벌을 받아야 한다는 무의식적인 필요로 인해 돈을 모두 잃게 될지도 모른다. 이런 식으로 집단 양심의 영향력은 잘못된 행동의 균형을 맞추고, 동생과 동등한 위치로 되돌려 놓는다. 만약 내가 균형을 맞추지 않는다면 후손 중 누군가가 나를 위해서 그 일을 하게 될 것이다.

전통적인 사회에서는 공동체 전체의 안위를 위해서 공통점을 중요시하고 개인적 차이는 억누른다. 이러한 교육은 공동체의 생존을 위해 핵심적인 것이다. 왜냐하면 전통사회의 삶이 가장 기초적인 욕구를 충족시키는 데 집중되어 있기 때문이다. 가뭄이나 홍수, 기아나 추위, 야생 동물이나 적의 위협 같은 시련을 이겨내기 위해서는 공동체의 안녕이 가장 중요했다.

오늘날 선진 서구사회에는 공동체의 생존과 관련된 위급한 일이 더 이상 존재하지 않는다. 이제는 사회적 진화의 자연스러운 방향이라 할 수 있는, 개인에게 더 많은 선택의 자유를 주는 다양성과 개성이 그 자리를 대신한다.

최근의 이런 경향의 이면을 보면, 우리는 가족 관계가 개인에게 얼마나 큰 영향력을 끼치는지 완전히 잊어버렸다. 그러나 우리 내면에 아직 가족 관계를 조율하는 법칙들이 남아 있다. 이 법칙들은 여전히 존재하고, 좋든 싫든 우리의 행동을 여전히 통제하고 있다.

오늘날 자유로운 십대들은 자신에게 자기가 하고 싶은 것을 할 자유가 있다고 믿고 있을지도 모른다. 물론 어떤 면에서는 할아버지 세대와 분명히 다른 삶을 살 수 있는 자유가 더 많다. 그러나 다른 면에서 보면 십대들은 여전히 사회 공동체에 깊이 결속되어 있고, 집단적 유대는 자신이 자유롭다는 그들의 생각과는 달리 무엇을 하게 만든다.

오스트레일리아에 사는 트레이시Tracy라는 젊은 여성이 있었다. 이 여성은 매우 자유롭고 야성적인 인생을 살면서 어린 나이에 마약을 경험하고, 히피가 되어 수년 동안 인도를 돌아다녔다. 그녀는 자신이 십대에 임신한 사실과 그 딸을 입양시킨 것은 과거에 묻었다고 생각했다.

그런데 입양아가 생모를 찾을 수 있게 하는 새 법률이 시행되자, 사십대가 된 트레이시에게 입양된 딸이 찾아왔다. 얼마 후에, 트레이시의 딸은 자신의 어린 딸을 트레이시에게 남겨두고 자살했다. 이 가족의 집단 양심에 따라, 트레이시가 한 일을 균형 잡는 사건이 발생한 것이다. 이 책에서는 이러한 균형의 필요에 대한 더 많은 사례를 다루게 될 것이다.

만약 개인이 가족 유대감의 얽힘을 넘어서려면, 먼저 자기 가족의 집단 양심을 이해하고 집단 양심에 조율할 필요가 있다. 오래된 빚을 청산하고 모든 사람이 제자리를 찾아서 균형이 회복되었을 때, 그때가 되어야만 진정으로 자신이 하고 싶은 것을 탐험할 자유를 갖게 된다.

이것이 가족세우기라고 부르는 작업의 목적이다.

3
소외: 누가 제외되었는가?

헬링거 박사가 밝혀낸 가장 놀랍고도 강력한 가족 역동 중 하나는, 나중에 태어난 가족 구성원인 아이가 자기도 모른 채 이전 가족 구성원과 자신을 동일시를 한다는 것이다. 아이는 복제품처럼 그 가족의 감정을 느끼고 행동한다. 대부분 이러한 사실은 가족 구성원들이 의식하지 못한 사이에 일어나고, 아이는 자신이 생전 만나본 적도 없는 사람을 동일시한다.

이 놀라운 현상 뒤에 숨어 있는 비밀은 무엇인가?

1장에서 언급했던 오스트리아인 맥스Max의 경우, 맥스의 어머니는 아주 어렸을 때 아버지를 잃었다. 어린아이가 너무 어렸을 때 부모를 잃으면 그 고통은 이루 말할 수 없다. 부모와의 유대감이 너무 강하기 때문에 아이는 부모와의 이별을 직접적으로 받아들이지 못한다. 아이가 이 사건을 받아들일 수 있는 한 가지 방법은, 자신의 기억에서 아버지의 죽음을 지워버리려고 노력하면서 충격을 완화하는 것이다.

맥스의 어머니는 자기 아버지에 대한 기억과 죽음을 잊으려고 노력하면서 자신의 삶에서 아버지를 제외시켰다. 이것이 상실의 고통을 피하는 손쉬운 방법이다. 그렇지만 이런 식으로는 고통을 완전히 피할 수 없고, 부모를 잊을 수 없다는 게 문제다. 그래서 맥스의 어머니는 진정으로 아버지를 보내 드리지 못하고, 아버지가 돌아가신 그 시점에 고장 난 레코드처럼 머물러 있었다.

돌아가신 아버지와의 관계를 마무리 지으려면, 아버지가 돌아가셨다는 것을 온전히 인정하고 상실의 고통을 재경험해야만 한다. 하지만 이것이 바로 그녀가 그렇게 오랫동안 피해오던 고통이다. 과거를 잊을 수 있다고 생각하지만, 가슴의 상처와 가족 체계에 일어난 얽힘은 과거를 잊지 못하게 한다.

모든 가족이 기억되고 인식되어야 한다는 집단 양심의 영향으로, 후손 중 한 사람인 그녀의 아들 맥스가 가족 체계에서 제외된 외할아버지와 동일시하게 된다.

다른 아이들처럼 맥스도 어머니의 사랑과 관심이 필요하다. 맥스는 아들의 위치에서 어머니와 유대를 맺어야 한다. 그래야 아이와 부모 관계가 자연스럽고 건강해진다.

하지만 맥스는 어머니가 자신에게 정성을 다하지 못한다는 것을 느꼈다. 어떤 일이 일어났는지 정확하게 이해하지는 못하지만, 어머니의 가슴은 어릴 때 돌아가신 외할아버지와 은밀하게 묶여 있다는 것을 감지하고 있었다. 맥스는 자신을 외할아버지와 동일시하고 어머니의 짐을 떠안으면서, 어머니의 사랑과 관심을 얻고자 노력했다. 맥스는 자신이 마치 어머니의 부모인 것처럼 행동하기 시작한다. 이것을 '부모 동일시parent identification' 라고 부른다.

상상할 수 있듯이, 새로 태어난 아기에게 집단 양심의 요구는 가혹하다. 맥스는 어머니에게 사랑을 받는 대신, 마치 어머니의 부모처럼 행동하면서 사랑을 주려고 노력한다. 이것은 자연적인 사랑의 흐름과는 반대되는 행동이다. 맥스는 아이로써 감정적으로 텅 비고 사랑받지 못하고, 동시에 여전히 어머니에게 묶여 있다. 성장하고 나서도 어머니와 헤어질 수 없기 때문에 다른 여자에게 자신을 완전히 내줄 수도 없을 것이다. 동시에 맥스의 남성성은 약해진다. 이유는 분명하다. 맥스가 아버지의 아들로서 행동하지 않기 때문에 아버지로부터 남자의 지지와 관심을 받을 수가 없었기 때문이다.

요약하면, 맥스는 진정한 자신이 될 수 없었으며, 그 이유도 알지 못했다. 자기 아버지를 잊으려는 어머니의 불가능한 시도에서 비롯된 얽힘은 점점 더 복잡해진다. 맥스는 온전히 어머니의 사랑을 받을 수 없었기 때문에, 마치 아이처럼 다른 여자에게, 혹은 아버지가 된다면 자녀에게 사랑을 받으려고 애쓸 것이다. 그러면 맥스의 자녀들은 사랑을 받기보다 사랑을 주려고 할 것이다. 이렇게 한번 얽힌 관계 패턴은 뒤죽박죽된 상태로 한 세대에서 다음 세대로 이어진다.

심지어 맥스는 삶을 부정하는 태도를 지니게 될지도 모른다. 그의 어머니가 친정아버지에게 얼마나 집착하느냐에 따라, 사고를 당하거나 자살을 시도할지도 모른다. 이것이 집단 양심이 작용하는 방식이다. 잊혀지고, 제외되고, 사라진 가족 구성원을 다시 포함시키기 원하는 것이 집단 양심이다. 그렇기 때문에 모든 사람은 자신의 자리에서 온전히 기억되어야 한다. 이것이 바로 아이가 외할아버지를 동일시하는 이유다.

어떤 사람을 기억하지 않으려는 이유는 대부분 상실의 고통을 피하기 위해서다. 부모를 잃는 것과 같은 큰 상실의 아픔은 나이가 어릴수록 직면하기 어렵다. 아이들이 하는 것처럼 우리가 누군가를 순수하게 깊이 사랑했을 때 그 사람을 잃게 된다면, 상대를 향한 열림은 극심한 고통을 만들어낼 가능성이 커진다. 고통을 온전히 다루기 위해서는 어린아이가 가질 수 없는 성숙함이 필요하다.

어린 나이에 상실의 아픔을 겪으면 그 영향은 아주 오래 간다. 인간 자아 발달 심리학 이론인 '대상관계이론'에 따르면, 어린 시절 부모의 죽음은 아이의 건강한 정체성 형성을 방해하는 심각한 요소라고 한다.

제외된 할머니 ■ ■ ■

또 다른 예를 살펴보자.

세션을 의뢰한 사람은 35세의 이탈리아 여성인 안토넬라Antonella였다. 그녀는 몇 년 동안 남자와 관계를 맺지 못했다는 문제를 내놓았다. 사전 인터뷰에서, 내담자는 자신이 10대 때 아버지가 집을 나가서 20년 동안 보지 못했다고 말했다. 친할아버지는 부인과 두 자녀를 멀리 보내고, 안토넬라의 아버지인 셋째 아들과 함께 살았다.

나는 안토넬라에게 25명의 참가자 중에 아버지, 어머니, 자신을 대신할 세 명의 대리인을 선택하고 배치하게 했다. 그녀는 아버지와 자신을 마주보게 하고 어머니를 다른 쪽에 배치했다. 안토넬라의 대리인은 세션을 시작하자마자 바로 감정이 올라왔고, 어머니를 쳐다볼 수 없다고 말했다. 아버지의 대리인은 자신이 안토넬라만 신경 쓰게 된다고 했으며, 어머니의 대리인은 자신이 외톨이처럼 느껴진다고 말했다.

할머니 대리인을 세우자 안토넬라의 대리인은 상당한 안도감을 느꼈다. 아버지도 또한 기분이 나아졌고, 즉시 자기 어머니에게로 시선을 돌렸다. 안토넬라는 할머니에 대한 깊은 사랑을 느꼈다. 치료자인 내가 할아버지를 세우자, 안토넬라는 할머니를 멀리 떠나보낸 할아버지에게 화를 냈다.

이 가족에게 무슨 일이 일어나고 있는 것일까?

할머니는 이 가족 안에서 제외된 사람이다. 안토넬라는 할머니와 동일시하는 짐을 지고 있으며, 할아버지가 자신을 떠나보낸 것도 아닌데 할머니가 할아버지에게 가졌던 분노를 그대로 느꼈다.

이것을 눈먼 사랑이라고 부른다. 한 아이가 사랑한다는 이유로 다른 가족 구성원의 운명을 무의식적으로 어떻게 방해하는지, 그 결과로 자신의 삶이 얼마나 고통스러워지는지를 보여 주는 전형적인 사례다. 어린 안토넬라는 자신의 분노를 오래전에 돌아가신 할아버지에게 표현하지 않고, 아버지와 다른 남자들에게 표현하고 있다. 이것이 바로 남자들과 원만한 관계를 맺을 수 없었던 이유다.

우리는 이것을 '이중 전환double shift'이라 부른다.

1. 안토넬라는 할머니처럼 행동하고 있다. — 첫 번째 동일시 전환
2. 안토넬라는 할아버지에게 분노를 표출하지 않고, 자신의 아버지를 포함한 다른 남자에게 분노를 표출한다. — 두 번째 감정의 전환

이 경우, 상황이 더 복잡해진다. 안토넬라의 아버지는 몰래 자신의 어머니와 자매들을 그리워하고 자신의 아버지에게 속으로 화를 내면서도, 자기 아버지와 살아야만 했다.

안토넬라의 아버지는 어린아이 때부터 부모를 완전히 신뢰하지 못했고, 부모에게 온전한 사랑을 받을 수도 없었다. 왜냐하면 어머니는 떠났고, 함께 사는 아버지에게는 화가 나 있었기 때문이다. 그래서 안토넬라 아버지는 아마도 아내나 딸의 모습에서 어머니를 찾으려고 하면서, 동시에 자기 아버지와 동일시했을지도 모른다. 아버지가 한 행동을 반복하려는 강한 충동 즉, 가족을 떠나고 싶은 충동을 느꼈고, 정확히 그렇게 되었다.

이 가족의 세션에서, 안토넬라가 자신을 아버지와 마주 서게 하는 것은 할아버지와 할머니의 대결을 반복하고 있는 것이라고 볼 수 있다. 그녀의 아버지는 할아버지와 동일시하고 할아버지의 죄책감을 짊어지면서, 동시에 자신의 어머니를 찾고 있다. 안토넬라는 할머니를 동일시하면서 할머니의 분노를 아버지에게 표출한다. 그리고 실제로 안토넬라의 아버지가 가족을 떠났기 때문에 분노는 더 깊어진다.

이런 상황의 해결책은 무엇일까? 먼저, 안토넬라는 아버지가 그 상황에서

어쩔 수 없었다는 것을 이해하게 되면서 어느 정도 편안해졌다. '아버지는 어린아이로서 자신이 어찌할 수 없고 이해할 수조차 없는 많은 사건에 얽히게 되었다'라는 통찰로 안토넬라는 아버지를 향해 마음을 열 수 있게 되었다.

할머니를 존중하고, 조부모 사이에 생긴 대립을 그들에게 남겨두면서, 안토넬라는 다시 손녀의 자리로 돌아올 수 있었다. 다시 아이로 돌아온 안토넬라는 아버지를 무척 그리워하는 자신을 발견했다. 아버지는 어린 시절에 가족 안에서 자신이 할 수 있는 최선의 노력을 했다.

이제 안토넬라는 친가와 얽힌 문제에서 자유로워지면서 어머니를 바라볼 수 있게 되었다. 세션을 시작할 때는 안토넬라가 어머니를 바라보지 않았다. 이제 그녀는 편안하게 어머니에게 다가갈 수 있다. 또한 남자를 불신하고 의심하면서 분노하고 있던 마음을 거두고 새로운 눈으로 남성을 바라볼 수 있게 되었다.

이제 그 문제가 어디서부터 시작되었는지 알게 되었고, 그것을 본래 속했던 곳 즉, 조부모에게 남겨둘 수 있게 되었다.

제외가 뜻하는 것 ■ ■ ■

제외되거나 잊혀진 사람은, 안토넬라의 경우처럼 돌아가신 분들에게만 해당되는 것이 아니다. 가족 체계 안에 자기의 자리가 주어지지 않았거나 인정받지 못한 사람인 경우도 많다.

그러므로 제외됨의 가능성은 아주 다양하다. 가족 중 한 사람이 무시를 당하거나, 가족 모두가 그 사람에 대해서 침묵하고 그 사람의 가치를 인정하지 않을 때 그 사람은 제외된다. 신체적인 장애나 정신적인 장애 때문에 가족들에게 외면당한 사람, 또는 질병 때문에 오랫동안 집을 비우거나 기숙학교에 보내진 사람도 제외된 사람들이다. 가장 분명하게 제외되는 경우는 입양이며, 또한 비도덕적 행위 때문에 가족의 사랑으로부터 추방되는 사람도 제외된다.

전 세계적으로 유명한 신화들에는 어떤 이유로든 존중받지 못하고, 가족의 기억에서 제외된 사람들, 버림받은 영혼에 대한 이야기가 많다.

세션을 시작하기 전, 사전 인터뷰를 통해서 제외된 사람이 누구인지, 누가 가족 체계 안에 포함되어야 하는지 짐작할 수 있다. 그런 다음 치료자는 그 가설이 맞는지, 그 사람을 가족세우기에 세웠을 때 어떤 변화가 생기는지 확인하며 가족세우기를 배치하고 탐색해야 한다.

나는 안토넬라의 가족사를 듣고 할머니가 중요한 사람일 수도 있다는 생각이 들었지만, 그 생각은 실제 가족세우기 안에서 검증되어야 했다. 대리인들의 반응은 나의 가설이 옳았다는 것과, '잃어버린' 가족을 발견했다는 것을 말해 주었다. 만약 할머니가 제외된 사람이 아니었다면, 할머니를 가족세우기 안에 세웠을 때 대리인들에게 중요한 반응이 일어나지 않았을 것이다.

과거를 마무리하기 – 제외된 사람을 다시 끌어안기 ■ ■ ■

가족세우기는 치유 작업으로, 가족 관계를 개선하고, 가족 체계 그림 안에 제외된 구성원을 데려오기 위해 노력하는 것으로 이루어져 있다. 사건이 일어났던 당시에 완전히 마무리될 수 없었던 일을 마무리하려는 노력이다. 사실 모든 치유는 마무리하는 작업이다. 완성되지 않은 게슈탈트를 마무리하여, 심리적인 부산물을 남기지 않는 것이다.

개인의 성장과 성숙을 위한 모든 작업은 이와 같은 원리에 기초한다. 제외된 것이 무엇이든, 자신의 성격에서 거부된 측면이 무엇이든 그것을 드러내고 받아들여 자신의 가슴 한 켠에 자리를 내주어야 한다. 같은 방식으로, 가족 체계 안에 제외된 사람은 제자리를 찾아야 한다. 그들을 다시 가족의 구성원으로 포함하고, 인정하고, 사랑으로 기억해야 한다.

자신이 거부한 것이 무엇이든, 거부하는 동안에는 그것이 마음속에 아주 강하게 남아 있다는 것이 이 원리의 핵심이다. 왜냐하면 우리가 어떤 행동을 거부할수록 그 행동에 더 많은 에너지가 가기 때문에, 거부하는 행동은 계속 우리를 따라다니게 되기 때문이다. 귀신의 경우에도 귀신이 있다고 믿으면 그 믿음이 귀신으로 나타나게 되는 것이다. 만일 유령처럼 보이던 흰 물체가 바람에 날리는 거미줄이라는 것을 알게 되면 두려움은 사라진다. 우리가 직면하기 힘들었던 것들에게 '예스'라고 말하면서 그것을 받아들이는 순간 우리 내면에 어떤 것이 변화한다. 그것은 단지 받아들이는 것이 아니라, 우리가 두려워하는 귀신에게 마음을 열고, 궁극적으로 우리 내면에 있는 그들에 대한 사랑을 회복하는 것이다.

우리 내면의 사랑받지 못한 부분에 마음을 여는 이러한 원리는 모든 심리치료의 기초가 된다. 우리가 마음의 지하실이나 무의식적인 마음의 층에 묻어 둔 것은 언젠가 수백 배 강해져서 우리에게 되돌아온다.

여기서 고통은 아주 중요한 문제로, 우리가 그 고통을 피하려고 할 때 문제는 발생한다. 모든 문제는 고통의 회피 때문에 생긴다고까지 말할 수 있다. 사실 우리 마음의 중요한 역할 중의 하나는 어떤 식으로든 고통받지 않도록 우리를 보호하는 것이다. 따라서 심리적 고통도 다른 신체적 고통과 같이 우리 삶의 일부라는 것을 인정하는 것이 치유에서 첫 번째 과정이다. 이 과정은 피할 수 없다.

자연은 죽음 그 자체에 대해 가치 판단을 하지 않는다. 어린아이의 죽음이든 나이 든 사람의 죽음이든, 그저 다른 두 사람의 운명일 뿐 어느 것이 더 중요하지는 않다. 어린 나이에 죽는 것은 비극이며, 죽음은 가능하면 피해야 하는 두려운 존재라는 것은 우리 인간의 생각일 뿐이다.

죽음의 중립성을 이해하면, 불쌍하다는 생각을 내려놓고 힘든 운명을 가진 사람이나 어려서 죽은 사람들도 인정할 수 있다. 이것이 가족세우기에서 하고자 하는 작업이고, 이것이 치유를 부른다.

눈먼 사랑에서 의식적인 사랑으로 ■ ■ ■

맥스Max와 안토넬라Antonella의 경우에서도 알 수 있듯이 아이가 대신하는 가족 구성원, 즉 아이가 동일시하는 사람이 누구인지 찾고, 가족 구성원 모두 제외된 사람을 볼 수 있도록 가족 체계 안으로 데려오는 것은 매우 중요하다. 제외된 사람이 사랑으로 인정받으면 그를 대신해야 할 필요가 없어지고, 아이는 자기 자신이 될 수 있으며 동일시에서 풀려난다.

동일시는 아이가 어떤 다른 사람을 다른 사람으로 느끼지 못하는 것을 의미한다. 이것은 제외된 사람을 다시 가족 안으로 포함시키려는 집단 양심의 불가능한 시도라고 할 수 있다. 왜냐하면 아이가 제외된 사람을 동일시한다고 해도 제외된 사람은 여전히 제외된 상태이기 때문이다.

맥스가 외할아버지를 마주하는 순간, 그리고 안토넬라가 할머니를 사랑과 존경으로 바라보는 순간, 동일시는 끝난다. 어린아이는 다시 아이의 자리로 돌아오고, 부모–자녀 관계가 치유되고 원만해진다. 이제 맥스는 어머니에게 말할 수 있다. 외할아버지를 존중하고, 외할아버지가 돌아가셨을 때 어머니가 느낀 고통을 존중한다고. 맥스와 어머니는 다시 사랑으로 연결된다. 안토넬라는 자신의 아버지에게 할머니를 기억한다고 말할 수 있고, 아버지와의 관계가 사랑으로 회복되는 것을 온몸으로 느낀다.

이것이 때로 부모에게는 큰 안도감을 가져다주지만, 한편으로는 이제까지 억압했던 고통을 재경험하거나, 자신의 부모를 보내기 힘들게 할 것이다. 각각의 상황은 독특하고, 다른 방식으로 전개된다. 여기서 중요한 점은 고통을 재경험하면서 숨겨 있던 사랑이 다시 빛을 보는 것이다. 이것이 진정한 치유의 원천인 사랑이다.

맥스는 원래 갖고 있었던 눈먼 사랑 때문에 자신을 할아버지와 동일시했다. 하지만 이제 할아버지를 인정했기 때문에 더 이상 할아버지와 자신을 동일시 할 필요가 없다. 그의 사랑은 예전보다 의식적이 되고, 이제 의식적인 사랑으로 연장자를 존경할 수 있다. 이 '존중할 줄 아는 사랑'이 맥스에게 더 이상 할아버지를 동일시할 수 없게 만들었다.

맥스는 어머니에 대한 사랑 때문에 외할아버지를 동일시를 했다. 어머니에게 속하고 싶은 마음이, 어머니의 고통을 덜어 주고 어머니의 관심을 받기 위해 자신에게 동일시를 시킨 것이다. 이런 사랑을 '눈먼 사랑' 또는 '묶인 사랑'이라고 부른다. 아이들은 언제나 개인 양심에 따라서 부모의 고통을 덜어 주기 위해 무엇이든지 할 수 있고, 그렇게 할 권리가 있다고 느낀다.

어린아이들은 동화 속 환상의 세계에 살고 있다. 아이들은 순진하게도 '누군가는 고통을 당해야만 해. 만약 내가 부모님 대신 고통을 받는다면, 부모님의 고통이 줄어들겠지'라고 생각한다. 물론 이것은 진실이 아니다. 실제로는 고통이 두 배가 될 뿐이다. 눈먼 사랑은 '신성한 질서'에 따라 움직이는 집단 양심의 원칙을 거스른다. 이것에 대해서는 다음 장에서 좀 더 자세히 얘기하도록 하겠다.

누가 가족 체계에 속하는가? ■ ■ ■

동일한 혈통의 가족 구성원은 모두 집단 양심의 영향을 받는다. 가족에는 부모와 아이들은 물론, 일찍 죽거나 사산된 아이와 조부모까지도 포함된다. 숙모, 이모, 삼촌, 외삼촌도 포함되지만, 그들의 자녀인 사촌들은 포함되지 않는다. 경우에 따라서 증조, 고조까지 포함하는 경우도 있다. 이들 모두가 가족세우기를 할 때 확대가족을 구성하는 사람들이다.

때로는 친척이 아닌 사람들이 가족 안에 포함되기도 한다. 그들은 가족의 한 사람과 어떤 사건으로 강하게 유대와 연결이 생긴 사람들이다. 이런 사람들은 가족 체계에 속하고, 집단 양심의 법칙에 영향을 받는다. 이런 사람들도 제대로 존중받지 못하면 후손에게 동일시될 수 있다. 예를 들면 부모의 옛 애인을 현재 배우자를 위해 제외했다면, 이 애인도 포함될 필요가 있다.

가족을 학대하거나 죽인 가해자들도 가족 안에 포함시켜야 한다. 유태인 학살에 연루된 나치 혹은 내전(이 주제는 6장에서 다루고 있다)과 같은 학살사건에 관련된 사람들도 포함시켜야 한다. 또한 반대의 경우도 적용되는데, 가족 중 한 사람에게 고통을 받은 사람, 피살자는 물론이고 부도를 낸 동업자까지 포함된다. 가족의 어떤 사람에게 심각한 학대를 받은 사람은 누구라도 가족세우기 안에 데려와야 한다.

간 단 한   사 례 들 ■ ■ ■

다음은 제외된 가족 구성원을 아이들이 어떤 식으로 동일시하는지, 그 사람을 다시 가족 체계로 데려오는 것이 얼마나 중요한지 보여 주는 몇 가지 사례다.

한 여성 내담자는 정신적으로 장애가 있는 큰딸을 자신의 맞은편에 세웠다. 몇 가지 질문을 통해서 내담자의 언니가 사산되었는데, 신체적으로 장애가 있었다는 것을 알게 되었다. 내담자는 언니에 대해 얘기하면서, 큰딸을 바닥에 눕히고 싶어했다. 사산아였던 내담자의 언니를 세우자마자 장애를 가진 딸이 안도감을 느낀다. 이런 두 가지 단계를 보면서, 이 여성 내담자의 큰 딸이 사산된 이모를 대신하고 있다는 것을 알 수 있었다.

한 여성 내담자의 할아버지와 고모, 삼촌이 나치에게 살해되었다. 이 내담자는 돌아가신 할아버지와 고모, 삼촌을 가족세우기에 세웠다. 내담자는 강제 수용소에서 돌아가신 할아버지와 삼촌, 고모를 제대로 알아볼 수 없었다. 나치의 대리인들을 세우자, 내담자의 마음이 편안해지면서 자신이 나치 대리인 중 한 명에게 마음이 끌리고 있음을 알게 되었고, 그 나치 대리인 옆에 섰다. 이 사례는 이 가족 체계에서 나치가 제외되었으며, 그들에 대한 기억이 억압되었기 때문에 아이가 나치와 동일시해야 했다는 것을 보여 준다.

한 여성은 자신을 존중하지 않는 딸 때문에 어려움을 겪고 있다. 이 여성의 남편에게 전처가 있었는데, 남편은 전처에게 마음의 상처를 주고 헤어졌고, 현재 딸이 전처를 동일시하는 것으로 보였다. 딸에게 기분이 어떠냐고 물었을 때 그녀는 자신의 아버지에게 화가 나고, 어머니에게는 질투가 난다고 말했다. 전처를 가족 체계 안에 세우고 내담자와 남편이 전처를 존중하는 마음을 갖게 되자, 모든 사람이 편안해졌다.

이것을 요약하자면 다음과 같다.
가족세우기는 집단 양심의 원칙에 따라 모든 가족 구성원을 사랑으로 기억하려는 작업이며, 이것이 우리의 삶을 조화롭게 한다.
위와 같은 사례에서, 가족에 속하는 누군가가 제외되면 집단 양심이 제외된 사람을 기억하게 만든다. 만약 가족 구성원들이 한 사람을 기억하지 않으면, 그 사람을 제 위치로 돌려놓기 위해서 다음 세대의 아이가 그를 동일시하는 상황이 생긴다. 이렇게 복잡한 전략에도 불구하고, 그 사람은 가족에서 여전히 제외된 상태라는 것을 알 수 있다. 왜냐하면 제외된 사람을 동일시하는 아이는 실제 제외된 사람의 왜곡된 상일 뿐이기 때문이다. 실체에 대한 자각은 이 두 사람을 모두 놓여나게 하는 실존적인 변화를 가져온다.

집단 양심의 요구에 따라 제외된 사람이 자신의 자리를 찾고, 다른 구성원들이 제외된 사람을 기억하고 존중할 때 모든 가족 구성원은 평화와 안정을 얻는다. 이렇게 할 때 현 세대에서 원가족의 구성원을 동일시하는 사람이 동일시의 짐을 내려놓고, 자유를 얻게 된다.

4
신성한 질서

영어에서 'Order'라는 말은 여러 가지 뜻으로 쓰인다. 다른 사람에게 무엇을 하도록 지시하기, 물건들을 일정한 규칙으로 정리하기, 음식이나 물건 주문하기, 혹은 성격의 어떤 청결함을 나타내는 '그녀는 집안 정리를 잘해요'에서처럼 '잘 정돈되어 있다' 등이다. 영국 하원에서는 논쟁이 과열되면 의장이 일어서서 큰 소리로 "정숙order! 정숙!" 하고 외치는 것을 볼 수 있다.

가족세우기에서는 'Order(질서)'를 다음과 같은 의미로 사용한다. 어떤 연속성과 절차를 묘사하는 방식, 특히 누가 누구 다음에 태어났는지를 보여 주는 시간적인 순서를 말할 때. 또한 어떤 것의 적당한 배열과 순서를 만든다는 의미로. 우리는 질서라는 말을 이 두 문장을 모두 포함하는 의미로 사용한다.

헬링거 박사는 이것을 먼저 온 사람이 먼저 서고, 나중에 온 사람이 나중에 선다는 의미로 '사랑의 질서'라고 불렀다. 이 질서가 존중될 때 가족 체계 내의 사랑이 막힘없이 흘러간다. 겉으로 보기에 질서라는 단어는 시간에 따라 태어남을 말하는 것이지만, 깊은 내면에서는 평안함과 균형감을 준다. 다른 식으로 말하면, 태어난 순서를 기준으로 가족 안에서 그 사람의 자리를 정하게 되고, 이러한 질서를 지키면 편안해진다.

일반적으로, 가족 체계 안에 얽힘이 없으면 핵가족의 경우 부모가 먼저 자리를 잡고, 자녀들은 나이 순서에 따라 시계 방향으로 선다. 나이가 가장 많은 자녀가 부모 바로 옆 자리다.

가끔 부모와 자녀가 서로 마주 보고 설 때도 있는데, 이때도 마치 보이지 않는 원을 그리고 있다고 상상하고 시계 방향으로 반원을 그리며 순서를 잡아야 한다. 이렇게 서는 것이 가족 구성원들이 가장 편안하게 느끼는 형태다. 이때 편안함이란 '제자리에 있다'라는 느낌을 말한다.

이런 질서는 가족 심리학자나 치료사가 만든 것이 아니라, 이미 존재하고 있는 것이다. 헬링거 박사가 가족세우기를 하면서 이것을 발견했고, 다른 사람들이 확인하고 전파했다. 이 질서는 인간이 자기 주변의 모든 감각적인 정보를 시간과 공간의 형태로 조직하면서 파악한다는 사실을 반영한다. 이것은 자신이 가지고 있는 내면의 가족 그림을 보여 준다. 인간의 마음에는 각 가족 구성원을 위한 특정한 자리가 있다.

해결되지 않은 가족 얽힘이 있다면 가족 구성원들의 위치를 바꾸는 방법을 흔히 쓴다. 매 세션마다 대리인들의 느낌과 소감을 바탕으로 가장 조화로운 배치가 무엇인지 알기 위해, 새로운 위치를 찾아야 한다.

그래서 가족이 태어난 시간, 혹은 가족의 일부가 된 시간은 가족에서 그 사람의 올바른 자리가 되는데, 가족세우기를 하게 되면 마음속에 있던 가족의 모습을 눈으로 볼 수 있게 된다. 집단 양심이 가족의 자리배치를 안내한다. 이 말은 모든 사람이 가슴 깊은 곳에서는 자신이 제자리에 있는지 아닌지 알고 있다는 의미다. 의식하든 안 하든, 모든 사람의 마음속에는 시간의 순서에 따른 '신성한 질서'라는 엄격한 법칙이 존재한다.

모린Maureen의 예를 들어 보자. 그녀는 아일랜드인으로 7명의 형제가 있었지만, 그중 4명은 사산되거나 아주 어린 나이에 목숨을 잃었다. 내담자는 삶이 전반적으로 혼란과 의심에 휩싸여 있으며, 특정한 프로젝트나 직무상의 목표에 전념하기 힘들어서 만족할 만한 결과를 얻기가 어려웠다고 말했다.

세션을 시작하면서, 먼저 내담자 가족을 순서대로 배치하게 했다. 부모를 먼저 세우고 맞은편에 모든 자녀를 나이 순서에 따라 오른쪽에서 왼쪽으로 세웠다. 물론 일찍 세상을 떠난 자녀도 모두 포함시켰다. 이 간단한 작업만으로도 모린은 많이 편안해진 듯 보였다. 내담자가 가족 모두와 함께 있다고 느낀 것은 이번이 처음이라고 했다. 여기에 가족 구성원 모두가 함께 있고, 가족 서열에 적절한 자신의 자리를 찾게 되었다.

이것을 좀 더 분명하게 하기 위해서, 내담자인 모린에게 직접 가족세우기 안으로 들어가라고 했다. 모린은 목숨을 잃은 형제자매들을 한 사람씩 바라보며 "당신은 둘째입니다", 혹은 "당신은 저보다 먼저 태어났지만, 일찍 세상을 떠났고, 저도 나중에 당신을 따라가겠습니다", 또는 "당신보다 내가 손위이고, 당신은 손아래입니다. 당신은 우리 가족이고, 여기 당신의 자리가 있습니다" 하고 말했다.

이것은 매우 간단해 보이지만 모린에게는 강력한 치유 경험이 되었다. 난생 처음, 세상을 떠난 형제자매들을 만나서 그들이 자신의 형제자매라는 것을 선언하고 인정했다. 그리고 더욱 중요한 것은 모린이 가족 질서 안의 자신의 자리를 찾고, 그녀를 괴롭혀 왔던 정신적 혼란을 끝낼 수 있게 되었다는 것이다.

가족의 일부로서 모든 아이의 권리가 존중되었으며, 이것이 모린 자신을 포함한 모든 가족 구성원에게 평화를 안겨주었다.

그러므로 가족세우기에서 어떤 사람이 서 있는 위치는 '질서' 또는 '무질서'를 보여 준다. 한 예로, 딸이 아버지 옆에 서고, 어머니가 딸 다음에 서 있다면 이것은 딸이 지나치게 중요한 역할을 하고 있다는 것을 말해 주는 것이다. 가족의 불균형 때문에 딸이 어머니의 역할을 대신하고 있으므로, 딸은 마치 자신이 부인인 양 아버지를 바라보고 어머니는 무시한다.

모든 가족 대리인은 뭔가 잘못되었다는 것을 즉시 느낄 수 있었다. 어머니가 아버지 옆에 서고 그 다음에 딸이 오게 할 때, 모든 사람이 더 적절하다고 느끼고 편안해지면서 안도감을 느낄 수 있다.

한쪽 부모의 이전 배우자와 그 배우자 사이에 태어난 자녀들까지 포함하는 좀 더 복잡한 상황도 있다. 첫 번째 배우자와 자녀는 두 번째 배우자와 자녀보다 우선한다. 역시 시계 방향으로 시간의 순서에 따라 배치한다. 각 구성원은 각자의 고유한 자리가 있다. 다른 사람으로 대치될 수도 없고, 대치되어서도 안 된다. 다음 장에서 살펴보겠지만, 남녀 관계에서 발생하는 문제들은 이전 배우자가 존중받지 못하기 때문에 생기는 경우가 많다.

그래서 순서란 부모-자녀 관계뿐만 아니라, 먼저 태어난 사람과 나중에 태어난 사람과의 관계에도 적용된다.

자, 이제 내가 설명하고 있는 기본적인 역동의 이해를 돕기 위한 상상 활동을 소개할 것이다.

먼저 연필, 동전, 시디 케이스, 안경집, 꽃, 손목시계 등과 같은 쉽게 구할 수 있는 소품을 준비하라. 유의할 점은 각 사물이 어떤 쪽이 앞쪽인지 알 수 있어야 한다. 이 물건들을 테이블 위에 올려놓고, 몇 분 동안 편안하게 앉아서 이 활동에 집중하도록 하라.

준비가 되면, 눈을 감고 당신의 원가족의 이름을 하나씩 불러 보라. 잘 알지 못하거나 만나 보지 못한 가족 구성원도 모두 포함시켜야 한다. 각각의 구성원들을 잠깐 동안 그려 보면서 자신의 느낌을 살펴보라. 가족 구성원들을 기억하기 어렵거나 힘들면 글로 적어도 된다. 특히 기억하기 힘든 가족 구성원들에게 좀 더 많은 시간을 들여서 만나 본다.

이제 테이블 위의 물건 중에서 가족 구성원을 대신할 것을 선택하라. 그리고 테이블 위에 하나씩 배치하되, 각자가 어디를 바라보고 있는지 분명히 해야 한다.

이제 눈앞에 펼쳐진 그림을 보고 각각의 가족 구성원들이 어떻게 느끼고 있을지 상상해 보라. 누가 누구를 보고 있는가? 누가 소외되었는가? 누가 제자리에 있지 않는가? 누가 떠나고 싶어하는가? 당신이 미처 생각지 못하고 빠트린 가족이 있지는 않은가?

이 연습을 완전한 세션이라고 말할 수는 없지만, 일종의 개인적 가족세우기로써, 즉각적으로 떠오르는 복잡한 가족 역동을 이해하는 데 도움이 된다.

사랑의 질서: 부모와 자녀 ■ ■ ■

모든 가족에서 부모가 먼저다. 부모 없이 자식도 없다.

다시 말해서, 자녀에게 줄 수 있는 최초이며 최고의 선물은 부모가 자녀에게 생명을 주는 것이다. 부모는 아이에게 생명을 주기 때문에 부모다. 이것이 '부모됨'의 본질이다. 이 사실 이외에 더하거나 빼야 할 내용은 없다. 이런 맥락에서 모든 부모는 동등하고 위대하다.

아이가 태어나면 부모는 아이를 전적으로 책임지고 양육한다. 성장을 위해 적절한 영양을 공급하고, 외부의 위협으로부터 보호하고, 교육받을 수 있도록 지원하며, 애정과 관심을 쏟는다. 이러한 과정은 자녀가 성숙한 어른이 될 때까지 지속적이고 다양한 방식으로 이루어진다.

부모는 주고 자녀는 받는다는 것을 가족세우기의 관점에서 이해하는 것이 중요하다. 부모는 오직 모든 것을 주기만 하고 아이는 모든 것을 받기만 하는 일방적인 흐름이 일어난다.

이것 때문에 부모-자녀 관계에 큰 불균형이 발생하지만, 자녀는 부모가 해준 것과 같은 직접적인 방식으로 되돌려 줄 수는 없다. 우리는 당연하다고 여기지만, 그렇게 오랫동안 부모가 자식에게 많은 사랑과 정성을 쏟는다는 사실은 놀라울 정도다. 태어나면서부터 성인이 될 때까지 결코 멈추지 않고 계속해서 너무 많은 선물을 받기 때문에 받은 만큼 보답할 방법은 없다. 단지 감사한 마음을 갖고 그것을 표현하는 길뿐이다.

그렇지만 궁극적으로 아이는 자신이 받은 것을 부모에게 돌려주는 것이 아니라 자신의 자녀에게 돌려준다. 이런 식으로 자연계는 한 세대에서 다음 세대로 생명을 이어갈 수 있게 하면서, 개인의 생존뿐만 아니라 종족의 생존까지 유지한다.

앞에서 살펴본 대로, 선물을 받으면 그것을 되돌려 주고 싶은 욕구가 생기지만 아이는 그렇게 할 수 없다. 부모가 자신에게 해준 것을 이해하고 그것에 보답하여 균형을 회복할 수 없으면, 균형을 맞추려는 강력한 힘이 부모를 위해 무언가 중요한 일을 해야 한다고 느끼게 만든다. 부모가 고통을 받거나 고생하고 있을 때 아이들은 가만히 있지 못한다. 다른 사람의 짐이나 고통을 대신 지는 것이 불가능하다는 사실을 모른 채, 아이는 부모의 짐을 덜어 주려고 시도한다.

부모를 도우려는 노력은 아이들의 죄책감을 덜어낸다. 그러나 이때 아이는 받고 부모는 준다는 '부모됨'의 자연법칙을 거스르고 있는 것이다. 아이는 부모가 되어, 부모를 아이처럼 작게 만들어서 자연스런 관계의 흐름을 뒤집는다. 아이들이 부모에게 화를 내는 경우도 볼 수 있는데, 이것은 자신이 받은 것을 되돌려 줄 수 없어서 생긴 불편한 감정을 표현하는 방식의 하나로 이해할 수 있다.

결국, 부모-자식 사이의 불균형 때문에 부모에게 화가 났다고 자신을 정당화하면서 부모를 떠나게 된다. 하지만 이것은 부모를 떠나는 피상적인 성공에 지나지 않는다. 왜냐하면 우리는 우리를 화나게 하는 사람을 절대로 떠날 수 없기 때문이다. 사랑과 마찬가지로 분노 또한 두 사람을 강하게 묶어 놓는다.

자녀들에게는 크게 두 가지 패턴이 있다. 부모에게 화를 내거나 부모를 위해서 무언가를 하려고 한다. 이 두 가지 패턴 모두 자녀로 하여금 진정으로 부모를 떠나지 못하고 묶여 있게 만든다.

이런 상황을 대하는 자연스럽고 성숙한 방법은, 부모가 해준 것에 대해 진심으로 깊은 감사를 느끼고 이를 표현하는 것이다. 이렇게 할 때 우리는 부모와 진정으로 연결되고 힘을 얻으며, 부모로부터 떨어져 나와서 우리 자신의 삶을 살 수 있게 된다.

부모 존중하기 ■ ■ ■

가족세우기는 가족 안의 서열이 존중되지 않으면, 부조화가 발생하고, 가족 간에 긴장이 생겨서 결국은 대립이 생긴다는 이해에 바탕을 두고 작업한다. 우리가 가족 질서에 복종하는 순간, 조화를 회복하는 길이 열린다. 이것이 바로 '신성한 질서'를 언급하는 이유다. 이것은 특정 종교와 아무 관련이 없으며, 가족 안에 균형과 조화를 새롭게 하는 핵심 수단으로써 중요성을 나타내는 것이다.

만일 자녀가 부모를 향해 감사와 존경을 표현할 수 있다면, 게슈탈트 안에 변화가 생긴다. 만약 아이가 '생명을 주셔서 감사합니다' 또는 '당신 없이는 나도 있을 수 없습니다'라고 말하며 부모의 존재를 가슴으로 받아들인다면, 그 아이는 부모의 사랑을 온전하게 받을 수 있게 되고, 분리된 내면이 통합된다.

가족세우기에서 질서라는 의미를 인정하기 위해 사용하는 단순한 말이 다소 이상하게 보일 수도 있다. 왜냐하면, 모든 것을 함축하는 '크다'나 '작다' 같은 말을 쓰기 때문이다. 실제로 아이는 부모보다 신체적으로 훨씬 더 클 수도 있다.

그러나 이 말을 사용하는 이유는 영혼에 의해 진실로 받아들여지고, 만물의 깊은 존재론적 질서를 표현하기 때문이다. 가족세우기 세션에서 '당신은 크고, 나는 작습니다'라고 말했을 때, 자녀는 신성한 질서를 인정하고 있는 것이다. 그 사람은 신체적 크기를 말하는 것이 아니라, 부모가 생명의 원천이기 때문에 먼저 태어난 부모가 아이보다 더 크다고 말하는 것이다.

부모 앞에서 자신의 '작음'을 인정할 때 자녀는 부모의 에너지를 받고 힘을 얻을 수 있으며, 같은 방식으로 부모는 자녀에게 힘을 전해 줄 수 있다. 반면에, 만약 자녀가 부모보다 현명하고 훌륭하기 때문에 부모에게 무언가를 해주려 한다면, 자신이 부모에게 받지 못한 무언가를 자신의 자녀나 배우자에게 대신 받으려고 요구하게 될 수 있다. 그러면 모든 것이 뒤죽박죽 된다.

상황에 따라서 부모에게 존경을 표하는 방법은 아주 다양하다. 예를 들어 부모의 부부 갈등으로 힘들어하는 자녀가 있다면, 그 아이는 한걸음 물러나서 자신은 단지 아이일 뿐이며 부모의 일에 관여할 권리가 없다는 것을 말한다. 또한 부모를 존경한다는 것은, 부모가 우리를 위해 내린 결정에 무조건적으로 동의한다는 것을 뜻하기도 한다.

이러한 태도는 성숙한 어른의 생각에는 부적합하고 불공평해 보일 수 있다. 특히 부모가 잔인하고 어리석은 방식으로 행동하여 자녀의 간섭이나 반항이 정당해 보일 때는 더욱 순응하기 어렵다. 그러나 가족세우기는 좀 더 실제적이면서도, 개인적인 가치판단은 하지 않는다. 진짜 중요한 문제는 내담자가 얽힘을 풀 수 있도록 돕는 것이다. 가족의 '혼령들'을 쉬게 하려면, 신성한 질서를 인정하고 그들을 존중해야만 한다는 생각이 바탕에 깔려 있다.

독일인 한나Hanna는 친아버지를 한 번도 만난 적이 없었다. 어머니는 미군과 연애를 했고, 그 뒤에 독일인을 만나 결혼했다. 어머니는 지금의 남편이 한나의 친아버지가 아니라는 사실을 말해 주지 않았는데, 한나는 시간이 많이 흐르고 나서야 우연히 이 사실을 알게 되었다.

한나는 어머니와 미군이었던 친아버지를 가족세우기에 배치했다. 두 사람이 서로 마주 볼 수 있게 세웠을 때, 얼마 뒤 어머니는 친아버지에게 다가갔지만, 그는 아무런 반응도 보이지 않았다. 어머니는 한 걸음 물러서고 시선을 딴 곳으로 돌렸다.

이때 한나의 대리인을 세웠다. 어머니는 수치심과 분노를 느끼고, 한나가 친아버지를 보지 못하도록 한나와 친아버지 사이를 가로막았다. 한나가 어머니에게 "엄마에게 도움이 된다면, 친아버지를 찾거나 만나지 않겠습니다"라고 말하자, 어머니는 마음이 풀어져서 깊은 마음의 상처를 드러내며 울음을 터트리기 시작했다.

내담자인 한나에게 직접 자기 위치로 가서 어머니의 고통을 존중하고 그것을 어머니에게 맡긴다고 말하게 했다. 어머니는 처음으로 한나와 친아버지를 만나게 했다.

한나가 친아버지의 존재를 숨긴 어머니의 결정에 동의했을 때 중요한 변화가 일어났다. 부모가 우리를 위해 내린 결정에 동의하면, 우리는 순수해지고 모든 책임은 부모가 지면서, 부모-자녀는 바람직한 관계가 된다. 이제 신성한 질서가 다시 바로 선다.

부모의 과거 행동에 대해서 화를 내거나 불평하고 있다면, 우리는 부모의 행동을 판단하면서 자신이 부모보다 더 높은 위치에 서게 된다. 신성한 질서의 관점에서 보면 부모를 '작게' 자신은 '크게' 만드는 것이고, 이는 집단 양심을 거스르는 일이다. 결국 머지않아, 이 일의 균형을 잡기 위해서 스스로를 벌 주게 될 것이다.

인간의 삶에 적용되는, 꼭 알아야 하지만 많은 사람이 제대로 이해하지 못하는 법칙이 있다. 인간은 항상 거부하는 것에 묶이게 된다는 원리다. 우리가 부모에게 불평을 하는 것은 부모가 우리를 위해서 해준 일과 선물에 대해서 '아니오'라고 말하는 것이다. 이런 식으로 부모를 거부하면 자신이 부모에게서 떨어져 나올 수 있다고 믿고 싶겠지만 부정적인 방식으로는 결코 부모와 떨어질 수 없다. 거부한다면 여전히 묶여 있는 관계다.

우리는 우리 부모와 하나다. 우리가 부모에게 '예'라고 말할 때, 우리 자신에게도 '예'라고 말하는 것이다. 이것은 복종의 '예'가 아니라, 받아들임의 '예'다. 그저 있는 그대로의 상태에 대한 긍정이다. 게다가, 동시에 우리 안의 거부되고 있는 부분에도 '예'라고 말하는 것이다. 왜냐하면, 만약 아버지에게 싫은 점이 있다면 자신 안의 아버지를 닮은 부분을 싫어하는 것이기 때문이다. 만약 당신이 진심으로 부모를 존중하고 '부모를 받아들인다면', 당신은 당신 자신 또한 진심으로 받아들일 수 있을 것이다.

한 개인으로 부모의 결점을 존중하면서, 그저 세상에 나오게 해준 부모를 있는 그대로 존경했을 때 우리는 온전하게 된다. 그러나 이것은 그리 쉽지 않다. 많은 사람이 부모가 더 잘해 주었다면 지금보다 더 괜찮은 사람이 될 수 있을 거라고 생각한다. 더 많이 이해해 주고, 더 많은 관심을 보여 주고, 덜 나무라고, 더 자유롭게 해주었거나 더 엄격했더라면, 자신이 지금보다 더 나은 사람이 되었을 거라고 믿는다. 심지어 어떤 사람들은 텔레비전에 나오는 부모나 친구의 부모처럼 이상적인 부모와 자신의 부모를 바꾸고 싶어하면서, 부모님이 달랐다면 상황이 더 나았을 거라고 생각하기도 한다.

만일 내가 다른 부모를 만났다면, 다른 사람이 되었을 것이다. 다른 부모를 원한다는 것은 마치 자신이 다른 누군가가 되기를 원하는 것과 같다. 항상 다른 사람이 되고 싶어하면서 어떻게 마음이 평화로워질 수 있겠는가?

신성한 질서의 관점에서 볼 때, 평화로워지기 위한 방법은 하나다. 나의 부모를 진심으로 존경하는 것. 이것은 깊은 존경의 행위며, 신성한 영적 행위다. 당신이 부모를 존중할 때 단지 어머니와 아버지만을 존중하는 것이 아니라,

당신의 조부모와 증조부모 또한 존경하는 것이다. 당신보다 먼저 태어난 모든 사람을 존경하는 것이다. 당신의 생명이 시작된 그곳을 향해서, 당신을 있게 해준 모든 조상에게, 지금까지 당신을 통해 이어지고 있는 생명에게 진심으로 감사하고 고개 숙여 절하는 것이다.

깊은 존경심을 가지고 당신 삶의 원천과 근원을 향해 깊이 절하는 것이다.

존경심 표현하기 ■ ■ ■

부모가 달라지기를 바라면서 부모에게 화를 내고 있는 사람들은, 아직도 현실을 있는 그대로 받아들이지 못하고 뭔가 달라지기를 바라고 있는 것이다. 이런 사람들은 자신을 희생자로 규정짓고, 무기력한 상태로 스스로를 방치하면서 변화의 가능성을 부정한다. 이들은 자신이 갖지 못한 사랑에만 집착하고, 이미 자신이 받은 사랑이나 받을 수 있는 사랑에는 전혀 관심이 없다. 이들은 부모에게 병적으로 집착하면서 계속해서 무언가를 더 받으려고 애쓴다.

우리들은 대부분 한 번쯤 이런 고통스러운 딜레마에 빠진 적이 있을 것이다. 우리는 자신의 영역을 벗어난 어떤 것을 변화시키려고 할 때, 변화시키려고 하는 노력 때문에 함정에 빠진다. 우리는 그것이 고통스럽고 불편하기 때문에 바꾸고 싶다고 생각한다. 하지만 실제로 고통을 주는 것은 바꾸려는 욕망과 바꾸지 못하는 우리의 무능력이다.

그래서 우리는 이중의 불행 속에서 살고 있다. 모든 생각은 자기들이 싫어하고 불편해 하는 것에 가 있어서, 이미 자신들이 가지고 있는 것조차 온전하게 즐길 수가 없다. 자녀는 자기 부모를 완전히 떠나지도 못하고, 가슴으로 온전히 받아들이지도 못한다. 하지만 "부모님이 제게 주신 모든 것에 고맙습니다"라고 말하는 순간, 부모에 대한 집착을 내려놓고 앞으로 나아갈 수 있다. 역설적으로 우리가 부모에게 절을 하고 존중하는 순간, 부모로부터 자유로워질 수 있는 가능성이 생기는 것이다.

가족세우기 세션에서 부모에 대한 존경을 표현하는 방법에는 여러 가지가 있다. 그중 한 가지는 자신의 대리인이나 자신이 직접 부모님에게 이렇게 말하는 것이다.

"당신은 나의 어머니입니다. 어머니, 절 낳아주셔서 감사합니다. 태어나서 겪은 모든 일을 어머니가 주신 큰 선물로 여기며 감사히 받겠습니다. 저는 어머니가 저를 위해 희생하신 것에 감사하고, 저도 제 자녀를 위해서 그렇게 하겠습니다. 어머니를 마음속 깊이 존경하며, 당신의 희생이 헛되지 않도록 살아가겠습니다. 당신은 제게 가장 좋은 어머니이며, 저 또한 당신에게 가장 좋은 아이입니다. 어머니는 크고, 저는 작습니다. 어머니는 주고, 저는 받습니다."

이렇게 말하는 것은 내담자가 가족 안에서 어머니의 위치를 인정한다는 뜻이다. 부모를 존중해야만 부모로부터 완전히 독립할 수 있다. 이외의 다른 방법들은 계속에서 부모에게 묶여 있도록 할 뿐이다. 이것은 부모에게 성적인 학대를 받았거나 장애를 갖고 태어난 자녀들을 포함하여 모든 자녀에게 똑같이 적용된다.

사랑으로 짐 돌려주기 ■ ■ ■

맥스나 안토넬라의 사례를 통해, 조부모를 가족들에게 기억시키기 위해서 아이들이 어떻게 조부모들을 동일시하는지 보았다. 예를 들면 맥스는 어머니의 고통을 자신의 어깨에 짊어지려고 노력하고, 외할아버지와 동일시 하면서 마치 어머니를 자기 아이인 것처럼 바라보았다.

외손자를 통해 가족 안에 외할아버지를 데려옴으로써, 집단 양심은 제외된 사람이 없도록 조절한다. 하지만 이것은 아이는 '작고' 어머니는 '커야' 한다는 신성한 질서를 거스르게 된다.

자, 이제 우리는 갈등상황에 놓였다. 아이는 부모를 사랑하기에 부모의 정신적인 짐을 대신 지고자 한다. 그러나 아이가 아주 적은 양이라도 부모의 짐을 대신 지게 된다면 자리가 바뀌고, 아이가 부모보다 더 커져서 신성한 질서를 거스르게 된다.

집단 양심은 아이 자신을 이롭게 하고 성숙시키는 방향과는 반대로 작용한다. 아이는 그 상황에 갇히게 되고 스스로 그 틀을 깨고 나오기 어렵다. 만일 어머니의 고통을 대신 지지 않으면 죄책감을 느끼기 때문이다. 어머니의 고통을 외면하는 것이 아이에게는 어머니를 배신하는 것처럼 느껴진다.

그러나 누구도 다른 사람의 운명을 대신할 순 없다. 그 누구도 다른 사람의 심리적인 고통을 대신 질 수 없다. 뿌리 깊고 원초적인 생존 본능인 소속감의 욕구 때문에 힘든 부모의 짐을 아이가 대신 지려고 애쓰지만, 결코 성공할 수 없는 임무다. 하지만 자녀가 부모에게 갖는 애착은 부모에 대한 원초적인 생물학적 본능이다. 이것은 부모를 위해서 죽음을 무릅쓸 만큼 강력하다.

우리는 이러한 사랑을 '눈먼 사랑'이라고 부른다. 왜냐하면 아이는 자신의 노력이 결코 성공할 수 없다는 것을 알지 못하기 때문이다. 사람은 자신의 인생에서 일어나는 일들을 각자 책임져야 하며, 그 일이 아무리 고통스러울지라도 스스로의 힘으로 딛고 일어서야 한다는 사실을 아이는 이해하지도 받아들이지도 못한다.

이것이 어른과 아이의 차이다. 성장한다는 것은, 우리는 독립된 존재로서 그 누구도 다른 사람의 삶을 대신 살아 줄 수 없다는 사실을 자각한다는 뜻이다. 하지만 이미 보았듯이 아이들은 환상 속에서 산다. 모든 아이는 자신이 고통을 받으면 부모의 고통이 줄어들 거라고 생각하면서, 자신이 부모를 구원해 줄 수 있다는 마법적인 믿음을 갖고 있다.

그러나 이러한 환상의 결과는 언제나 똑같다. 고통이 반으로 주는 대신 두 배가 된다. 한 사람이 고통받다가 이제는 두 사람이 고통받는다. 아이가 어머니의 고통을 짊어지면서, 어머니가 자신의 고통과 직면해서 그것을 초월할 수 있는 기회마저 빼앗는다. 그뿐만 아니라, 아이는 어머니가 아이를 사랑하기에 자신의 문제 때문에 아이가 힘들어하는 것을 원치 않는다는 사실을 이해하지 못한다. 아이의 고통은 쓸데없는 것이며 어머니의 고통을 배가할 뿐이다.

결혼해서 자녀 한 명을 둔 내담자가 가족세우기를 했다. 내담자의 대리인은 현재 자신의 가족을 외면하고, 어렸을 때 자살한 아버지를 따라가고 싶어한다. 여기서 우리는 부모의 고통을 대신 지려는 아이의 익숙한 패턴을 본다. 그러나 이때 아버지의 대리인은 무슨 일이 일어나는지 알아차리고는 화를 낸다. 아버지는 아들이 자신의 운명을 대신 지거나 간섭하는 것을 원치 않으며, 아들을 현재 가족에게로 계속 밀어낸다.

눈먼 사랑에서 의식적인 사랑으로 옮겨가려면 다른 사람의 고통을 짊어지려는 노력이 쓸데없다는 것을 이해해야 한다. 가족세우기에서 아이의 무의식적인 사랑은 이렇게 말한다.

"사랑하는 어머니, 어머니는 너무나 많은 고통을 받으셨습니다. 제가 그 고통을 대신 져 드리겠습니다."

하지만 의식적인 사랑은 이렇게 말한다.

"사랑하는 어머니, 제게 주신 생명과 저를 위한 모든 일에 대해 감사드립니다. 저는 어머니께서 많은 고통을 겪으셨다는 것을 압니다. 저는 어머니의 고통을 어머니에게 남겨 둡니다. 어머니께서 스스로 고통을 이겨내실 수 있다는 것을 존중합니다."

이 말이 좀 더 성숙한 것이지만, 그 말을 마치 어머니나 어머니의 문제를 잊어버리려는 듯 냉정하게 해서는 안 된다. 진실한 사랑을 담아서 말할 때, 모든 고통이 부모에게 되돌아갈 것이다. 그렇지 않으면 어머니의 짐은 결코 우리를 떠나지 않는다.

고통의 짐을 부모에게 되돌려주는 행위를 실천하기는 어렵다. 왜냐하면 아이는 지금 커다란 죄책감에 직면하고 있기 때문이다. 이것은 어머니에게 가까이 있고 싶고, 어머니에게 속하고 싶은 아이의 욕망에서 나온다. 힘들어 하는 어머니를 돕지 않는다면 아이는 어쩔 수 없이 죄책감을 느낄 것이다. 다음 장에서 이 죄책감에 대해서 더 상세하게 다루도록 하겠다.

그러므로 가족세우기 세션을 진행하면서, 내담자가 눈먼 사랑에서 의식적인 사랑으로 나아갈 준비가 얼마나 되었는지 살펴보아야 한다. 이것은 포기를 위한 투자다. 부모를 대신하여 짐을 지면서 우리는 부모에게 연결되어 있고 소속되어 있다는 느낌을 강하게 받는다. 그리고 우리가 정말 잃고 싶지 않은 것이 바로 이 소속감이다. 아무도 스스로 서기를 바라지 않는다. 그러나 우리가 부모에게 "저는 이 모든 것을 당신에게 남겨 둡니다. 당신이 내게 주신 모든 것에 감사합니다"라고 말하는 순간, 우리는 홀로 서게 된다.

성장을 위한 다른 길은 없다. 우리가 부모님에게 깊은 감사를 드리고 이미 충분히 받았기 때문에 더이상 받을 필요가 없다고 선언할 때만 성장할 수 있다. 그러나 우리는 여전히 가족의 안락한 둥지에서 떠나기를 거부한다. 새로운 세상을 탐험하기 위해 날아오르기보다는 부모의 그늘에서 지내는 것이 다소 답답할지라도 편안하다고 느낀다. 이것이 우리가 어른이면서도 어리고 미성숙한 상태로 남는 방식이다.

궁극적으로, 자신의 두 발로 일어설 때 큰 힘이 생긴다. 그러나 부모로부터 독립할 준비를 하고, 부모와 의식적인 사랑으로 상호작용하는 단계로 가기 위해서는 용기가 필요하다.

5
가족 죄책감: 균형의 필요성

우리는 양심에 귀 기울이게 해서 자신이 속한 공동체가 추구하는 가치를 따르게 하는 죄책감의 작용을 살펴보았다. 죄책감은 우리가 스스로 인지할 수 있는 어떤 것이다. 우리의 행동이 집단가치에 거스를 때 죄책감이 느껴진다.

우리는 앞에서 개인 간의 관계에서 어떻게 상호작용의 균형을 잡고, 왜 죄책감이 느껴지는지 살펴보았다. 예를 들어 내가 어떤 사람에게 상처를 주면, 내가 한 일에 대해 어떤 식으로든 대가를 치르기 전까지 죄책감에 시달리게 된다. 죄책감에 시달린다는 것은 아직 내 행동에 대해서 책임지지 않고 있으며, 개인적 균형 감각이 회복되지 않았다는 뜻이다.

균형의 법칙에 따르면, 이런 상황에서 가장 좋은 방법은 우리가 한 행동을 인지하고 '죄'를 시인하며, 행동이 불러온 결과를 받아들이고 균형을 회복하기 위해 어떤 일을 하는 것이다. 이것을 우리는 '책임진다'라고 말한다. 자신의 부주의 때문에 회사에 손해를 끼쳤을 경우 연장 근무를 신청하거나, 자신이 원하지 않았던 아이일지라도 그 아이의 아버지로서 역할을 하는 등 여러 가지 형태로 책임질 수 있다.

만약 이렇게 자신의 행동에 책임을 진다면, 다른 말로 죄책감을 '짊어진다'면, 우리는 죄책감에 시달리지 않는다. 오히려 안도하게 된다. 죄책감을 짊어진다는 말은 선생님이나 배우자, 다른 누군가를 탓하지 않고, 홀로 자신의 행동의 결과와 마주한다는 뜻이다. 자신의 행동에 대해 변명하거나 정당화하면서 자신의 처지에 대해 끊임없이 불평하고 모든 잘못을 다른 사람의 탓으로 돌리는 것은, 결백을 주장하며 책임을 지지 않으려는 태도다. 우리는 대가없이 죄책감이 없어지기를 바란다. 결백함과 같은 거짓된 태도를 포기하고 '죄인'이 될 준비를 하는 것은 정신적으로 성숙하기 위한 기본이다.

그렇지만 여기서 가족세우기의 법칙과 일반적인 사회통념상의 도덕관념을 분명하게 구분해야 한다. 이 차이는 중요하다. 자칫 가족세우기의 법칙이 도덕관념 체계로 비쳐질 수 있고, 보수적 도덕주의자의 무기로 사용될 수 있기 때문이다. 한 가지 예로, 미국의 '생명 권리' 운동을 하는 사람들이 낙태를 반대하는 논쟁을 들어보자.

일단, 한쪽에서는 임신한 여성이 어머니이기 때문에 본인이 바라든 바라지 않든 출산을 통해 어머니로서의 책임을 다해야 한다고 주장할 수 있을 것이다. 또한 그들은 여성을 임신시킨 남성이 자신이 바라지 않더라도, 아버지로서 이 여성과 아이를 보살피면서 자신의 행위에 대해 균형을 맞추어야 한다고 주장할 수도 있을 것이다.

이것은 오해다. 가족세우기에서 초점은 반드시 어떻게 '해야만 한다'는 뜻이 아니라, 단순히 일어난 사실을 받아들이고 인정한다는 뜻이다. 여성을 임신시키면서 남성은 아버지가 되었다. 임신을 통해서 여성은 어머니가 되었다. 이것이 사실이다. 하지만 사실을 인정한 뒤에 어떤 식으로 책임을 질 것인가 하는 문제는 전적으로 본인들의 선택에 달렸다. 사회적인 권위나 도덕관념을 들면서 어떤 선택을 강요할 수는 없다. 이러한 관점에서 임신한 여성은 출산을 할 수도 있고, 낙태할 권리도 가진다. 낙태에 대해서는 특정한 주제들을 모아놓은 15장에서 좀 더 설명하도록 하겠다.

　일반적으로 가족세우기는 자신이 한 행동에 대해 책임을 회피하려는 인간의 타고난 습성 때문에 생겼다고 할 수 있다. 그래서 가족 체계 안에 불균형을 초래한 가족 구성원들은 후손들이 대신 그들의 짐을 지게 만든다. 가족세우기 치료자의 역할은 내담자에게 영향을 주고 있는 불균형을 찾고, 누구의 책임인지를 알아내고, 그것을 이해하고, 내담자가 적합한 행동을 할 수 있도록 돕는 것이다. 자신의 진정한 책임감을 발견하고 그에 합당하게 행동하는 것 둘 다 도전인 동시에 개인적인 성취가 된다.

　가족세우기 법칙은 도덕체계가 아니다. 이 법칙은 생존하려는 생물학적 의지에서 기원한다. 우리가 이미 살펴보았듯이, 이 법칙은 고유한 지혜를 갖고 있다. 왜냐하면 이 법칙은 수천 년 동안 개인의 생존 기회를 최대화하고, 냉혹한 환경 속에서 집단의 생존을 최대화하는 방향으로 발달해 왔기 때문이다.

　이런 맥락에서 개인이나 집단의 생존에 도움이 되는 것은 '좋고', 생존에 위협이 되는 것은 '나쁘다'고 본다. 이 고대의 법칙을 이해하고 존중할 필요가 있다. 왜냐하면, '나쁜' 일을 하고도 균형을 잡지 않으면 가족 체계 안의 다른 사람들이 불필요한 짐을 지고 고통받게 되기 때문이다.

집 단　죄 책 감　■　■　■

　균형을 회복하려는 욕구는 후손이 일반적으로 자신의 가족 체계 안의 선조로부터 내려온 짐이 어떤 것인지 알지 못한다는 사실 때문에 훨씬 더 복잡해진다. 2장에서 설명했듯이, 개인 죄책감보다 더 깊고, 더 강력하고, 불가시적인 죄책감의 한 형태가 있다. 이것은 의식적으로 느낄 수도 인지할 수도 없지만, 마음의 깊은 층—현대 심리학의 개척자 중 한 명인 칼 구스타브 융Carl Gustav Jung이 '집단 무의식the collective unconscious'이라고 부른—에서만 이해가 된다.

일부 가족세우기 치료자들은 이것을 '영혼'이라고 부르기도 하지만, 이 층은 우리 마음속 깊은 곳에 숨겨져 있기 때문에 쉽게 이해되지 않는다. 마음과, 가장 깊은 곳의 의식과의 구분은 분명히 해야 한다. 신비가들은 이것을 인간 마음의 모든 층 너머에 있다고 한다. 4부에서 이 층에 관해서 좀 더 자세히 설명하도록 하겠다.

그것을 무엇이라 부르든지, 마음보다 깊은 곳에 있는 이 층은 가족 체계에 대한 책임감과 그 법칙에 복종하게 하는 강제력을 알고 있다. 예를 들면 별 생각 없이 낙태를 여러 번 한 여성은 자신의 행동에 대해 균형을 잡기 위해 자궁암이 생길지도 모른다. 또는 특별한 이유 없이 첫 번째 부인과 아이를 떠난 남자는 새로운 배우자를 만나지 못할 수도 있다. 일반적으로, 우리가 부모를 심하게 거부하면, 이 행동의 균형을 맞추기 위해서 스스로를 벌 줄 방법을 찾게 된다. 부모가 아이인 우리에게 얼마나 심하게 대했는지와는 상관없이 속죄의 뜻으로 고통받게 되는 것이다.

우리는 개인적으로 한 행위에 대해서 균형을 잡도록 강요받을 뿐만 아니라, 현재 가족의 이전 세대 중에 누군가가 한 일에 대해서도 균형 잡도록 강요받는다. 가족 중에서 고모가 남의 집으로 입양된 집안의 남자는 고아원을 열게 될지도 모른다. 과거에 부유했던 집안의 후손은 돈을 계속 잃을 수도 있다. 살인을 저지른 사람의 후손은 자주 강한 자살 충동을 느끼게 될 수도 있다.

행동의 심각성에 따라, 균형을 맞추는 힘은 여러 세대를 내려가면서 영향을 끼칠 수 있다. 많은 사람이 케네디가의 계속되고 있는 비극을 관찰했다. 케네디가는 대통령 한 명과 상원의원 셋, 정치가를 여럿 배출한 뉴잉글랜드의 명문가이다. 그러나 많은 가족 구성원이 요절하거나 사회적 물의를 일으켰고 비극적인 사건들을 겪어야만 했다.

케네디가가 저주받았다는 이야기도 있지만, 가족세우기 치료자의 관점에서 보면 일련의 사건들은 케네디가의 선조들이 한 행위를 후손들이 다시 균형을 맞추려는 행동이 분명하다. 케네디가의 문제가 어디서 처음 시작되었는지 파악하여 전체 케네디가의 이야기를 설명하는 것은 가족세우기 치료자에게 흥미로운 도전이 될 수 있을 것이다.

가족 체계에서 일어난 일의 균형을 잡으려는 욕구의 이면에는 집단 양심의 세 번째 법칙인 '균형의 법칙' 이 존재한다.

균형은 두 반대 극이 서로 평형상태를 찾는 보편적인 원리다. 이것은 도道 사상의 상징인 음과 양에서 찾아볼 수 있다. 음양은 검은 색과 흰색이 합쳐 하나의 원이 된다. 힌두교에는 전생에 한 행위의 결과로 현생의 삶이 정해진다는 카르마의 법칙이 있다. 칼 막스Karl Marx와 조지 헤겔George Hegel은 이를 변증법으로 설명했다. 변증법은 정과 반의 통합으로 최선의 것이 나온다는 이론이다. 영국의 낭만주의 시인 윌리엄 브레이크William Blake는 이 현상을 '대립물이 없이는 진보도 없다' 라고 표현했다.

그러므로 가족을 살펴볼 때, 가족 체계에서 무슨 일이 일어났든지 간에 불균형을 해소하려는 집단 양심의 힘을 보게 된다. 이전 세대의 한 가족 구성원이 어떤 일을 하고 온전히 자신의 행동에 책임을 지지 않으면, 균형을 잡는 힘은 아무도 모르게 다음 세대의 아이가 그 행동의 결과를 책임지게 만든다.

가족세우기 안에서는 균형의 법칙만이 적용되는 것이 아니다. 소속, 질서, 균형으로 각 법칙들을 설명하기 위해 나누었지만, 실제로 이 법칙들은 항상 동시에 작용한다. 다음 사례에서 이를 확인해 보자.

* 내담자의 어머니는 정신분열증을 앓고 있었다. 세션을 통해, 내담자의 외할머니가 11번 낙태를 했고, 내담자의 어머니는 외할머니의 죄책감을 짊어지면

서 외할머니의 행동에 균형을 맞추기 위해서 병을 앓게 된 것을 알았다. 내담자의 어머니는 낙태된 아이들과 외할머니를 동일시하고 있었다. 이처럼 가해자와 피해자를 동일시하면서 정신분열증을 앓게 된 것이다.

* 바스크Basque의 가족 중에는 ETA라고 불리는 분리 독립 운동가들이 있었다. 이들은 스페인으로부터 독립하기 위해서 극렬한 무력 투쟁을 벌였다. 내담자의 외삼촌은 사고로 스페인 경찰이 쏜 총에 맞아 죽었다. 내담자의 외삼촌은 ETA에 가담해서 스페인 사람들을 죽였던 그의 가족들을 대신해서 이런 식의 죽음을 선택했다고 볼 수 있다.

* 한 내담자의 형은 어디론가 사라져 다시는 나타나지 않았고, 가족들은 그가 죽었다고 생각했다. 내담자 자신도 살해당하거나, 누군가를 죽일지도 모른다는 두려움 때문에 고생했다고 한다. 내담자는 과거에 마피아와 비슷한 단체에 가담했던 적도 있었다. 내담자의 아버지는 자신의 어머니를 죽이고 자살했다. 이 가족의 일련의 사건들을 보면, 형이 사라져 버리면서 내담자와 형은 부모가 한 일에 대해서 균형을 잡으려 한다고 볼 수 있다(균형의 법칙). 또 형제는 부모의 삶을 복제하고 있다. 그래서 남아 있는 아들(내담자)은 내면의 살인충동을 두려워하며 산다.

* 한 여성 내담자는 어떤 나라 왕족의 직계 후손이다. 그것은 이미 열 세대 이전의 일이지만, 그녀와 그녀의 아버지는 왕족으로서 자긍심을 갖고 있다. 그녀의 아버지는 공산정권에 의해 고문을 받았고, 그녀는 지속적으로 재정적 손실을 입으며 고생한다. 가족세우기의 관점에서 보면 이 두 사람 모두 선조들이 왕족이었을 때 했던 일에 대한 죄책감을 대신 갚고 있는 것이다. 이들의 선조인 왕을 가족세우기에 세웠을 때, 그는 고통받고 있는 백성들에게 매우 냉정하

게 대했다. 종종 후손들은 선조들이 다른 사람을 착취한 죗값을 대신 치르기도 한다.

이런 사례에서 볼 수 있듯이, 비록 자신들은 개인적으로 관련이 없다고 할지라도, 선조들이 한 행위에 대해서 후손들은 속죄하거나 죗값을 치르고 싶어 한다. 이와 유사하게, 만약 선조 중에 한 사람이 다른 사람에게 학대를 받았다면 후손들은 복수하려 든다. 이것은 민족과 종교, 문화가 다른 사람들 사이에 끊임없이 일어나는 대립의 원인 중 하나다. (이 문제에 대해서는 6장에서 살펴보도록 하자.)

여기서 꼭 이해하고 넘어가야 하는 것은, 이러한 일들이 그 누구의 자각이나 동의 없이 일어난다는 것이다. 우리는 원인을 제공한 이전 세대의 선조에 대해서 전혀 모르기 때문에, 의식적으로는 자신이 과거에 한 행동 때문에 이런 일이 일어난다고 생각한다. 이렇게 집단 양심은 잘 알지도 못하는 가족 구성원의 죄책감까지 대신 지게 만든다.

가족 죄책감 풀어내기 ■ ■ ■

가족세우기는 우리 자신 또는 확대가족의 이전 구성원이 저지른 어떤 행동을 드러내고, 원래 누구에게 책임이 있는지 알아보려는 것이다.

만약 누군가가 살인을 저질렀다면, 이 사실을 순순히 인정하고 죽인 사람을 살인자라고 불러야 한다. 만약 어떤 사람이 부인을 떠나버렸거나 유산 상속을 속였다면, 그 사실도 숨기지 말고 인정해야 한다. 누구의 변호를 받을 수도 없고, 스스로를 변호할 수도 없다. 모든 사람은 자신이 저지른 일에 대해 그게 무엇이든 스스로 온전히 책임져야 하기 때문이다.

만약 어머니가 테러리스트인 남동생을 사랑하기 때문에 그를 불쌍히 여기고 벌받지 않게 보호한다면, 아마도 이 여성의 자녀가 삼촌이 한 행위의 대가를 치르게 될 것이다. 균형의 법칙은 이렇게 작용한다. 삼촌의 책임이 인정될 때만 이 아이에게 안도감이 찾아올 것이다.

모든 사람은 마음 깊은 곳에서 자신이 한 행위에 대해서 책임감을 느끼며, 대신 책임져 줄 사람은 아무도 없다는 것을 잘 안다. 사랑하는 아버지나 동생일지라도 그들이 한 일을 대신 책임져 줄 수는 없다. 한 개인이 이 사실을 의식적으로 깨닫고 받아들이는 순간, 그는 집단 양심의 법칙에 순응하면서 어떤 부분이 평화로워진다. '신성한 질서'에 따라서 가족 안의 알맞은 자리로 돌아가게 되었을 때만 어떤 편안함이 느껴진다.

다시 사례로 돌아가자. 아래는 앞서 소개한 사례에서 이어지는 내용이다.

* 11명의 아이를 낙태한 외할머니는 자신의 죄책감을 받아들이고, 죽은 아이들 옆에 누웠다. 외할머니 또한 죽기를 원했다. 문제는 어머니가 외할머니의 죄책감을 지면서 죽음까지 함께하려는 것이다.

* 바스크 가족의 후손들은 자기 선조가 ETA(무력분리운동)에 가담했다는 것을 인정하는 것보다 죽는 편이 더 쉽다고 생각했다. 어머니의 남동생은 실제로 자살했다. 비밀을 밝히고 죄책감을 그것이 속한 사람에게 남겨 두는 것보다, 비밀을 지키고 죄책감을 대신 지는 것이 더 편하다.

* 자기 어머니를 죽인 아버지는 아들이 대신 죗값을 치르기를 원치 않았다. 가족세우기에서 아버지는 아들을 여러 차례 힘으로 밀쳐내면서, 자기 아들이 손자와 함께 있기를 원했다. 아들과 손자가 함께 그를 따라가려고 하자, 아버지는 괴로웠으며 자신이 존중받지 못한다고 느꼈다.

* 왕은 자신의 자손들이 자기 대신 고통스럽게 살고 있는 현실을 직시하면서 다소 부드러워졌다. 그리고 그가 통치했던 백성들의 얼굴을 처음으로 바라보았을 때, 그들이 더 이상 멀게 느껴지지 않았다. 그는 인간이 되었다.

얽힘을 푸는 첫 걸음은 일어났던 실체를 드러내는 것이다. 과거에 가족 체계 안에 어떤 사건이 있었고 그것이 불균형을 초래했으며, 그 일에 대해서 책임져야 할 사람이 있다.

다음 단계는 상황에 따라 조금씩 달라진다. 자기 어머니를 죽인 아버지의 경우에, 선조들은 후손들의 고통이 계속되는 것을 원치 않기 때문에 자신의 책임을 받아들인다. 또는 자신이 착취자였다는 것을 상기할 필요가 있는 황제의 경우처럼, 후손들은 선조가 자기 책임을 직면하도록 한다.

할머니를 죽인 아버지가 자신의 죽은 어머니 옆에 따라 눕고, 두 사람 사이에 존재하는 사랑이 드러나자 아이인 내담자는 안도감을 느낀다. 왕이 자신이 착취했던 백성들에게 가슴을 열었을 때, 11명의 아이를 낙태한 외할머니가 죽은 자식들 옆에 누웠을 때, 바스크 분리주의자들이 무력 투쟁의 희생자들을 추모하기 시작했을 때, 문제가 해결되기 시작한다.

이것은 살인자와 희생자, 착취자와 착취당한 자, 속인 자와 속은 자가 모두 평화를 회복하기 위해서는 서로를 직면하고, 일어났던 일은 인정해야 한다는 뜻이다. 그래서 가족세우기에서는 그들에게 서로를 마주보게 하고, 그들 사이에 일어나는 상호작용을 관찰한다. 아이들이 이 과정에 간섭하는 것은 허용되지 않는다.

사건 당사자들을 만나게 하려면 많은 시간이 걸리기도 하고, 한 번의 세션으로 가능하지 않을 수도 있다. 하지만 대부분의 경우 화해의 길로 이어지는 움직임이 시작된다. 때로는 이제 둘 다 세상을 떠났고, 죽음 안에서 그들은 같아졌다는 것을 인정하는 단순한 행동으로 화해가 되기도 한다.

내담자가 지니고 있는 죄책감이 누구의 것인지 밝혀내기 위해서 이전 세대의 구성원을 세우고, 내담자가 누구에게 끌리는지, 누구에게 강한 느낌이나 호감을 보이는지 관찰한다. 여기서부터 해결을 위한 움직임을 시작할 수 있다.

　이러한 사례를 통해 만약 우리가 누군가를 대신해서 책임을 지고 대가를 치르려고 한다면, 이는 그 사람을 작게 만드는 일이라는 것을 알 수 있다. 미묘한 방식으로 우리는 그들의 삶에 간섭하고, 끝내지 못한 일을 그들 스스로 마무리 짓지 못하게 한다. 이것은 그들이 살았든 죽었든 상관없다.

　다른 누군가의 행동을 대신 책임지는 것은 인간으로서의 그의 존엄성을 빼앗는 일이다. 예를 들어 할머니가 남편이나 다른 남자에게 학대를 받았지만 할머니는 그 일에 대해서 어떤 일도 할 수도 없었고, 하지도 못했다. 무슨 이유인지는 모르지만 할머니는 화도 내지 않으셨다. 만약 우리가 할머니를 위한 '옳은' 일이 무엇인지 할머니보다 더 잘 알고 있다고 생각하고 할머니 편을 들면서 화를 내거나 할머니를 돕고자 한다면, 그것은 오만이다. 신성한 질서를 거스르는 것이다. 그러므로 아무리 좋은 의도라도 '작은' 후손들은 자기보다 '큰' 가족 구성원을 도울 수 없다.

　앞에서 언급했듯이, 가족세우기에서는 모든 사람이 자신의 행동에 대해서 스스로가 완전히 책임져야 한다는 원리를 반드시 염두에 둬야 한다. 아무도 다른 누군가를 대신해서 책임질 수 없다. 그렇게 하려고 노력해도 결국은 실패할 것이며, 더 많은 고통을 낳을 뿐이다. 가해자들은 보통 내면 깊은 곳에서 누구도 자신이 저지른 일을 대신 책임져 줄 수 없다는 것을 알고 있고, 다른 사람이 끼어드는 것을 바라지 않는다.

　정리하자면, 평화와 해결은 오로지 가해자와 피해자가 진실하게 조화를 이룰 때, 그들 사이에 다시 사랑이 흐를 때만 가능하다. 이것은 시간이 걸리기도 한다. 다음 장에서 이 문제에 대해서 좀 더 자세히 알아보도록 하자.

요약 ■ ■ ■

3장까지 설명한 소속, 질서, 균형의 세 가지 법칙을 요약하자면 다음과 같다.

소속의 법칙은 가족 체계의 모든 사람이 동등한 자리와, 다른 모든 사람과 마찬가지로 가족에 속할 동등한 권리를 갖는다는 것이다. 체계 안의 누구도 다른 사람보다 더 좋거나 나쁘다고 말할 수 없으며, 가족에 속할 권리가 더 많거나 적지 않다.

신성한 **질서의 법칙**은 우리 모두가 고유한 존재라는 것을 보여 준다. 가족 체계 안의 개인은 가족이 된 순서에 따라 나머지 사람들과 관계에서 자신만의 고유한 자리가 있다. 다른 누군가가 이 자리를 대신 채워 줄 수 없다.

균형의 법칙은 우리 모두가 자신이 한 행위에 대해서 완전히 책임지게 될 것이라는 원리를 말해 준다. 체계 안의 누군가가 어떤 행동을 한다면 체계 전체에 영향을 끼친다. 우리는 주위에서 일어나는 일과 영향을 주고받는다. 그럼에도 불구하고 각 개인은 자신이 한 행동의 결과가 무엇이든 스스로 책임져야 한다.

6
가해자와 피해자

 가해자와 피해자에 대한 주제는 균형과 소속을 설명한 5장과 밀접하게 관련되어 있다. 사람들 사이에 심각한 대립이 생길 때면 사람들은 먼저, 누가 '옳고' 누가 '그른지' 알고 싶어한다. 만일 사람들이 심하게 상처를 받는 심각한 대립이 생기면, 법에 따라 제삼자가 옳고 그름을 판가름 내고, 그에 합당한 조치를 취하기도 한다.
 그러나 법률상으로 어떤 결정이 나든지, 타인에게 가해진 폭력은 피해자 가족의 집단의식에 끼치는 파장 효과가 크다. 상해를 가한 사람과 상해를 입은 사람 사이의 관계는 특별한 주의를 요하는 특수한 역동이 존재한다.
 가족 중 한 사람이 살인이나 심각한 공격·폭력·불의를 저질렀다면, 이 사람이 만든 유대는 가족 구성원 사이의 유대보다 더 강할 때도 있다. 이 유대감으로 인해, 피해를 당한 사람은 혈연관계가 아닐지라도 가해자 가족의 일원으로 간주된다. 이 사람은 가해자 가족에 속하게 되고, 체계 안의 모든 구성원은 자신의 자리에서 기억되어야 한다는 집단 양심의 법칙에 영향을 받게 된다.
 가족세우기에서 가해자와 피해자 사이의 유대감은 양방향으로 일어난다.

만약 가족 중에 누군가 범죄를 저지르면 피해자는 자동적으로 가해자 가족에 속하게 되고, 가족 구성원이 학대를 받았다면 가해자도 피해자 가족에 속하게 된다.

전쟁에 참전하거나 포로수용소에 수감된 적이 있다면, 함께 있었던 사람들, 특히 박해를 가한 사람들도 피해자 가족에 속하게 된다. 그 예로 제2차 세계대전을 일으킨 나치를 들 수 있다. 어떤 식으로든 생명을 위협할 만한 폭력이나 불의가 행해진 경우에 이처럼 유대가 강하게 만들어지게 된다.

가족 구성원들은 개인 양심이나 일반적인 가치 판단에 의해 어느 한쪽을 편들고 싶어한다. 우리는 흔히 누가 잘했고, 누가 잘못했다는 식의 판단을 내리고 의견을 말한다. 우리는 '착하고' 고결한 사람과 '나쁘고' 악마 같은 사람을 분리시키려고 노력하면서, 누구의 잘못인지 결론 짓고 싶어한다. 또한 사건과 관련된 몇 사람을 고발하거나 동정하며 동일시하기도 하고, 어떤 사람들을 가족에서 제외시키기도 한다.

그렇지만 우리 마음의 더 깊은 층인 집단 무의식에서는 누구도 차별하지 않는다. 앞에서 이미 배웠듯이, 집단 양심은 모든 가족 구성원에게 자신의 자리를 찾아 주고 싶어한다. 집단 양심은 한 사람도 빠짐없이 동등하게 기억되게 하며, 그 사람이 숭고한 영웅이든 사악한 악마든 아무런 구분이 없다. 살인자와 희생자, 박해받은 민중과 박해를 가한 폭군은 모두 동등한 권리를 가지는 전통적인 도덕관념과 연관된 피상적인 수준에서, 사람들은 어떤 사람이 나쁘거나 잘못했다는 판단이 들면 그 사람을 가족에서 제외해버리는 경향이 있다. 가족들은 이 사람을 무시하고, 관계를 끊고, 마음속에서도 쫓아내고, 족보에서 빼버린다. 우리는 그 사건이 일으키는 고통을 느끼지 않기 위해서 그들의 기억을 억누르고, 그들이 존재했다는 사실을 잊으려고 노력한다.

그러나 아이러니하게도 살인처럼 나쁜 짓을 저지른 사람을 마음에서 지워버리려고 하면 할수록, 집단 양심은 이 사람을 기억하게 하기 위해서 더 강력한 힘을 발휘하여, 다음 세대의 누군가가 그 사람을 동일시하게 한다.

가족세우기에서는 이런 현상을 흔하게 볼 수 있다. 존재가 인정되지 않는 사람이라도 완전히 잊힐 수는 없다. 우리가 좋아하든 말든 그 사람은 다음 세대에 다시 나타나게 될 것이다.

상상해 보면, 이것은 마치 입에 쓴 약과 같다. 유태인 대량 학살로 적어도 한두 명의 식구를 잃은 유태인 가족에게, 나치 군인들을 가족의 일원으로 받아들이라고 한다면 심한 모욕감을 느낄지도 모른다. 자신의 선조들이 유태인 포로에게 끔찍한 생체의학 실험을 했다고 생각하는 독일인 후손들도, 그런 일은 일어난 적 없다고 부정하고 싶어한다.

3장의 사례에서 보았듯이, 한 여성이 가족 체계 안에 나치를 포함시키면서 나치를 대신할 누군가를 가족세우기에 세울 때까지, 나치에게 살해당한 할아버지를 존중할 수 없었다. 나치 대리인이 들어오자 내담자는 즉각 안도감을 느끼고, 그녀 자신이 가해자인 나치를 동일시하고 있다는 것을 보여 주었으며, 피해자인 할아버지를 거부하면서 나치 대리인에게 호감을 느꼈다. 왜냐하면 나치는 가족에서 제외되고 나치에 대한 기억은 억압되었기 때문이다.

또 다른 사례도 있다.

스웨덴 여성 앤Anne은 폭력적인 아버지 때문에 가족세우기에 참여했다. 가족세우기 세션에서 그녀는 아버지 맞은편에 자신을 세웠는데, 이것은 아버지와 앤 사이의 대립을 보여 주는 것이다.

가족사에 대해 묻자, 앤은 할아버지가 누군가에 의해 살해되었다고 말했다. 피해자인 할아버지와 가해자인 살인자를 가족세우기 안에 함께 세우자, 앤의 아버지는 가해자의 에너지를 지니고 있고, 내담자는 피해자인 할아버지를 자신과 동일시하고 있다는 것을 알게 되었다.

양쪽이 모두 동일시되고 있었고, 할아버지에게 일어났던 폭력을 후손들이 재현하고 있었다. 가해자를 동일시하는 아버지는 피해자를 동일시하는 딸에게 폭력을 행사한다. 이런 식으로, 가해자와 피해자 사이의 대립은 딸과 아버지의 대립으로 재현된다. 이것이 이중전환이다.

왜 이런 일이 일어날까? 가족세우기 역동에 따르면, 피해자는 살인자에게 집중하고 살인자도 피해자에게 집중하기 때문에 둘 사이에는 강력한 유대가 만들어진다. 앤의 가족 체계에서 할아버지의 관심이 온통 살인자에게 가 있기 때문에, 아들인 앤의 아버지는 살인자를 동일시하게 된다. 앤의 아버지가 할아버지에게 집중하고 있기 때문에 딸은 아버지의 관심을 얻으려고 피해자인 할아버지를 동일시한다. 그러므로 아버지와 딸 사이의 폭력은, 부모의 관심과 사랑을 받고 싶어하는 자녀의 노력에서 비롯되었다고 할 수 있다.

그렇지만 해결책은 똑같다. 원래 갈등이 생긴 곳을 찾아, 다른 사람의 간섭 없이 가해자와 피해자가 서로 직면하도록 해야 한다. 앤은 할아버지에게서 떨어져 할아버지의 운명을 존중해야만 한다. 또한 할아버지를 향한 아버지의 사랑을 인정하면서 아버지의 관심을 얻고자 하는 욕망을 포기할 수 있어야 한다. 이것이 아버지와의 갈등 상황에서 벗어나게 할 수 있다. 앤은 자신을 더 안전하게 보호해 줄 수 있는 어머니와 함께 있어야 한다.

위의 사례에서 볼 수 있듯이 가해자와 피해자 사이에는 매우 강력한 유대가 발생한다. 이것을 눈으로 확인하기 위해서 가족세우기 안에 두 사람을 세울 필요가 있다. 이 유대는 혈연관계인 가족과의 유대보다 더 강한 경우가 있다. 그래서 후손들은 어렵긴 하지만 반드시 이러한 역동을 존중해야만 한다.

후손들은 피해자를 위해서 복수를 꿈꾸거나, 가해자를 대신해서 죗값을 치르려고 한다. 그러나 계속해서 볼 수 있듯이, 자신의 어깨 위에 다른 사람의 짐을 올리는 것은 더 많은 고통을 낳는다. 사실 후손들은 조상의 일에 간섭할 권리가 없지만 그런 간섭을 멈추기란 쉽지 않다. 사람들은 종종 본질적으로 자신이 관련되었다고 생각하는 상황에서 계속 손을 떼지 않으려 한다. 그렇게 하는 것은 마치 그 가족을 버리거나 실망시키고, 배신하는 것이라고 생각한다.

판 사 역 할 포 기 하 기 ■ ■ ■

과거 얽힘의 복잡함을 뒤로 하고 구원을 얻는 것이 우리가 원하는 것이라고 생각할지 모르지만, 실제로는 개인 양심과 집단 양심 모두를 넘어서야 하기 때문에 실천하기 무척 어렵다.

이렇게 하려면 먼저 판단을 내려놓고 누구의 편도 들지 않아야 한다. 가해자를 벌주고자 하는 욕망도, 피해자를 동정하는 마음도 버려야 한다. 대신 피해자를 존중하고, 가해자에게서 물러나야 한다. 판단을 포기한다는 것은 선과 악, 옳고 그름의 문제를 넘어서는 것을 말한다. 가해자의 손에 죄책감을 남겨두고, 피해자를 위한 보상은 피해자만이 요구할 수 있는 것임을 인정하는 것이다.

이것은 또한 가족에게 가까워지고 싶은 마음을 내려놓는 문제이기도 하다. 이것은 내담자에게 죄책감을 주기 때문에 용기가 필요하다. 만약 우리가 가족을 지나치게 동일시하고 있거나 너무 강한 유대를 맺고 있으면, 더 큰 가족 체계의 그림을 볼 수 없다.

또한 우리가 가해자를 어떤 모습으로 기억하고 있는지도 주의 깊게 살펴볼 필요가 있다. 만약 어떤 사람이 다른 사람을 죽였다면 그는 살인자라고 불린다. 하지만 우리가 살인자라고 부른다 할지라도, 인간으로서 그의 고귀함이 더럽혀지는 것은 아니다. 그는 다른 사람을 죽였기 때문에 살인자라고 불릴 뿐이다. 물론 그는 살인의 결과를 반드시 책임져야 한다. 그러나 가치판단 없이 좀 더 정확하게 말하면, 지속적이고 습관적인 살인 의도를 가진 사람을 암시하는 살인자muderer라는 용어보다는 '사람을 죽인 사람man who killed someone'이라고 불러야 할 것이다. 이런 방법으로 그 사람에 대한 도덕적 판단을 내리지 않고 있는 그대로 살인 행위만을 인정할 수 있게 되면, 그를 소속과 균형의 원리에 따라 가족 체계 안에 포함하기 쉬울 것이다.

피해자의 경우도 마찬가지다. 누군가가 살인을 당하거나 심하게 고통받은 경우, 그를 불쌍하고 비극적인 일을 당한 사람으로 생각하기보다는 다양한 운명을 지닌 사람 중 한 명으로 기억할 필요가 있다.

사고로 평생 휠체어에서 지내게 된 여성이 있다면, 사람들은 그녀를 단순히 장애자라고 본다. 그러나 장애는 그녀 인생의 일부분일 뿐이다. 사실 그녀는 휠체어를 탄다는 것 외에는 다른 여자와 다를 것이 없다. 비록 그녀가 어떤 사람의 부주의로 장애를 갖게 되었다고 해도 우리가 보상을 요구할 권리는 없다. 오직 그녀만이 보상을 요구할 권리가 있다. 만약 피해자를 대신해서 복수하고 싶어하는 많은 사람처럼 우리가 그녀 대신 복수할 계획을 세운다면 그녀의 인간적 존엄성을 침해하는 것이다.

판단을 내려놓는 일은 실천하기 확실히 어렵고, 상당한 통찰력과 성숙함을 요구한다. 우리는 개인적 정의감과 공정함의 관념을 따르지 않는 가족 역동의 기본적인 법칙을 보고, 이해하고 지지할 필요가 있다. 하지만 많은 사람이 개인적인 정의감과 공정함을 따르고 싶어한다.

세션에서 가족의 역동 선언하기 ■ ■ ■

일반적으로 가족세우기에서 하는 일은 누가 가족에서 제외되었고, 지금 어떤 사람이 피해자나 가해자를 동일시하는지를 찾는 것이다. 그것은 내담자가 가족 대리인을 배치한 모습을 통해서도 볼 수 있고, 대리인들이 보여 주는 신체 반응과 느낌을 통해서도 알 수 있다.

보통은 내담자를 자신이 동일시하고 있는 사람과 마주 보고 서게 한다. 이렇게 하면 내담자가 그 사람을 향해 느끼는 사랑이 드러난다. 다른 방법으로는 내담자와 내담자가 동일시하는 사람을 나란히 서게 할 수도 있다. 그런 위치에서 내담자는 더 이완되고 편안함을 느낀다. 두 사람 사이의 사랑이 드러나면서 내담자는 자신이 왜 동일시를 했는지 이해하기 시작하고, 그 자체가 내담자 내면의 깊은 변화를 일으킨다. 동일시는 이전 가족 구성원에 대한 사랑에서 생긴 것이다.

이때 이미 내담자는 많은 것을 알게 되고, 때로는 자신의 행동에 대한 진짜 동기를 알고 나서 삶의 전환점을 찾기도 한다. 내담자는 살해된 누군가의 운명을 더 이상 간섭하지 않거나, 살인을 저지른 사람에게 책임감을 남겨 두기도 한다. 만일 내담자가 그 상황을 완전히 떠날 수 없다고 할지라도, 자신의 순수함을 어느 정도 회복하고 동일시로 인한 책임에서 조금이나마 벗어날 수 있게 된다.

동일시란 무엇인가? ■ ■ ■

동일시는 심층에서 일어나는 무의식적이고, 거의 인지할 수 없는 과정이다. 내가 누군가를 동일시하면, 나는 그 사람과 하나가 되기 때문에 그 사람을 정확히 볼 수 없다. 이것은 마치 텔레비전에 코를 박고 화면을 보는 것과 같다. 텔레비전과 너무 가까우면 화면에서 움직이는 상을 정확하게 볼 수 없게 된다.

그렇지만 의식적으로 뒤로 물러나서 동일시하고 있는 사람의 눈을 들여다보면 모든 것이 달라진다. 그 사람과 직접 시선을 마주치면 내가 다른 사람이라는 것을 분명히 알게 된다. 이것은 나를 동일시의 늪에서 꺼내 주며, 그 사람과 분리된 나 자신을 인식하게 한다.

오직 그런 뒤에야 자신이 동일시하고 있던 사람이 가해자인지 피해자인지에 따라 그 사람에게 일어났던 일을 존중하고, 그의 운명과 죄책감을 존중하는 것이 가능하다. 이렇게 하는 것이 그가 인생에서 겪었던 사건의 고통을 인정하고, 그 자신의 운명을 따라갈 권리를 진심으로 존중하는 방법이다.

내담자가 가장 많이 편안해질 수 있는 이상적인 상황은, 가족의 얽힘을 만든 가해자와 피해자가 다시 화해하는 장면을 목격하는 것이다. 그래서 가족세우기에서는 가해자와 피해자를 마주서게 하는 경우가 많다. 서로의 얼굴을 마주 보게 하고, 두 사람 사이에 일어나는 일을 관찰하게 된다.

특수한 상황과 화해를 향한 움직임이 얼마나 진전되었느냐에 따라, 이 두 사람 사이에는 가해자와 피해자의 대리인들을 통해 고통과 증오, 두려움, 공격성, 절망감, 죄책감, 수치심과 같은 다양한 감정들이 분명히 나타날 것이다.

마지막 단계에서 그들은 나란히 눕기도 한다. 이것은 두 사람이 모두 죽었다는 것을 암시하거나, 만약 가해자가 여전히 살아 있다면, 가해자는 죄책감 때문에 죽어 마땅하는 것을 나타낸다. 또는 서로를 안아 줄 수도 있다. 물론 가족세우기 세션이 항상 이렇게 긍정적이고 치유적인 결과를 낳는 것은 아니다.

화해를 향한 움직임은 원래 가해자와 피해자 사이에만 일어날 수 있다. 그 둘 중 한 사람을 동일시하고 있는 후손인 내담자는 한 걸음 물러나서 그 일을 당사자들에게 맡겨 두어야 한다. 그렇게 하지 않으면 화해로 가는 움직임에 걸림돌이 된다.

가해자와 피해자가 서로 얼굴을 마주하는 순간, 치유가 시작된다. 일단 치유가 시작되면 마무리 짓기 위해서 얼마나 오랜 시간이 걸리는가 하는 것은 그리 중요하지 않다. 결국 두 반대극성은 서로를 끌어당기게 될 것이다. 두 개의 에너지가 서로 대립하면 할수록, 서로에게 더 끌리게 된다는 보편적인 법칙을 반영하듯, 화해와 평화를 향한 내면의 움직임은 항상 존재한다.

가족세우기에서 가해자와 피해자가 나란히 누웠을 때 편안하게 보인다면 그들의 화해가 죽음 안에서 일어났다는 것을 드러낸다. 화해는 이번 세션이나 심화 세션에서 마무리 지을 필요는 없으며, 죽음 속에서 자연스럽게 완성될 것이다.

가족세우기에서는 단지 두 사람의 적대자가 정직하고 진실하게 서로를 바라볼 수 있도록 돕는다. 내담자가 가해자와 피해자를 넘어선 더 큰 힘을 보고 누구의 편도 들지 않으면, 내담자의 상황이 변화될 것이다. 우리는 또한 가해자와 피해자가 사건이 일어난 당시로 돌아가게 돕는다. 이것은 양방향으로 일어난다.

국가와 문화의 충돌

가족 체계에는 두 개의 대립하는 힘을 나타내는 사례가 많다. 대립이 강한 만큼 서로를 만나게 하려는 집단 양심의 힘도 커진다. 가족 중의 어느 한 편을 동일시하는 것은, 후손들이 제외된 쪽을 대신하려고 불가능한 일을 이루려 맹목적으로 노력하는 것이다. 이것은 화해를 돕기보다 오히려 대립하는 사람들 사이의 진정한 화해를 가로막는다.

서로 대립하는 어느 한쪽과의 동일시는, 국가 간이나 한 나라의 두 정당 사이의 대립에 그 뿌리를 두고 있다. 예를 들면 내전을 치른 나라의 내담자들을 만날 때면 종종 그 전쟁이 여러 세대에 걸쳐 내담자의 가족 안에서 지속되고 있다는 것을 보게 된다.

바르셀로나에 사는 세바스찬Sebastian은 부모가 스페인 사람이다. 할아버지는 내전이 일어났을 때 공화당원이었고, 내전이 끝난 후에 7년 동안 포로수용소에 갇혀 있었다. 어머니의 가족은 민족주의를 지지했고, 스페인을 몇 년 동안 통치하고 나중에 공화당에게 진 프랑코 정권의 지지자였다. 가족세우기를 했을 때, 아버지와 어머니가 따로 떨어져 서고, 아이들도 둘로 나눠 섰다. 세바스찬은 어머니에게 더 가까이 섰다. 어머니는 자기 남편인 내담자의 아버지를 바라보지 않았다. 왜냐하면 남편은 자신의 적이기 때문이다. 이 가족의 그림은 크게 두 가지 사실을 보여 준다. 부모와 자녀가 두 개의 반대되는 정권을 동일시하고 있고, 두 정치세력의 대립은 가족 안에서 지속되고 있다는 것이다.

세바스찬은 어머니 가까이에 서서 포로수용소에 있었던 할아버지를 바라보며 할아버지를 동일시하고 있었다. 어머니는 자신을 민족주의자와 동일시하고 있기 때문에 자신의 외아들이 공화당원의 가족인 남편에게 가까이 가지 못하게 했다.

내전에서 죽은 모든 사람을 가족들이 바라볼 수 있는 한가운데에 눕히자, 모든 가족이 그들을 바라보았다. 그러자 어머니의 내면에 무언가가 이완되면서 남편을 바라보기 시작했다. 이것이 내담자에게 큰 안도감을 안겨 주었다.

결국 세션이 끝나갈 무렵 세바스찬은 아무런 판단 없이 내전의 두 반대 세력, 두 정권에게 가슴을 열었다. 물론 할아버지도 포함되었다.

종종, 두 반대파가 내전에서 죽은 사람들을 보게 되면 화해가 일어난다. 반대편의 사람들이 자기편의 죽음뿐만 아니라 죽은 사람 모두를 충분히 오랫동안 바라본다면, 그들은 함께 슬퍼할 수 있다. 이로써 그들은 대립을 끝내고 가까이 지낼 수 있게 된다.

바누Banu는 30대 초반의 예쁜 터키 여성이다. 그녀는 남자에게서 버림을 받을까 봐 오랫동안 가슴앓이를 해왔다고 한다. 사랑에 빠질 때마다 그 남자가 자신을 떠날까 봐 걱정했다. 게다가 그녀에게는 '경계선성격장애'를 가진 오빠가 있다.

세션에서, 내담자의 아버지는 가족에게서 멀리 떨어져 서고, 오빠는 아버지 가까이에 서 있었다. 사전 인터뷰를 통해서 내담자의 조부모는 오토만 왕조가 몰락했을 때 그리스를 떠나야 했던 터키인이라는 것을 알게 되었다. 그 시기에 국경이 새로 만들어졌고, 새로운 국경에 따라 대대적인 인구 이동이 있었다. 터키인들은 그리스에서 쫓겨나서 국경을 정비한 터키로 가야 했고, 터키에 있던 그리스인들은 그리스로 돌아가야만 했다. 이 대이동 중에 양국 사람들이 많이 죽었다.

터키와 그리스, 기독교와 이슬람교의 대리인을 가족세우기에 세우자, 수세기를 걸쳐 내려오는 두 국가와 두 종교 간에 일어나고 있는 갈등이 그대로 비춰졌다. 또한 이런 갈등이 이 가족에게 어떤 모습으로 전해져 내려오는지도 볼 수 있었다.

내담자의 아버지는 모든 재산과 토지를 남겨 두고 고향 그리스를 떠나야만 했던 자신의 원가족에 대한 슬픔과, 그리스 정교회에 대한 분노를 지니고 있었다. 내담자의 오빠는 가족에서 제외되었고, 증오의 대상이 된 그리스 정교회와 역사 속에서 희생자로 그려진 터키 이슬람교도를 동시에 동일시하고 있었다. 아마 양쪽을 동시에 동일시함으로써 정신병을 갖게 된 것 같았다. 내담자 바누는 자신의 아버지 편에서 터키를 지지하며 그리스 정교회를 향해 분노를 표현했다.

이 문제를 해결하기 위해서, 내담자 아버지의 가족들이 겪었던 고통을 인정하면서 동시에, 그리스 사람들도 같은 이유로 고통받고 수없이 많이 죽었다는 것을 인정하게 했다. 이 과정을 통해서 바누의 버려짐에 대한 강박관념은 그리스의 고향을 떠나야 했던 조부모의 느낌이라는 것을 발견했고, 바누가 아버지의 관심을 얻기 위해서 조부모를 동일시하고 있다는 것도 알게 되었다.

좀 더 깊은 차원에서 작업을 진행하자면, 이슬람교와 기독교의 대리인들이 전쟁 희생자와 마주 보게 할 수 있다.

나는 이와 유사한 사례를 많이 다루었다. 가족이 전쟁 중에 민족주의자와 공산주의자로 갈라진 대만 가족, 프랑스 식민주의 정권과 베트남 국가주의자 사이의 갈등을 지니고 있는 가족의 프랑스계 베트남인, 천주교와 개신교 사이의 갈등을 지니고 있는 북아일랜드인 등이 있었다.

이미 살펴본 것처럼, 극성極性이 생길 때마다 한쪽이 제외되는 정도에 따라서, 가족 체계 안에 많거나 적게 양쪽 모두를 동일시하게 된다는 사실을 이해해야만 한다. 양쪽 모두가 우리 가슴 안에서 하나가 되도록 허락할 때, 진정한 평화와 통합이 가능하다.

버트 헬링거 박사가 만든 간단한 명상을 통해서 이것을 연습해 볼 수 있는데, 이 책에서는 그의 명상법을 약간 수정한 형태로 제시한다.

> 눈을 감고 편안하게 앉으십시오. 당신 가족 안에 일어났던 대립 상황을 머릿속으로 상상해 보십시오. 그 일은 아주 오래 전에 일어난 일일 수도 있습니다.
> 크게 다투었던 두 사람, 또는 대립이 심했던 두 정당을 상상 속에서 떠올려 보십시오. 이 두 사람을 바라보십시오. 한 번에 한 명씩 바라봅니다.
> 내가 한쪽을 비난하면서 다른 한쪽 편을 들고 있지는 않은지 느껴보십시오. 천천히 이 두 사람 모두에게 당신 가슴을 여십시오. 특히 당신이 비난하고, 받아들이기 힘들어 하는 쪽 사람이나 국가, 정당에게 마음의 문을 더 열도록 합니다.
> 자, 이제 이 두 반대편이 당신 가슴 안에서 다시 만나, 하나가 되는 것을 상상해 보십시오.

헬링거 박사는 정신분열증을 앓는 대부분의 사람에게, 가족 안에 숨겨진 살인사건이 있다는 것을 발견했다. 정신분열증을 앓는 사람은 가해자와 살인자를 함께 대신하면서 두 사람을 동일시하기 때문에, 자연히 분열된 두 개의 인격체를 형성하게 된다. 이를 치유하기 위해서는 살인사건을 밖으로 드러내어 내담자가 동일시를 끝내게 하고, 살인자와 피해자가 직접 만나게 하면 된다.

치료자로서 가족 역동성 다루기 ■ ■ ■

가해자와 피해자를 다루는 가족세우기 치료자에게 어려운 점은 가치 판단의 충동을 멈추는 일이다. 치료자는 정반대에 있는 두 사람을 충분히 담기 위해 마음을 확장시키면서, 한쪽 편을 들지 않도록 주의해야 한다. 이 말은 가족세우기 치료자가 되려는 사람은 먼저 본인의 가족 역동을 작업하여, 어떤 도덕적 판단도 하지 않는 상태를 유지할 수 있는 단계에 이르러야 한다는 것을 의미한다. 이것은 절대적으로 필요한 사항이다.

가족세우기 치료자는 또한 내담자에게 자신이 거부하던 것을 받아들이라고 요구할 때 생기는 저항감에 대해서도 준비하고 있어야 한다. 제3제국을 향한 현대 독일인들의 태도를 보면, 거부하는 것을 받아들이기가 얼마나 어려운지 알 수 있다. 심지어 독일인들은 독일 역사 연대기를 만들 때 나치를 포함시키는 것조차 어려워 한다. 나치도 역시 자신들과 같은 독일인이었다는 사실을 받아들이기 힘들어 하는 것이다. 개인적인 기억에서 나치를 없애서 마치 나치가 아예 존재하지 않았던 것처럼 생각하기도 한다. 독일인들은 제3제국과 나치의 존재를 숨길 것이 아니라 이렇게 교육해야 한다. '우리는 항상 나치를 기억해야만 한다. 그래야 다시는 이런 일이 생기지 않을 것이다' 라고. 이것을 끝나게 하는 다른 방법은 없다.

이와 관련해서 헬링거 박사가 독일에서 논쟁을 불러일으킨 적이 있다. 집단 양심의 본성은, 선악의 구분 없이 사회적으로 받아들여지는 행동을 했든 하지 않았든 상관없이, 모든 존재를 있는 그대로 받아들이도록 요구한다고 말했기 때문이다.

실제로 대부분의 사람은 헬링거 박사의 이런 중립적인 태도를 이해하기 어려워 하고 받아들이기 힘들어 한다. 하지만 가족 체계에서 가장 큰 치유의 힘은 피해자가 아닌 가해자로부터 나온다는 사실을 세션을 통해 확인할 수 있다. 왜냐하면 이들이 가장 많이 제외되는 존재이기 때문이다. 우리가 가해자들을 비난하고 거부할수록, 계속 더 많은 가해자를 만들어낼 것이다. 집단 양심은 가해자들이 잊히지 않기를 바라며, 이러한 사실을 현대 독일에서 확산되는 신나치운동에서 확인할 수 있다.

불쾌하게 생각하거나 부정한다고 해서 선조들이 연루된 대립이나 전쟁을 종식시킬 수는 없다.

7
죽은 자와 산 자

많은 사람이 삶과 죽음을 두 개의 상반되는 개념으로 생각하거나, 죽음은 가능한 한 오랫동안 미루어야 하는 커다란 불행으로 여긴다. 우리는 피할 수 없는 죽음에서 주의를 다른 곳으로 돌려서 죽음이 존재하지 않는 것처럼 살아가거나, 또는 항상 죽음을 두려워하면서 산다. 산 자와 죽은 자는 분명히 다른 세계에 속하지만 집단 양심에서는 연속체라는 사실을 깨닫지 못하고, 살아 있는 가족과 이미 죽은 가족을 엄격하게 구분한다.

만약 죽음이라는 주제와 직면하기를 거부하는 태도를 버린다면, 세상을 떠난 선조들이 현재의 모든 가족 체계에서 얼마나 중요한 역할을 하고, 다음 세대의 자손들에게도 얼마나 많은 영향을 끼치고 있는지 분명히 알 것이다.

이런 이유로, 모든 원시 문화에서는 조상들을 기억하고 존경하는 의식을 중요시한다. 왜냐하면 죽은 자들이 여러 면에서 우리의 행동을 지배한다는 것을 직관적으로 알기 때문이다. 그들은 죽은 사람은 정말로 죽은 것이 아니라고 생각한다. 조상에게 일어났던 일은 현재 우리 삶의 일부이기도 하다. 선조들의 시대에 일어났던 일은 우리 모두에게 깊은 감화를 주고 영향을 준다.

어떻게 조부모가 우리 삶의 일부가 되는지 세션을 통해 관찰해 보면, 서로 다른 결과를 불러오는 두 개의 상반된 방향으로 조부모의 영향력이 작용한다는 것을 알게 된다. 세대를 이어오면서 우리가 조상과 어떤 관계를 맺느냐에 따라서 긍정적인 방향으로 작용하기도 하고, 부정적인 방향으로 작용하기도 한다.

당신에게 어린 나이에 목숨을 잃은 삼촌이 있다고 하자. 긍정적인 결과를 내려면 당신의 아버지가 삼촌을 온전히 기억하고, 삼촌의 운명을 존중해 주어야 된다. 삼촌이 일찍 죽었다는 사실을 있는 그대로 받아들이고, 깊은 사랑으로 그를 떠나보내야 한다. 만약 당신의 아버지가 무슨 이유에서든 삼촌을 잊어버리려고 애쓰거나 무시한다면, 삼촌은 당신에게 부정적인 영향을 끼칠 것이다. 부정적인 결과란 집단 양심이 당신을 삼촌과 동일시하게 만들고, 가족 체계에서 당신이 삼촌 역할을 하게 만들 수도 있다는 것이다.

죽은 자가 어떤 식으로 산 자에게 영향을 끼치는지 또 다른 예를 찾아보자.

영국인 해롤드Harold는 아버지와 사이가 소원해서 세션을 받고 싶어했다. 그는 평생 아버지에게 관심을 받아본 적이 없는 것 같다고 말했다.

해롤드의 가족세우기를 시작할 때, 그의 할아버지가 제1차 세계대전 때 최전방의 비인간적인 환경에서 끔찍한 사상자를 목격하며 수년 동안 지냈다는 것을 알게 되었다. 세션에서 할아버지는 그의 가족에게서 떨어져 나와 죽은 사람들, 함께 전쟁터에 있었거나 먼저 전사한 전우들 곁으로 다가갔다.

내담자의 대리인이 전쟁에서 죽은 모든 사람을 존중하고, 할아버지의 고통을 받아들이고 나서야, 할아버지는 돌아서서 처음으로 자신의 아들과 손자를 바라보았다. 아버지 또한 내담자인 아들을 바라볼 수 있게 되었다. 이전에는, 아버지가 죽은 자들에게 이끌리는 할아버지를 따라갔기 때문에, 자기 자식을 볼 수 없었다.

이 사례는 전쟁 희생자들이 직접적인 혈연관계를 맺고 있지 않다고 할지라도, 가족에게 강한 영향을 끼칠 수 있다는 것을 잘 보여 준다. 이 경우 할아버지와 전우들은 강한 유대감으로 연결되어 있었기 때문에, 죽은 할아버지의 전우들이 바로, 기억해야 할 제외된 '가족 구성원'이었다.

심리 치료에서 우리가 거부하고 있는 부분을 말하게 하는 것처럼, 가족세우기에서는 현재 존재하고 있는 가족 체계 안에 거부된 사람들이 속할 수 있도록, 과거에 잊힌 사람들을 기억해낸다. 우리는 그 사람들을 인정하고 그들에게 우리 가슴의 성스러운 자리를 내주어야 한다.

가족사에서 소외된 사람들은 대개 평범하지 않은 삶을 산 사람들이다. 그들은 여러 가지 이유로 비정상적인 상황 속에서 고통받았다. 어린 나이에 죽거나 자살했고, 폭력을 행사하거나 폭행을 당했다. 그들은 가족들이 남들에게 '말하기 부끄러워하는' 문제나 바람둥이, 도망자였다.

그러나 말하기 꺼려지는 이 사람들을 정확하게 다시 기억해야 한다. 그렇게 하면, 그들은 우리에게 힘든 감정이나 원한을 갖고 있지 않다는 것을 알게 된다. 그들은 대부분 중요한 화해의 움직임을 만들고, 가족 체계의 치유를 불러오는 축복을 내려준다.

죽은 자들의 축복 ■ ■ ■

다음의 사례는 죽은 사람들이 어떤 식으로 우리를 축복해 주는가를 여실히 보여 준다.

로젤라Rosella는 이탈리아인 내담자로, 맏딸이며 로젤라 어머니의 언니인 이모는 출산 중에 생명을 잃었다. 로렐라의 이모가 내담자의 가족에서 제외된 존재였다.

로젤라가 자신과 어머니, 할머니의 대리인을 세웠을 때, 그들은 서로 바라보지 않고 어느 한쪽을 응시하고 있었다. 이것은 가족 중에서 누군가가 제외되었다는 뜻이다.

로젤라의 이모가 제외되었다는 가정 하에, 세 사람이 바라보는 곳에 이모의 대리인을 세웠다. 로젤라는 바로 기분이 나아졌고, 이모를 바라보는 것이 행복하다고 했다. 로젤라는 이모의 대리인을 바닥에 눕혀서 죽은 사람임을 나타냈다. 그리고 이모 곁에 따라 누웠는데, 이것은 로젤라가 이모와 가깝게 연결되어 있다는 것을 보여 준다.

로젤라를 일으켜서 어머니에게 보내고, 외할머니를 죽은 이모 곁으로 보냈다. 외할머니는 무릎을 꿇고 앉아서, 딸을 붙잡고 통곡하기 시작했다. 이 장면을 보고 모두 깊이 감동하고, 안도감을 느꼈다.

해결 장면을 만들기 위해서, 맨 먼저 외할머니, 다음은 이모, 그리고 로젤라의 어머니와 로젤라 본인(로젤라의 대리인은 자리로 돌아갔다)을 세웠다. 그리고 외할머니가 첫딸인 이모를 둘째 딸인 로젤라의 어머니에게 소개했다. "이 아이는 너의 언니란다. 네 언니는 아주 일찍 우리 곁을 떠났다. 언니가 첫째고, 너는 둘째다."

두 자매인, 이모와 로젤라의 어머니는 사랑을 느끼면서 서로를 바라보았다. 로젤라의 어머니는 "언니를 보고 있으니 참 기뻐요. 언니가 있어서 좋아요. 언니를 항상 가슴 속에 간직할게요"라고 말했다. 이어서 로젤라를 가리키면서 "이 아이는 내 딸이에요. 이 아이를 예쁘게 봐 주세요"라고 축복을 빌었다.

이제 로젤라는 할머니에게 절을 하고, 이모를 바라보면서 "사랑하는 이모, 제가 당신의 조카예요. 부디 저를 축복해 주세요"라고 말했다.

이모는 애정을 담아 로젤라에게 미소를 지었다.

이제 로젤라는 자신의 어머니에게 이렇게 말했다. "사랑하는 엄마, 이모를 항상 기억할게요. 저는 엄마가 이모를 많이 그리워한다는 것을 알아요. 엄마가 저와 함께 계셔서 고마워요."

로젤라와 어머니는 서로 깊이 포옹하면서 세션을 마쳤다.

여러 차례 보았듯이, 죽은 가족 구성원을 제대로 기억하지 않으면 가족 전체가 영향을 받게 된다. 외할머니는 첫딸을 잃은 슬픔을 제대로 표현하지 않았다. 아마도 외할머니는 첫 아이를 잃은 슬픔을 감당할 수가 없어서 무의식적으로 따라 죽고 싶었는지도 모른다. 이런 경우에 종종 로젤라의 경우에서처럼, 후손들이 '제가 당신을 위해서 그 일을 하겠어요'라고 말할 것이다. 로젤라가 자신의 인생을 온전히 살지 못하고, 마치 죽은 사람처럼 행동하는 것은 아마 이 이유 때문이었을 것이다.

죽은 이모가 가족세우기 그림 안에 들어오고 외할머니가 충분히 슬픔을 표현하자 어떤 것이 마무리되고, 이모는 로젤라를 축복해 주었다. 이제 로젤라는 자신의 인생을 살 수 있는 더 많은 자유를 얻게 되었다. 이번 가족세우기에서 사용한 문장들은, 실종된 가족을 다시 기억하고 정확한 질서에 따라 존중하는 열쇠가 되었다. 외할머니와 이모 사이의 숨겨진 사랑은 전체 가족 얽힘의 뿌리였다.

죽은 자의 축복은 긍정적인 영향력을 만들고, 그 영향력을 강화한다. 우리가 진심으로 마음을 열어 그들을 기억한 뒤에 그들의 승인을 받는다면, 우리는 안도감을 느끼고, 보호받고, 도움을 받게 될 것이다. 만약 그들을 제대로 기억하지 않고 그들의 중요성을 인식하지 않는다면, 우리는 죽은자들이 우리에게 전해 주는 힘을 받을 수 없고, 죽은자들로부터 자유로울 수도 없다. 집단 양심은 우리가 죽은자들의 운명을 동일시하고, 우리 자신의 인생 목표를 온전히 추구하지 못하게 만들 것이다.

죽은 자에게 매달리기 ■ ■ ■

우리를 가슴 아프게 하는 사람의 죽음을 잊으려는 노력은 고통을 피하기 위한 가장 일반적인 방법이다. 다른 한 가지는 반대로, 죽은 사람들과의 추억에 집착하는 것이다. 이것은 인간의 일반적인 두 가지 성향이다. 고통스러운 일을 기억하는 데 어려움이 없다면, 일반적으로 우리는 그 기억에 매달린다. 이것은 어떤 경험이 끝나지 않도록 하는 또 다른 방법이다.

죽은 자에 대한 애착은 계속 슬퍼하면서 지속된다. 그 예로 영국의 빅토리아 여왕을 들어 보자. 여왕은 사랑하는 남편 앨버트Albert가 죽자 평생 동안 검은 옷만 입고, 자신의 아이들에게도 검은 옷만 입게 했다. 또 어떤 사람들은 죽은 자와의 이별에 대해서 끊임없이 떠들거나, 죽은 사람의 동상을 만들고 찬양하는 글을 쓰기도 한다.

후손들의 이런 행동은 집단 양심을 거스르기 때문에 옳지 않다. 우리가 떠나보낸 사람은 여기 우리와 함께 있다 떠났고, 그에게 일어났던 일은 그의 고유한 운명이다. 우리가 그와 함께 있었다고 해서, 그가 우리 소유였다는 뜻은 아니다. 그의 삶에 일어난 일은 오로지 그의 몫이다. 후손들이 참견할 권리는 없다.

죽은 사람을 잊지 못하는 사람들이, 가족 체계에서 그의 자리와 중요성을 인정하고 있을 수도 있다. 그러나 여전히 그들은 죽은 자들이 평화롭게 쉬지 못하게 한다. 죽은 자들의 주의를 끌 수 있는 방법은 많다. 예를 들면 그들을 충분히 사랑하지 못했다고 느끼고 우리의 사랑을 과장해서 표현하거나, 우리를 떠난 사람들이 우리에게 어떤 것을 빚지고 있다고 느끼거나, 그들이 우리에게 상처를 주려고 일부러 죽었다고 생각하며 화를 내기도 한다.

그렇지만 가족세우기에서 늘 확인하게 되는 것은, 죽은 자들은 완벽하게 자신의 운명을 따라갔고 우리가 잘 지내기를 바란다. 죽은 자들에게는 아무 문제가 없다. 다만 그들의 후손들인 우리가 삶의 흐름에 순응하지 못할 뿐이다.

자만의 허상 ■ ■ ■

책임감은 다양한 방식으로 우리를 과거 사건에 얽매이게 만든다. 우리가 죽음에 직접적인 관련이 있는 양, 사랑하는 사람의 죽음을 자기 탓으로 돌리는 경우가 흔하다. 예를 들면 폐렴으로 아기를 잃은 어머니는, 아기를 질병으로부터 제대로 보호하지 못했다고 생각하며 죄책감을 느낀다. 자신의 아기를 더 잘 돌보았다면 그런 비극적인 사건은 없었을 거라고 생각하기도 한다.

당신이 만약 죄책감이나 책임감을 느낀다면, 그것은 그 일의 결과가 당신 손에 달려 있다고 생각하는 것이다. 많은 사람이 이미 일어난 사실을 실존적 사실로 받아들이기보다는 괴로워하면서 스스로를 자책한다. 어머니는 사랑과 감사로 자신의 아이를 기억하고 나아가기보다는, 죽은 아이에게 집착하고 자책하면서 고통스러운 시간을 보낸다.

만일 이런 상태가 계속되면, 어머니는 다른 아이가 태어나더라도 제대로 돌볼 수 없다. 이런 상태에 고착되면, 지금 발아래 놀고 있는 아이보다 죽은 아이에게 몰두하게 된다.

여기서 이 문제의 불가시적인 부분을 들여다보자. 아이의 죽음에 대해서 자신을 자책하고 집착한다면, 어머니 자신의 삶을 제대로 살 수 없을 뿐만 아니라 아이의 운명도 방해하게 된다. 이 상태에서 어머니는 아이가 고유한 운명을 지닌 독립적인 개체라고 생각하지 못한다. 어머니는 아이를 자신의 소유물로 여기고, 아이의 운명을 자신의 것과 함께 묶어버린다.

아이의 경우, 어머니의 자궁에서 나왔기 때문에 이런 동일시는 어쩌면 이해될 수도 있다. 그러나 여동생이나 남편이 죽은 경우를 생각해 보자. 이때에도 이 여성은 같은 죄책감을 느낄지도 모른다. 하지만 여동생이나 남편 또한 자신의 운명을 타고난 독립적인 개체가 아닌가?

최근에 진행한 세션을 예로 들어 보자. 한 여인은 여동생이 포로수용소에서 죽자, 동생은 죽고 자기는 살아남았다는 사실에 죄책감을 평생 동안 느끼며 살았다.

자, 이것은 무슨 뜻인가? 첫째, 그녀는 과거에 이미 일어난 일을 바꾸고 싶어한다는 뜻이다. 그때 자신이 좀 더 노력했다면 여동생은 죽지 않았을 거라고 믿고 있을지도 모른다. 물론 절대 그렇지 않다. 그녀가 동생의 죽음을 막기 위해서 할 수 있었던 일은 아무것도 없다.

둘째, 그녀는 죄책감을 느끼면서 자기 여동생을 잃은 아픔을 피하려고 한다.

셋째, 그녀는 여동생의 운명에 간섭하고 있다. 여동생의 운명은 그때 죽는 것이었고, 자신의 운명은 살아남는 것이었다. 죄책감 때문에 자신의 삶을 제대로 살지 않는 것은 여동생의 운명 또한 존중하지 않는다는 뜻이 된다.

넷째, 그녀는 어머니로서 자신의 자녀들을 잘 돌볼 수 없다.

물론 여동생이 죽는 것을 지켜보는 것은 매우 충격적인 일이다. 이러한 충격적인 경험을 하고도 예전과 같이 평범한 생활을 할 수 있는 사람은 거의 없다. 이 경험은 고통스럽다. 고통을 계속 느끼는 것은 정말 어렵다. 죄책감을 느끼거나, 그 일은 달라질 수 있었다고 생각하는 것이 훨씬 쉽다.

그러나 사실, 우리 각자는 자기에게 주어진 시간 동안 자신의 고유한 길을 가야 한다. 이를 위해서는 이미 세상을 떠난 사랑하는 사람에게 매달리는 감정적인 얽힘이 없어야 한다. 우리의 애착을 넘어선 차원을 이해하는 것이 그들로부터 자유로워지는 첫걸음이 될 것이다.

출 산 중 의 죽 음 ■ ■ ■

　　가족세우기에서 가장 무거운 주제 중 하나는, 출산 중에 어머니가 사망한 것이다. 때로 집단 양심은 산모의 죽음을 살인처럼 생각하기도 한다. 남자가 여자를 임신시켰기 때문에 여자가 죽었다는 식으로 해석한다. 어떤 면에서 이 해석은 진실이다. 성관계를 해서 임신이 되었고, 출산 중에 여성이 죽었기 때문이다. 물론 죽음을 의도한 것이 아니지만, 결과가 그렇다.

　집단 양심이 산모의 죽음을 '범죄'로 여기는 이유는 원시 부족 사회에서 새로운 구성원을 출산하는 것은 부족의 운명을 결정지을 만큼 중요한 일이었기 때문이라고 추측된다. 따라서 아기를 출산할 수 있는 젊은 여성의 죽음은 부족 전체의 생존에 위협이 될 수도 있었다.

　집단 양심의 소속과 균형을 충족하기 위해서 동일한 가족 체계에서 태어난 아이는 어른이 되어 출산을 거부하거나, 남자를 거부하면서 죄책감을 느끼게 될 수도 있다. 실제로는 그 죽음이 범죄가 아니었다고 할지라도 말이다.

　이 문제의 해결책은 실제 일어났던 일을 있는 그대로 드러내는 것이다. 그러면 실제로 일어났던 일이 의식적으로 이해될 수 있다. 가족세우기에서 이 문제를 다룰 때, 아이를 출산하다 죽은 여인에 대한 존경의 의미로 그녀를 가운데 세운다. 그런 다음 모든 가족이 그녀에게 절을 한다. 이런 식으로 그녀를 가족에 포함하고 존중하는 것은, 아기를 낳기로 결정한 그녀의 용기를 존중한다는 뜻이다. 특히 출산이란 옛날에는 생사가 걸린 일이었다. 그래도 그녀는 위험을 무릅쓰고 출산을 원했기 때문에 존중받을 자격이 있다.

　집단 양심이 남편에게 책임을 묻고 있기 때문에, 남편이 가족에서 제외된 것만으로는 충분하지 않다. 그래서 남편을 가족의 그림에 세웠을 때, 후손들은 그를 직면하지 않으려 하고 존경하지도 않는다. 후손들은 그를 위협으로 느낀다. 이것은 실제 일어났던 일에 대한 오해다. 이것이 바로 집단 양심이 강력하지만, 불공평하고 맹목적이기도 하다는 것을 단적으로 보여 준다.

해결책은 남편과 죽은 아내를 서로 마주 보게 해서 두 사람의 사랑을 다시 회복시키는 것이다. 이것을 지켜보는 일은 매우 감동적이다. 그들은 서로에 대한 상실을 이해하는데, 아내는 자신의 생명을 잃었고, 남편은 아내를 잃었다. 그리고 두 사람 모두 아이를 잃었다. 이 사건에는 사랑이 있고, 용기가 있고, 아내가 죽었다는 사실이 있으며, 이 모든 것을 그대로 드러낼 필요가 있다. 이를 통해 후손들은 힘을 느끼게 되는데, 특히 후손들이 존재할 수 있었던 원천이 된 이 부부의 사랑을 느꼈을 때는 더욱 그렇다.

요즘은 산모가 출산 중에 사망하는 일이 드물지만, 젊은 어머니의 죽음이 아이에게 큰 재앙과 같은 것은 여전하다. 아이가 어린 시절에 어머니를 잃는 것은 아이 평생의 가장 충격적인 사건이 된다. 그래서 그 충격이 마음의 무의식 층으로 들어가기 때문에, 의식적인 마음에서는 '잊어버릴' 수도 있다. 다음 장에서 이 문제에 대해 깊이 다루도록 하겠다.

실제 인물과 실제 사건 ■ ■ ■

가족세우기에서 죽은 사람을 언급할 때, 실제로 죽은 사람들을 다루는 것인가? 아니면 지금 내담자의 기억 속에만 존재하는 사람들을 다루는 것인가? 가족세우기에서는 대리인을 세우기 때문에 현재 가족을 다룰 때에도 이와 같은 의문이 들 수 있다. 내담자의 현재 가족은 살아 있는 사람이지만, 가족세우기를 하는 이곳에는 내담자 외에 실제 가족은 아무도 없다. 그렇다면 실제로 그들은 함께 있는 것인가, 떨어져 있는 것인가?

사실 집단 양심은 삶과 죽음을 구분하지 않는다. 가족세우기가 시작되면 가족 대리인들은 죽었든 살았든 상관없이 가족의 역할을 하고, 대리인은 가족세우기 에너지 장 안에서 어떤 식으로든 가족이 '된다'.

물론 그들은 외형적으로 가족을 닮았거나 죽은 사람처럼 보이지는 않지만, 신비스럽게도 가족의 현존이 대리인을 통해서 표현된다. 대리인들은 실제 가족의 고통을 느낀다. 대리인들은 실제 가족사에서 발생한 사건의 진실을 느끼며, 대리인들은 세대 간의 얽힘을 푸는 힘이 있다. 대리인들은 한때 가족 안에서 제외되고 잊힌 사람들이 다시 기억되고 존중되게 한다. 이런 의미에서 가족세우기의 대리인들은 실제 내담자의 가족이다.

이러한 이해는 사색이나 이론에 기초한 것이 아니라, 헬링거 박사를 비롯한 많은 가족세우기 치료자의 경험적인 관찰에서 나왔다. 가족세우기에서 우리는 항상 실제 인물과 작업한다. 이 사람들이 '우리 정신 안에' 존재할 수도 있지만, 꾸며낸 것이 아니라 기억이다. 우리는 무의식 속에 있는 꿈과 환상을 원하는 대로 조작할 수 없다. 우리는 실제 인물이 우리 마음에 영향을 끼치고 있다는 사실을 알기 때문에 실제 인물과 작업하는 것이다. 우리는 실제 사건들이 우리 정신에 어떤 흔적을 만들고 있다는 걸 알기 때문에 실제 사건과 작업하는 것이다.

치료자는 사건과 관련해서 만들어낸 이야기에는 관심을 갖지 않는다. 내담자가 일어난 일에 대해 생각하는 것, 부모가 우리에게 '왜', '어떻게' 그랬는지, 또는 그들이 맞았는지 틀렸는지 상관하지 않는다.

치료자가 중요하게 다루는 것은 사건 그 자체일 뿐이다. 실제 사건은 시간과 공간이라는 특성을 지닌다. 이 두 가지는 가족세우기 작업에서 핵심요소가 된다. 실제로 무엇이 언제 일어났느냐가 중요하다. 일어난 사실은 가족세우기 역동에 영향을 주지만, 치료자가 사건에 대해서 어떻게 생각하고 판단하느냐 하는 것은 영향을 주지 않는다.

가족세우기를 하는 동안 일어나는 감정은 사건의 결과다. 감정을 다룰 때, 치료자에게 이런 질문이 떠오를 수 있다. 내담자는 그 사건을 다루고, 인정하고 받아들이는가? 이 경우 감정적인 표현은 사건을 극복하고 치유하는 것을 돕는다. 아니면, 그 감정이 고통스러운 문제를 회피하는 수단인가? 이것이 바로 감정을 느낀 후에 그 사람을 더 강하게 만드는 원래 감정과 사람을 지치게 만드는 이차감정 사이의 다른 점이다. 이 문제를 21장에서 더 자세히 다룰 것이다.

세션에서 자신의 감정을 계속해서 얘기하는 사람들은 대부분, 실제적인 무엇을 바꾸기보다는 다른 사람이 자기 이야기에 귀기울이기 바라고, 자신의 얘기를 들어 준다는 사실에만 관심이 있다. 그들은 종종 특정 사건에 대해 미리 해석하고, 자신의 이론이나 믿음을 결코 바꾸려고 하지 않는다. 그 사건을 분석하면서, 일어났던 핵심은 잊어버린다.

예를 들면, 나는 제2차 세계대전 당시 포로수용소에서 돌아가신 할아버지를 둔 내담자와 작업한 적이 있다. 내담자에게 말을 걸자, 그는 할아버지의 죽음에 깊은 고통을 느낀다고 하면서도 자신과 아버지에게 일어났던 일과 아버지에 대한 불만을 이야기하고 싶어했다.

할아버지에게 일어났던 사실을 피하려고 다른 어떤 것을 계속 이야기하는 것이 분명했다. 이런 식으로 아버지를 위해 자신이 지고 있는 고통도 피하려 했다. 그를 할아버지의 죽음이라는 한 가지 사실에 집중하게 하자, 서서히 할아버지를 잃은 고통과 아버지에 대한 깊은 사랑과 접촉할 수 있게 되었다. 아버지에 대한 분노라는 감정에 초점을 두고, 분석하고 표현하면서 시간을 낭비할 수도 있었지만, 나는 모든 것은 접어두고 할아버지에게 일어났던 사실에 집중해야 한다고 말했다.

대부분의 경우, 내담자가 늘어놓는 이야기는 치료자들을 혼란스럽게 만들 뿐이다. 내담자가 이야기를 늘어놓는 것은 다름 아닌 불편함과 고통을 직면하지 않으려는 노력이다. 그래서 가족세우기에서는 가족에게 일어났던 중요한 일에 접촉하고 머물면서, 그것이 주는 영향을 느껴 보라는 안내 외에 다른 말은 하지 않는다.

죽은 자가 산 자에게서 배우는 경우 ■ ■ ■

이러한 사례의 가족사를 보면 산 자가 죽은 자에게 얼마나 많은 것을 배워야 하는지 알 수 있다. 이 교훈을 완전히 내면화하고 치유가 일어날 수 있게 하기 위해서는 죽은 사람들에게 진 빚을 갚아야만 한다. 산 자들은 가족세우기의 여러 가지 상호교환을 통해, 과거의 짐을 내려놓고 자신의 삶을 살아갈 자유를 얻는다.

가족세우기에서의 이러한 상호교환은 죽은 사람의 대리인을 세우면서 시작된다. 산 사람은 죽은 사람을 바라보고, 때로는 사랑으로 그를 기억하고 서열을 존중한다는 뜻으로 절을 한다. 대부분의 경우 이것만으로 충분하다. 죽은 사람은 자신이 기억되고 존중받고 있다고 느낄 것이다. 죽은 사람은 산 사람을 사랑과 애정을 가지고 바라보면서, 완결된 느낌에 만족스러워 할 것이다. 때로 죽은 사람은 산 사람들을 축복해 주기도 한다. 만일 그렇게 된다면, 산 사람은 죽은 사람에게 무언가를 받는다.

경우에 따라서는 죽은 사람이 '나는 이제 평화롭다' 라든가 '나는 네가 자랑스럽다' 또는 '나는 네가 너의 삶을 살기를 원한다' '나는 네가 나에게 일어났던 일에 관여하기를 바라지 않는다. 이것은 네가 상관할 일이 아니다' 라는 식의 메시지를 줄 수도 있다. 이런 식으로 산 사람은 죽은 사람에게 새로운 지혜를 배운다. 산자는 이 교훈을 통해 어떤 내면의 변화가 일어나고 평화를 회복하게 된다.

어떤 경우에는, 이러한 역동이 거꾸로 일어나기도 한다. 죽은 사람이 산 사람에게서 무언가를 배운다. 예를 들면 갑작스러운 사고로 죽은 경우 죽은 사람은 자신이 이미 죽었다는 것을 완전히 인식하지 못할 수도 있다. 죽은 사람은 마치 여전히 살아 있는 것처럼 행동하면서 유령처럼 된다. 어떤 사람이 자신에게 죽은 자의 영혼이 붙어 있다고 느낄 정도로 살아 있는 사람에게 집착한다.

폴Paul은 어렸을 때 보트 충돌 사고로 형을 잃었다. 어른이 된 지금도 폴은 형이 항상 자신의 주위를 맴돈다고 느낀다. 가족세우기에 형을 세우자, 그는 자신이 죽은지 모르고 살아 있는 사람처럼 폴과 같이 놀고 싶어했고, 동생에게 매우 집착하고 있었다.

이 경우, 죽은 형은 자신이 죽었다는 것을 깨달아야 한다. 폴에게 형을 보면서 "당신은 나의 형입니다. 형은 보트 사고로 죽었습니다. 당신은 죽고 나는 살았습니다"라고 말하게 했다.

폴이 이렇게 말하자, 형의 대리인은 마치 꿈에서 깨어난 듯, 마치 동생 폴은 살아 있지만 자신은 죽었다는 사실을 여태 알지 못했던 것처럼 보였.

가끔은 죽은 사람이 자신은 이승이 아니라 저승에 속한다는 것을 인지할 필요가 있다. 그가 이 사실을 인정했을 때, 두 형제에게 어떤 '놓여남', 이완이 일어났다. 이것과 함께 꿈에서 깨어나 실체에 대한 인식이 일어났다.

비록 그들은 사는 세계와 영역이 서로 다르지만, 죽은 자와 산 자는 모두 집단 양심의 영향을 받는다. 때로는 산 사람이 죽은 사람을 잊어버린다. 산 사람은 서로 다른 두 세계에 속하고 있다는 사실은 잊지 않으면서 죽은 사람을 의식적으로 기억할 필요가 있다. 그리고 가끔 드물게 죽은 사람이 자신은 더 이상 이 세상에 속하지 않는다는 것을 상기할 필요가 있다. 그래서 죽은 사람은 죽음의 세계에 남고, 산 사람은 삶을 자신의 손 안에 완전히 거머쥐고 가능한 한 온전히 살아야만 한다.

8
어머니를 향한 움직임의 방해물

 헬링거 박사는 가족세우기 역동에서 나타나는 고통의 주요 원인 두 가지를 설명한다. 하나는 가족 체계 안의 얽힘 때문이다. 이런 얽힘은 보통 이전 세대의 가족 구성원에게 생긴 일에 기인하며, 앞장에서 살펴봤다. 다른 하나는 방해된 '다가가는' 움직임이다. 이것은 자신의 개인적인 삶에서 기인한다.
 가족 얽힘을 푸는 데는 가족세우기 세션이 효과적이다. 그러나 두 번째 문제에 대해서 헬링거 박사는 이 장에서 살펴보게 될 또 다른 방법을 제안한다. 이 방법은 아동심리학 분야의 개척자인 독일 심리학자 이리나 프레코프 박사 Dr. Jirina Prekop가 개발한 '껴안기 요법'과 유사하다.
 모든 아이는 어머니에게 가까이 가려는 원초적인 본능을 갖고 태어난다. 이 움직임을 '최초의 사랑'이라고 말할 수 있다. 이 사랑은 매우 강렬하고 무조건적이며, 이미 이 책 앞부분에서 살펴보았듯이 이런 식으로 자연은 아이의 생존을 보장한다. 같은 식으로, 어머니에게는 아이를 돌보는 내재된 본능이 있다. 이 두 가지 본능이 작용한 결과로 어머니와 아이 사이에는 강한 유대가 형성된다.

방해된 '다가가는' 움직임은 아이가 어머니나 아버지를 대할 때 감정적으로 위축되게 만든다. 이것은 아이가 어렸을 때 겪은 심각한 정신적 외상 때문에 일어나는 것으로써, 우리가 지금까지 보아 왔던 가족 얽힘 때문이 아니다.

보통 임신 중이나 출산 중 또는 출산 직후처럼 생애 초기에 일어나는 이 사건은 아이에게 매우 고통스럽다. 아마도 가장 큰 손상을 주는 외상은 어머니와 아이를 일찍 떼어놓는 것일 터이다. 어머니가 출산 중에 사망하거나, 미숙아로 태어나서 인큐베이터에서 장시간 치료를 받거나, 혹은 어머니가 심한 병에 걸리는 등 여러 이유로 장기간 아이를 돌보지 못하는 경우가 여기에 해당한다.

출산 중에 산모나 아이의 생명이 위태로운 순간이 생길 수도 있고, 임신 기간 중에 전쟁과 같은 외부로부터의 위협을 받을 수도 있다. 어떤 이유에서든지 임신 중이나 출산 중 혹은 출산 직후에 일어나는, 생명을 위협하는 모든 경험과 어머니와의 이른 분리는 아이가 어머니에게 향하는 움직임을 방해하는 원인이 된다. 이 움직임이 멈추거나 방해를 받게 되면 아이는 분열된 채로 남고, 완성과 충만으로 가지 못한다.

이런 사건의 중요성을 완전히 이해하기 위해서, 생존을 위해 전적으로 어머니에게 의지해야 하는 갓난아이를 상상해 보자. 아이는 단지 의지하는 것만이 아니라 어머니와 공생적 결합 상태에 있다. 아이는 아직 자신의 경계를 발달시키지 못했고, 어머니와 자신의 차이를 구분할 수도 없다.

일반적인 성장과정에서, 아이는 어머니와의 합일에서 조금씩 분리되어 자신이라는 느낌을 천천히 발달시킨다. 이것이 '개인화'라고 부르는 성숙의 한 과정이다. 아이는 아동으로 성장하고 성숙한다. 아이는 자라면서 조금씩 자신의 정체성과 경계 구조를 획득한다. 아이는 어머니와 하나로 존재하다가 천천히 자기 홀로 존재하는 성인으로 바뀐다. 이것이 기본적인 아동 발달 단계다.

아동이 된다는 것은, 부모로부터 스스로를 분리하는 과정에 있다는 뜻이다.

아이는 점진적으로 개인화되어 간다. 아동은 점차 개인화되지만, 아직 통합된 개인성을 갖지는 못하고 자신의 두 발로 서기 전까지 많은 일을 겪어야 한다. 아동이 여전히 어리다면, 부모는 아동에게 필요한 핵심적인 생명유지 기능을 계속 수행할 것이다.

그래서 아이가 아주 어린 나이에 한쪽 부모를 잃는 것은, 성장을 위해서 아직은 부모에게 의존해야 하는 때에 부모를 잃는다는 뜻이다. 과도기적 단계에서 아기가 한쪽 부모를 잃거나 오랫동안 부모와 분리되면 깊은 불안을 경험하게 된다. 아이는 나이가 어릴수록 더 많은 정신적 충격을 받는다. 특히 생후 18개월 이전에 이런 사건이 일어난다면, 이 장에서 우리가 다루게 될 그런 상황으로까지 가게 된다. 어머니는 아이에게 가장 중요한 존재이기 때문에 어머니와의 접촉이 방해되는 것이 가장 심각한 정신적 외상이다.

분리의 고통을 어른처럼 소화하기에는 아이는 너무 예민하고 미성숙하다. 이 경험의 충격을 완전히 소화할 방법이 없다. 그래서 아이는 쇼크 상태에 빠진다. 아이의 정신은 모든 종류의 방어와 보상기제로 반응한다. 그렇지만 이것은 레코드판이 긁힌 부분에서는 항상 음이 튀는 것처럼, 정신의 어떤 부분이 불확실한 상태로 남게 된다는 것을 나타낸다.

방치된 아이가 어떻게 되는지는 아동 발달에 대한 연구에 잘 나와 있다. 처음에 아이는 분노와 절망감으로 우는데, 침묵의 단계에 도달할 때까지 계속해서 울고 또 운다. 이때의 침묵은 만족하고 평화로운 침묵이 아니다. 포기하고, 어머니 관심을 끌려는 시도를 버리고, 자신 안으로 들어가서 위축된 아이의 침묵이다.

위축된 아이는 자신이 필요한 것을 요청하지 않는다. 어머니를 향해 다가가기를 멈추고, 자신의 생명 유지 본능에 따라 어머니에게 필요한 것을 받는 능력도 상실한다. 설사 어머니가 나중에 돌아와서 다시 아이를 돌보기 시작한다고 할지라도 말이다. 따라서 어머니와 분리된 기간은, 아이가 불신하고 위축된 개인성을 발달시키고 어른이 된 뒤에 다른 사람에게 가까이 가지 못하는 패턴을 만들 수도 있는 결정적인 시기다. 전형적으로 이런 사람들은 어른이 된 뒤에도, 사랑을 받기 위해 다른 사람에게 직접적으로 다가가지 못하고 제자리를 맴돌면서 어느 선까지만 접근한다.

　가끔 우리는 상처를 받을 성싶으면 자신을 방어하면서 이와 비슷한 패턴으로 행동한다. 다른 사람으로부터 사랑과 애정을 원하지만 그것을 얻기 위해 다른 사람에게 다가가는 대신, 두려워하면서 멈추어 한 걸음 물러서거나 또는 돌아가는 길을 택하고 거리를 둔다. 우리는 무언가를 간절히 원하면서도, 동시에 원하는 것을 얻을 기회를 피한다.

　물론 이러한 우리의 행동은 거부당하는 것을 피하기 위해서다. 거절당한 실제 경험에서 생긴 것보다 더 강력한 방어적인 패턴에 빠진 사람은, 항상 거의 무의식적으로 어린 시절 고통스러운 거부의 경험을 피하려고 자신의 과거에 의해 조종당하고 있는 것이다.

　이 두려움은 많은 신경증적 행동의 원인이다. 또한 그것은 우리로 하여금 무언가를 받기 위해 곧장 나아가지 못하고, 잃을 것도 얻을 것도 없는 그 시점으로 되돌아가게 하고, 만족을 얻을 수 없는 우회적인 길로 돌아가게 만든다.

유 대　복 구 하 기　■　■　■

　　　　일단 내담자의 어린 시절에 있었던 일을 이해하게 되면, 세션에서의 해결책이 분명해진다. 치료자는 부모와 아이 사이에 방해가 되는 움직임을 없애고, 유대감과 사랑의 흐름을 회복하려고 시도한다. 치료자는 어린 시절에 이루지 못한 것을 완성하기 위해서, 내담자가 어머니에게 다가가는 움직임을 완성하도록 도와준다.

치료자는 어머니 역할을 하면서, 내담자가 어린 시절에 어머니의 부재 때문에 겪은 고통의 일부를 재경험할 수 있는 안전한 공간을 만들고, 어머니와의 유대를 복구할 수 있게 돕는다. 그러나 이번에는 내담자 홀로 남겨지지 않을 것이다. 어머니를 대신하는 치료자가 이 고통스러운 기억을 통과하는 동안 그를 꼭 안아 주고 있다. 이것은 어린 시절 일어났던 일이 성인인 내담자의 삶에 통합되는 치유 과정이다.

헬링거 박사는 가족세우기 세션을 하기보다는, 먼저 안전하고 신뢰를 느낄 수 있는 공간을 만든 다음, 내담자의 맞은편에 앉아서 내담자를 팔로 감싸고 내담자가 치료자에게 안길 수 있게 하라고 제안한다. 그 다음, 내담자가 깊게 호흡하도록 한다. 이렇게 하면 짧은 시간 안에 내담자는 어머니의 사랑이 필요한 아이가 분리되고, 모든 기본적인 욕구와 사랑의 연결이 단절되었을 때 느꼈던 고통과 접촉하게 될 것이다.

이때 치료자가 해야 하는 가장 중요한 역할은 어머니가 아기를 안듯이 내담자를 안아 주는 것이다. 이것은 단순한 기술이지만 효과가 강력하다.

내담자는 어느 순간까지 어머니와 분리된 느낌을 재경험한다. 원래의 정신적 충격인 거의 죽을 것 같았던 느낌을 경험하고, 스스로 인식하지 못하고 있던 오래된 고통도 느낀다. 사건이 일어난 당시에는 내담자가 본능적인 생존 전략에 따라 고통을 피했고, 느끼지 않았거나 몸이 굳어버렸다. 그러나 지금 그는 치료자의 품안에서 과거에 일어났던 일을 안전하게 재경험할 수 있다.

분리라는 부정적인 경험을 이러한 안김과 지지라는 긍정적인 경험으로 덧씌운다. 이것은 잘 알려진 신경언어프로그램NLP, Neuro Linguistic Programming으로, 사람은 부정적인 경험을 지우고 거기에 긍정적인 경험을 대치할 수 있다고 한다. 지금 어머니의 대리인 역할을 하는 치료자가 내담자를 안아 주고 있기 때문에, 긍정적인 경험이 몸속에 '수용' 된다.

이 과정이 아마도 단일 세션에서 치료자가 해야 할 유일한 일이 될 것이다.

치료자는 인내하고 지지하고, 계속해서 안아 주어야 한다. 설사 원래의 버려짐을 재경험하는 순간 치료자를 밀어내려고 할지라도 말이다. 이것은 때로 심리적 몸부림처럼 나타날 수도 있다.

치료자는 경험의 모든 단계를 거쳐서, 느리고 깊은 호흡을 하면서 안정과 평화를 찾게 되는 마지막 순간에 이를 때까지 내담자를 계속 안아 주어야만 한다. 결국 내담자는 치료자의 팔에서 떨어져 어머니의 대리인 역할을 하는 치료자를 마주 보게 될 것이다. 치료자는 치유 과정을 마무리하기 위해서 내담자가 어머니에게 하고 싶은 말을 하게 할 수도 있다. 예를 들면 내담자는 생명을 주신 어머니에게 감사한다고 의식적으로 말할 수 있다. 내담자는 이런 식으로 부모로부터 받을 준비가 되었음을 표현한다.

물론 어머니와의 방해된 움직임을 회복하는 일이 한 번의 세션으로 완성되는 것은 아니며, 개인에 따라 조금씩 다른 형태로 일어난다. 또한 내담자에게 가족 체계와 관련되는 여러 가지 문제가 동시에 나타날 수도 있다. 이때 가장 시급한 문제를 선택하는 것은 치료자에게 달려 있으며, 나머지 문제들은 다른 세션으로 미룬다. 한 세션에서 두 가지 문제를 다루는 것은 그리 권장할 만한 일이 아니다.

내담자의 문제가 방해된 움직임과 관련되었는지, 혹은 가족의 얽힘과 관련되었는지는 사전 인터뷰를 통해 수집된 정보로 결정된다. 예를 들면 어렸을 때 어머니와 분리되거나 정신적 외상을 입은 사건이 있다면 좋은 판단 자료가 된다.

이미 언급했듯이, 방해된 움직임은 아버지와 관련될 수도 있다. 아이가 어렸을 때 아버지가 사망한 경우를 예로 들어 보자. 이 경우 아버지와 아이를 연결하는 고리로 어머니를 불러내는 것이 도움이 된다. 모든 아이에게 어머니는 가장 중요한 존재다. 어머니가 아이인 내담자를 아버지에게 데려가서 아버지를 소개한다. 때로는 어머니와 아버지가 아이를 함께 안아 주기도 한다.

어린 시절의 유대를 방해한 움직임을 다룰 때, 해결의 움직임은 부모에게서 시작되어야만 한다는 걸 기억하는 것이 중요하다. 아이는 혼자서 움직일 수 없다. 아이를 향해 다가가야 하는 사람은 어머니다. 정신적 충격을 받았을 때, 내담자는 아주 어린 아이여서 스스로 아무것도 할 수 없었다. 그래서 어머니를 대신하는 치료자가 실제 어머니가 하지 못했거나 할 수 없었던, 아이를 안아 주고 돌보는 일을 하는 것이다.

다른 대부분의 경우에는, 화해의 움직임은 아이로부터 시작되어야 한다. 아이가 어떤 것을 받고 싶다면 어머니를 향해 다가가야 하며 반대로 해서는 안 된다. 일반적으로 가족세우기 세션에서는 아이가 부모에게 다가가서 절을 한 다음 부모로부터 무언가 받을 준비를 한다. 이런 과정에서 부모는 주는 자의 역할을 하고, 풍요로운 현존으로서 기능한다.

9
질병 뒤에 숨겨진 가족의 역동:
얽힘의 기본적인 패턴

지금까지 한 사람이 자기보다 먼저 태어난 가족 및 친척의 삶에 얽히게 되는 다양한 패턴을 알아보았다. 이 패턴들은 개인의 정신과 신체에 영향을 줄 뿐만 아니라 암과 우울증·심장병·척추측만증과 같은, 바이러스나 박테리아 감염을 제외한 질병을 야기하기도 한다.

얽힘은 한 사람이 가족 체계의 제외된 구성원과 자신을 동일시하고, 그의 감정과 태도를 지니게 될 때 일어난다. 이것은 마치 한 사람이 다른 사람이 '된' 것처럼, 잊힌 가족 구성원의 고통을 반복하면서 그의 존재를 기억하려는 무의식적인 노력으로 자신과 그를 동일시하고 있는 것이다.

헬링거 박사는 이러한 동일시의 전형적인 사례로 다음과 같은 예를 들었다. 어느 가족에 맏이가 일찍 죽었다. 나중에 태어난 동생들은 자신의 이름이 적힌 컵을 하나씩 가지고 있다. 이 가족의 한 아이는 자신이 죽은 형제를 동일시하고 있다는 것을 나타내는 맏이의 이름이 새겨진 컵을 받는다. 이와 같은 상황에서 형의 이름이 새겨진 컵을 가진 동생은, 자신의 느낌과 태도로 인생을 산다고 생각할지도 모르지만 항상 형처럼 행동하게 될 것이다.

앞에서 가족 간의 얽힘은 누군가의 의식적인 결정이 아니라, 무의식적인 힘인 집단 양심의 결과라는 것을 설명했다. 그리고 한 개인이 집단 무의식의 힘으로부터 자유롭기가 얼마나 어려운지도 살펴보았다. 내담자는 자신이 동일시하고 있는 이전 가족 구성원을 모를 뿐더러, 그에게 무슨 일이 일어났는지도 전혀 모를 수 있다. 가족 모두가 쉬쉬하는 가족 비밀이 있을 때 상황은 더 복잡해진다.

동일시의 영향은 가족의 불균형을 초래한 원인에 따라 달라진다. 때로는 감정적인 장애나 신체질환 또는 정신병으로 나타나기도 한다. 결국 동일시는 다른 사람과 교류하는 한 사람의 능력에 영향을 준다. 그는 진짜 자신이 아니기 때문에, 사실 자기 자신에게도 스스로가 낯설다.

동일시를 해결하려면 가족 안에서 제외된 사람을 찾아서 내담자가 그의 존재와 운명을 분리된 것으로 인식하도록 돕고, 제외된 가족이 분리된 존재라는 것을 깨닫도록 도와야 한다. 이 과정을 진행하기 위해서, 우리는 일어났던 얽힘을 풀도록 도와주는 문장을 사용한다. 그리고 가끔 이 문장들은 내담자가 제외된 가족을 분리된 사람으로 분명히 인식할 때까지 몇 번 반복할 필요가 있다.

그다음, 내담자는 한 걸음 물러난다. 종종 치유를 위해 물러나는 움직임은 내담자가 다른 가족 구성원, 보통 자신을 보호해 줄 수 있는 부모 중 한 사람에게 더 가까이 다가가는 움직임으로 연결된다. 예를 들면 내담자가 외가 쪽 가족의 한 명을 동일시하고 있다면, 아버지에게 가까이 다가가야 한다. 친가 쪽 가족을 동일시하면 반대의 움직임을 보인다.

헬링거 박사는 고통과 질병을 부르는 가족 얽힘의 세 가지 기본 패턴을 '따라감following', '대신하기taking over', '죄책감의 속죄atonement for guilt'라고 정의 내렸다. 이 세 가지를 차례대로 살펴보도록 하자.

따라 감 ■ ■ ■

만약 자기 직계가족의 이른 죽음, 예를 들면 사고, 질병, 전쟁 또는 범죄로 부모가 사망하면, 자녀 중 하나가 "나도 당신을 따라 죽겠어요"라고 말하는 경향이 있다. 이 아이는 마치 상징적으로 삶에 등을 돌리고, 부모에게 "당신이 죽으면, 나도 살고 싶지 않아요. 죽음까지 당신을 따라가고 싶어요"라고 말하는 것처럼, 사고를 자주 치거나 자살충동을 느끼고, 질병을 키운다.

여기서 우리는 아이의 눈먼 사랑을 다시 한 번 보게 된다. 만약 아이가 부모를 의식적으로 바라보고, 부모가 자신에게 바라는 것이 무엇인지 생각해 본다면, 거의 대부분은 따라감을 생각조차 하지 않을 것이다. 왜냐하면 대부분의 부모는 자식이 잘 살아 주기를 원하기 때문이다.

사망한 가족을 무의식적으로 따라가기를 원하는 아이의 예는 앞장에서 살펴보았다. 1장에서는 내담자 맥스가 일찍 돌아가신 외할아버지를 따라가고 싶어한다. 7장에서 한 여성은 포로수용소에서 죽은 자매를 따라가고 싶어한다. 또 7장에서 로젤라는 자신의 이모를 따라가고 싶어한다.

대 신 하 기 ■ ■ ■

또한 로젤라는 할머니에게 "제가 할머니를 위해서 그렇게 하겠어요"라고 말한다. 이것은 다른 사람의 짐을 대신 지려고 하는 고통스러운 두 번째 시나리오다. '대신하기'의 시나리오는 이전 가족의 누군가를 죽음까지 따라가고 싶어하는 부모에게서 시작된다. 자녀들 중 한 명이 부모가 이런 경향이 있다는 것을 알아차리고, "사랑하는 어머니/아버지, 제가 대신 죽겠어요"라고 말하게 된다. 다른 말로, 눈먼 사랑 때문에 부모의 충동을 대신 짊어져서 부모를 구원하고 싶어하는 것이다. '당신 보다는 차라리 제가 짐을 지겠어요'의 역동으로 내담자는 아픈 어머니를 따라 아프거나, 고통스러워 하는 다른 사람을 위해서 또 다른 방식으로 자신이 대신 고통받으려고 노력하게 된다.

헬링거 박사는 아주 가난한 가족을 사례로 들었다. 가난한 부부가 임신을 하자 집이 좁고 형편이 어려운 것을 걱정하기 시작했다. 그들의 자식 중 하나가 부모의 이런 마음을 알아차리고, 아이가 새로 태어나자마자 병으로 죽었다. 자신이 죽음으로써 새로 태어난 아이를 위한 공간을 마련할 수 있게 했다.

우리는 아이가 다른 사람의 고통과 짐을 덜어줄 수 있다는 마술적인 믿음으로 어떻게 행동하는지 살펴보았다. 가족 안에 일찍 태어난 사람이 아프다면, 다른 누군가가 이 병을 가져간다. 물론 이런 식으로 다른 사람을 구할 수 있는 이 어린아이 같은 믿음은 감동적이다. 하지만 현실은 아니다. 실제로는 두 사람이 아프게 된다.

만약 다른 사람의 고통을 짊어지려는 아이를 바라보는 어머니가 어떻게 느낄 것인지를 포함하여 문제의 모든 측면을 제대로 인식할 수 있다면, 아이들이 그렇게 쉽게 잘못되지는 않을 것이다. 그러나 눈먼 사랑으로는 오직 자신밖에 보지 못한다. 의식적이며 이해하는 사랑은 그 사건과 연관된 모든 것을 볼 수 있고, 관련된 사람들의 동기도 이해할 수 있다.

가족세우기 세션을 통해 내담자가 자기 부모를 포함한 모든 가족을 바라보면서 그들이 어떻게 느끼고 무엇을 원하는지 직접 듣게 되면, 내담자가 성인이지만 여전히 무의식적으로 아이 같은 태도를 지니고 있다는 것을 알게 된다. 그 순간, 눈먼 사랑에서 의식적인 사랑으로 가는 결정적인 변화가 생겨난다.

무거운 짐과 유대를 내려놓는 것이 그리 쉬운 일은 아니다. 진정한 분리란 홀로될 준비와 누군가를 돕고 싶어도 그럴 수 없다는 죄책감을 견딜 수 있는 의지가 필요하다. 가족세우기에서 사용하는 '존중하기' 연습은 우리를 이 결정적 지점으로 데려간다. 존경의 뜻으로 절을 하고, 무의식적으로 대신 지고 있던 짐을 내려놓는다. 그 다음 천천히 일어나서 그 사람의 운명을 그에게 맡긴다. 이때 우리는 진정으로 분리되고, 스스로 서게 된다.

예를 들면, 3장에서 안토넬라는 할아버지에 대한 할머니의 분노를 대신 지고, 자기 아버지에게 분노를 표현했다. 5장에서 한 내담자는 할머니를 죽인 자신의 아버지의 살인 충동을 지니고 있었다. 6장에서도 희생자와 가해자를 위해 대신 고통을 지는 많은 사례가 있었다.

죄책감의 속죄 ■ ■ ■

질병의 또 다른 원인은 헬링거 박사가 '죄책감의 속죄'라고 부르는 것이다. 이것은 개인적인 죄책감과도 관련될 수 있다. 예를 들면 별 생각 없이 여러 번 낙태를 한 여성은 속죄의 의미로 자궁암에 걸릴 수 있다. 또는 자신의 어머니를 거부하는 사람은 자기 처벌의 방식으로 유방암에 걸릴 수도 있다. 왜냐하면 집단 양심은 부모를 거부하는 것을 허락하지 않기 때문이다.

5장에서 살펴보았듯이 이것은 내담자가 대신 지고 있던 다른 가족 구성원의 죄책감과도 연관될 수 있다. 예를 들어 살인자가 자신의 행동에 대해 대가를 치르지 않았다면, 후손인 내담자가 조상이 한 일의 죄책감을 대신 지고 자살을 생각하거나 몸이 아플 수 있다.

5장에서의 언급했던 다른 사례를 들어보자. 열한 번 낙태를 한 어머니의 죄책감을 대신 짊어진 딸은 정신분열증에 걸렸다. 어떤 사람은 테러리스트였던 이전 가족의 죄책감에 대한 속죄로 스스로 목숨을 끊었다.

이것이 가족세우기에서 발견되는 얽힘의 주요한 패턴들이다. 이것들은 균형이 깨진 가족 체계 때문에 초래되는 심리적 질병의 원인이 되기도 한다.

질병 다루기 ■ ■ ■

우리는 종종 질병을 제거해야 할 대상이나 적으로만 생각한다. 그러나 사실 질병은 해석되어야 할 몸의 메시지다. 많은 경우 몸은 질병을 통해서 오래된 심리적 문제나 감정적인 상처를 치유하고자 한다. 우리는 그 몸의 메시지를 발견하고 이해해야 한다. 때로는 질병을 이해하려는 노력에도 불구하고, 여전히 이해할 수 없는 미지의 것으로 남기도 한다. 이런 경우에 질병을 우리의 이해를 넘어선 것, 우리가 통제할 수 없는 것으로 인정하고 받아들여야 한다.

이 두 가지 경우 모두, 우리는 질병을 싸워서 물리쳐야 하는 적으로 대하는 사회적인 편견에서 벗어나야만 한다. 불행히도 이런 전투적인 태도는 의료 기술이 발달한 요즘 세상에 널리 퍼져 있다. 『암을 정복하는 방법』과 같은 책 제목에서도 이런 점을 바로 알 수 있다. 이런 경향은 더 과학적인 데이터와 더 복잡하고 광범위한 의학 장비가 개발되면 질병을 없애고 통제할 수 있다는 믿음을 낳았다.

질병은 종종 우리에게 제외된 사람을 기억하게 한다. 따라서 질병을 없애려는 시도는 가족 체계에서 한 사람을 제외시키거나 '없애버리는 것'과 같다는 걸 가족세우기를 통해 보게 된다. 이런 맥락에서 질병은 집단 양심의 치유하려는 노력이다. 질병을 가슴으로 받아들이고 인정하는 것은 질병이 나타내는 사람을 가슴 안으로 받아들이는 것과 같다. 그리고 나면, 때로는 질병은 더 이상 필요가 없어진다. 가족이 치유되면 아픈 사람도 치유될 수 있다.

한 유태인 내담자는 평생 동안 유태인들의 휴일인 토요일마다 심각한 두통으로 고생하고 있었다. 그는 스스로를 종교적이지 않은 사람이라고 여기고, 심지어 유태인 선조들에 대해서도 많이 생각하지 않았다. 가족세우기에서 알게 된 사실은 그의 할아버지는 유태인 대학살을 피했지만, 폴란드에 남아 있던 할아버지의 가족 대부분은 죽었다는 것이다. 내담자가 할아버지를 포함한 모든 유태인 조상들에게 존경심을 가지고 "나는 유태인입니다"라고 말한 뒤에 그의 두통은 완전히 사라졌다. 부가적인 효과로 만성적인 근시도 완전히 치유되었다.

이 경우 내담자의 신체적 증상은 그의 혈통을 상기시키는 것이었다. 그는 잊고 있었지만 집단 양심은 그런 중요한 사건을 쉽게 무시하도록 내버려두지 않는다. 그가 의식적으로, 무슨 일이 있었고 그의 뿌리가 어딘지를 인정한 순간, 두통은 더 이상 필요 없게 되었다.

요약하자면, 질병을 받아들이고 그 원인을 이해할 준비가 되었을 때, 질병을 치유하고 제외된 사람을 기억하는 두 가지 일이 가능해진다.

이러한 신비로운 현상을 대할 때 우리는 의학적이든 또는 심리적이든 어떤 치료법이 모든 질병을 치유할 수 있다고 생각하기보다는 겸손한 태도를 가져야만 한다. 어떤 일은 이런 식으로 신비하게 인생에서 우리에게 드러나고 이해된다. 하지만 많은 사건들은 우리 마음에 숨겨진 채로 남는다. 또한 질병을 다룰 때, 우리는 삶의 신비와 인간 이해의 한계를 인정해야 한다.

가족세우기 세션에서 몸이 아픈 사람들은 대부분 자신의 질병에 비밀스럽게 동의하고 있다는 것을 보게 된다. 예를 들면 이런 사례를 많이 다룬 치료자는 내담자가 자신의 질병에 대해 이야기할 때 내담자의 얼굴에 숨겨진 미소를 종종 보게 된다. 이것은 가족 체계에서 제외된 사람의 동일시에 그가 비밀스럽게 동의한 사실을 반영한다.

만약 내담자가 신체적 문제나 질병에 대해서 상담을 해오면, 한 사람을 내담자 대리인으로, 다른 한 사람은 질병의 대리인으로 세우면서 문제에 접근한다. 이 두 사람이 상호작용하는 모습을 보면서, 질병 대리인이 실제로는 원가족의 가족 구성원 중 한 사람이라는 것이 분명해진다. 아마도 제외되거나 거부당한 어떤 사람일 것이다.

이미 언급한 것처럼, 내담자가 제외된 가족을 의식적으로 가슴으로 받아들이게 되면 질병은 더 이상 필요하지 않다. 그렇지만 가족세우기의 본질적인 목적은 질병을 치유하는 것이 아니라 숨겨져 있던 어떤 진실을 드러내는 것이다. 질병을 제거하거나 현실을 바꾸는 것이 아니라 그것을 이해하는 것이다. 질병은 삶의 일부다. 가족의 역동에 대한 새로운 이해를 한 후에도 질병이 사라지지 않을 수도 있다. 좋은 치유 기법은 어떠한 목적을 갖거나, 섣부른 결론을 내거나, 편견에 사로잡히지 않고 그 문제를 탐구해 나가는 것이다.

자 궁 종 양 ■ ■ ■

중년의 미국인 여성 노라Nora는 자신의 질병인 자궁 종양과 관련된 가족의 역동을 이해하고 싶다고 했다. 노라와 종양의 대리인을 조금 떨어진 거리에서 마주 보도록 세웠을 때, 종양 대리인은 즉시 바닥을 내려다보았다. 이것은 종양 대리인이 죽은 사람을 보고 있어서 노라의 대리인을 볼 수 없다는 것을 나타낸다.

그래서 노라에게 "이 종양의 대리인이 누구인 것 같습니까?"라고 물었다. 그녀는 한동안 주의 깊게 종양의 대리인을 바라보다가 "제 아버지인 것 같아요"라고 대답했다. 내가 그녀에게 "누가 죽었나요?"라고 묻자, 내담자는 "어머니가 제가 태어난 뒤 다섯 달 만에 돌아가셨어요"라고 대답했다.

어머니 대리인을 세우고, 노라와 종양 대리인 사이의 바닥에 눕게 했다. 그곳은 종양 대리인이 바라보던 곳이다. 나는 이제부터 종양 대리인이 노라의 아버지라고 말했다. 어머니와 노라 대리인은 마음에 움직임이 일어났고, 잠시 후 아버지는 내담자를 바라볼 수 있었다. 내담자는 어머니에게 가까이 다가갈 수 없다. 왜냐하면 8장에서 보았듯이 분리가 너무 일찍 일어나면 아이는 어머니에게 스스로 다가갈 수가 없다. 그들은 한동안 서로를 바라보았다. 어머니로 하여금 내담자에게 다가가서 안아 주게 하자, 내담자 대리인은 흐느껴 울었다.

이 시점에서 대리인 대신 노라 본인을 세우고, 어머니에게 안기는 느낌을 경험하도록 했다. 노라는 어머니에게 안기면서 눈물을 흘렸으며, 눈에 띄게 부드러워졌다. 노라에게 어머니를 보며 "고마워요" 그리고 어머니의 눈을 바라보면서 "제 안에서 엄마는 여전히 살아 있어요. 저는 여기 남아 있을게요"라고 말하게 했다. 이것은 질병을 이겨내고 살아남겠다는 그녀의 의지 표현이다. 또한 그녀에게 아버지를 보며 "저는 아버지와 함께 이 세상에 남을게요. 저를 아버지 딸로 봐 주세요"라고 말하게 했다.

아버지 대리인에게는 로라에게 "내가 너를 돌보아 주마. 너는 내 딸이다"라고 말하고 "너를 보면 네 엄마가 생각난다. 그리고 내가 네 엄마를 얼마나 사랑했는지 생각나게 해준단다"라는 말도 덧붙이게 했다. 노라는 눈에 띄게 변화되면서 아버지에게 가서 안겼다. 그녀에게 "이제 아버지 딸로 아버지와 함께 살게요"라는 말을 반복하게 했다.

딸이 어머니를 대신하지 못하게 하기 위해서는, 어머니의 존재를 인정하게 하고, '아버지의 딸로' 로 내담자가 아버지에게 다가가게 하는 것이 중요하다. 그 반대로 아버지가 딸에게 다가가면 안 된다. 어머니가 돌아가셨을 때, 딸은 너무 어렸기 때문에 어머니에게 갈 수 없었다. 그러나 지금은 아버지에게 갈 수 있다.

이 사례에서 질병이란 내담자가 무의식적으로 '나는 어머니를 따라 죽겠어요' 라고 어머니에게 말하는 하나의 방법이었다.

그녀가 의식적으로 어머니를 가슴으로 받아들였을 때, 더 이상 어머니를 따라갈 필요가 없었다. 치료자는 질병을 치유하려고 노력하지 말고, 가족 역동을 드러내는 데 중점을 두어야 한다. 질병의 치유는 부가적인 현상이며, 이것이 주요 관심사가 될 수 없다. 게다가 그 후에 그 질병이 좋아졌는지, 세션 효과가 어땠는지 묻는 것은 내담자 삶에 미묘한 방해가 될 수 있다.

다발성 경화증 ■ ■ ■

제니퍼Jennifer라는 영국 여성은 자신이 겪고 있는 다발성 경화증의 원인을 알고 싶다고 했는데, 그 증세가 지난 몇 년간 급속히 심각해지고 있었다. 그녀와 질병의 대리인을 세우자마자 내담자에게 많은 분노가 있다는 것이 나타났는데, 팔이 흔들릴 정도로 주먹을 꽉 쥐고 있다는 사실이 그것을 암시했다. 마치 그녀는 누군가를 죽일 듯한 살의가 있는 것처럼 보였다.

시간이 조금 지난 뒤에 세션을 중단하고 내담자의 원가족에 대해 물었다. 그녀는 할아버지의 첫 번째 부인이 아이를 낳다가 아기와 어머니가 둘 다 죽었다고 말했다.

이미 논의했듯이, 여성이 출산 중에 죽으면 가족 체계에서는 마치 여성이 살해된 것처럼 받아들인다. 이것이 내담자의 공격성을 설명해 준다.

이제 할아버지와 할아버지의 첫 번째 부인과 죽은 아기 대리인을 배치하면서 새로운 가족세우기를 시작했다. 죽은 아기를 바닥에 눕히고, 할아버지와 그의 첫 번째 부인에게 스스로 움직이게 했다. 할아버지는 깊은 내면의 갈등을 겪고 있었다. 처음에는 죽은 아내와 아기를 외면하려고 노력했는데, 아내의 죽음에 죄책감을 느꼈기 때문일 것이다. 다시 돌아와서 천천히 아내 가까이로 다가갔고, 아내는 아기 옆에 누웠다. 할아버지는 감정이 동요되어 울기 시작했고, 그들 옆에 함께 누웠다. 내담자와 내담자의 아버지는 이를 지켜보면서 북받치는 감동을 느꼈다. 그들은 서로에게 다가가 깊게 포옹했다.

일반적으로 다발성 경화증, 간질, 공황발작과 같은 질병은 억압된 살인충동의 결과다. 헬링거 박사에 따르면 이런 질병은 위의 사례처럼, 가족 안에 살인자나 살인자로 여겨지는 사람이 있다는 것을 암시한다. 제외된 가해자를 동일시하는 내담자는 살인의 에너지를 이어받는다. 이런 질병은 공격적인 충동을 억압하려는 노력의 징후다. 앞의 사례에서 부인의 죽음에 책임이 있거나 살인을 저지른 사람이 없다는 사실을 이해하고 어머니와 아기를 존중하면서, 할아버지와 첫 번째 부인 사이에 존재하는 사랑을 밖으로 드러내자 치유가 일어났다.

정신분열증의 경우 대부분 가족 안에 살인사건이 있었고, 정신분열증을 겪는 사람은 가해자와 피해자를 동시에 동일시하고 있는 것이다. 왜냐하면 가족에서 가해자와 피해자가 제외되었기 때문이다. 이러한 이중 동일시는 정신분열증이나 조울증의 전형인 이중인격을 형성하는 원인 중에 하나다.

가족세우기 작업과 다양한 질병 사이의 관계는 다른 가족세우기 관련 책에서도 잘 정리되어 있기 때문에 여기서는 더 많은 예를 들지 않겠다. 헬링거 박사는 암과 정신분열증으로 고생하는 사람들을 포함해서 다양한 환자들에 대해서 조사와 연구를 했다. 이를 통해 헬링거 박사는 질병 뒤에 숨어 있는 어떤 역동을 발견했는데, 여기서는 그중 일부를 간단하게 언급했다. 이것은 가족세우기 세션에서 유효한 가설로 활용될 수 있을 것이다.

질병과 관련된 어떤 역동이 특정 가족세우기 세션의 사실과 맞는지 맞지 않는지를 확인하는 것은 중요하다. 치료자는 이론적인 개념들이 실체와 일치하는지 검증해 볼 준비를 하고 있어야만 한다. 헬링거 박사는 이것을 '현상학적 접근'이라고 불렀다. 그는 고정된 생각이나 편견을 갖지 않고, 현상을 지켜보고, 이 관찰을 통해 결론을 내려야 한다고 했다.

2부
현재 관계 이해하기

10
남녀 관계

 가족 체계에는 두 종류의 관계가 존재하는데, 하나는 부모-자녀 관계와 같은 상하 관계이고, 다른 하나는 부부 또는 연인 관계 같은 동등한 관계다.
 이번 10장에서는 동등한 관계인 남녀 관계가 부모-자녀 관계와는 무엇이 다른지, 그리고 남녀 관계가 어린 시절 부모-자녀 관계에 어떤 영향을 받는지 살펴볼 것이다.
 어른과 아이의 차이점을 살펴보면, 아이는 상대적으로 무력하여 책임을 거의 지지 않는 반면에, 어른은 자신이 한 행동에 대해 많은 책임을 진다는 것을 바로 알 수 있다.
 우리가 성장하기 위해서는, 어린애처럼 책임을 지지 않으려는 마음을 버리고 다른 사람에게 보살핌 받는 것을 포기할 준비가 되어야 한다. 이런 말이 당연한 것 같지만, 배우자와의 관계를 보면 우리는 마치 배우자가 우리를 위해서 무언가를 해줘야 하고, 그렇지 않으면 토라진 어린아이처럼 행동하는 자신을 발견하게 된다. 스스로 자신을 돌봐야 한다는 자연의 흐름을 우리는 어떤 식으로든 거스르면서 누군가가 자신을 돌봐주기 바란다.

주고받음의 균형(조화) ■ ■ ■

부모-자녀 관계를 살펴보면 관계의 불균형에 대해 쉽게 알 수 있다. 아이는 어른에게 의존하며, 부모는 자녀에게 더 많이 주고 아이는 더 많이 받는다. 하지만 부부 관계에서는, 두 사람이 거의 비슷하게 주고받는 역할을 하면서 주고받음의 균형을 맞추는 것을 볼 수 있다.

여기서 핵심은 남자는 자신에게 없는 것을 여자에게서 받고, 상대에게 없는 무엇을 준다는 것이다. 여자 또한 마찬가지다. 두 사람 모두 균형을 유지하면서 주고받을 수 있어야 하고, 또한 상대에게 자신은 무엇이 필요한지 보여 줄 준비가 되어 있어야만 한다.

이러한 주고받음은 물질·성·정서·심리·영 등 모든 차원에서 일어나는데, 이것이 서로의 언약을 깊게 하며 관계를 유지하게 만드는 기둥이다. 서로가 더 많이 주고받을수록, 그들 사이의 결속은 더욱 강해진다.

부모와 자녀 관계에서 긴밀한 유대는 이미 결정된 것이다. 아이는 좋든 싫든 부모에게 생물학적으로 결속된다. 남녀 관계에서는 상대를 선택할 자유가 있지만, 서로 무언가를 주고받으면서 긴밀한 유대가 생기면 이별은 어려워진다. 이것 때문에 사람들은 너무 많이 주고받을 때 두려움이 생긴다. 그들은 더 이상 자신이 원하는 것을 하지 못할까 봐 두려움을 느끼게 된다.

부모-자녀 관계의 내적 역동을 표현하기 위해서 사용하는 문장은 다음과 같다. '당신은 크고, 저는 작습니다. 당신은 주고, 저는 받습니다.' 남녀 관계에서는 서로에게 '나는 당신이 필요한 것을 갖고 있고 그것을 당신에게 주려고 합니다. 당신도 역시 내가 필요한 것을 갖고 있으며, 나는 당신으로부터 그것을 받을 준비가 되어 있습니다'라고 말하는 것이 더 적절하다.

문제가 시작 되는 곳 ■ ■ ■

　부부는 각자 자신의 원가족으로부터 짊어진 짐을 현재 관계에 가져오는 것을 보면, 부모 관계가 남녀 관계보다 더 강한 영향력이 있다는 것은 분명하다. 이미 앞에서 살펴보았듯이, 부모에게 무언가를 '주려고' 하는 사람이 있다면, 이것은 자연적인 위계와 가족 체계 질서를 거스르는 얽힘을 만들어낸다. 그리고 이 사람은 마치 자신의 배우자를 부모로 생각하면서 자신의 배우자에게서 무언가를 받으려고 할지도 모른다. 이렇게 되면, 모든 것이 뒤틀린다.

　이러한 상황을 치유하고 균형을 바로 잡기 위해서는, 부모와의 관계에서 부모 역할이 아니라 아이가 되어 '작아지고', '수축' 되어야만 한다. 그리고 배우자와의 관계에서는 더 많은 것을 주고 책임지는 법을 배우면서 '더욱 크게' 성장할 필요가 있다.

　주고받는 과정 속에서 일반적인 남녀 관계는 불균형의 순간과 불균형을 바로잡으려는 욕망 사이를 오락가락한다. 보통 이것이 남녀 사이의 긴장을 가져온다.

　하지만 문제가 더 복잡해질 때도 있다. 예를 들면 남편을 마치 부모 대하듯 하며 어린애처럼 행동하는 부인이 있다 치자. 그녀는 자기 스스로를 무기력하고 의존적으로 만든다. 남편은 아내가 자신에게 무언가를 해줄 능력이 없다는 것을 알고, 아내가 되돌려줄 수 있는 것보다 훨씬 더 많은 것을 준다. 결과적으로 아내는 부부 관계에서 도움을 받는 존재가 되었다. 아내는 끝없이 무언가를 기대하고, 보살핌을 받으려고 상황을 조종한다.

　한 가지 예로, 가족세우기 세션에서 몸이 아픈 어머니를 평생 돌보았던 여성이 자기 남편에게는 항상 도움이 필요한 아이처럼 굴었다. 현재 가족을 세우면서, 그녀는 자신이 엄마가 아니라 자녀인 것처럼, 자녀들 옆에 스스로를 세웠다. 부부 관계에서 더 많이 받은 것은 아내였지만, 정작 남편에게 두 자녀를 남기고 떠난 것도 그녀였다. 보통 더 많이 받은 사람이 관계를 청산하고 떠나게 된다.

그러나 이 경우, 남편 역시 아내가 떠난 것에 책임이 있다. 가족세우기를 통해서 남편은 마치 자신은 아무것도 필요 없다는 듯이 행동하면서, 아내가 요구하기도 전에 필요한 것을 제공하고, 마치 아내의 부모처럼 행동하고 있다는 것이 밝혀졌다. 남편은 아내가 원하는 것은 무엇이든지 줄 준비가 되어 있었고, 아내는 아무것도 되돌려 줄 필요가 없었다. 남편은 기본적으로 필요한 것이 많지 않았기 때문이다. 그녀는 어머니와 아내로서 책임지는 법을 배우지 못했고, 남편과의 관계에서도 균형을 회복할 기회가 없었다.

또 다른 예를 보면, 원하는 것은 무엇이든 충족되고 왕처럼 대접받았던 남자가 있었는데 결국 아내를 떠난 것은 그 남자였다. 일반적으로 불균형이 너무 커지면 이런 전형적인 상황이 벌어진다. 대부분의 경우 주는 것보다 받는 것이 더 어렵다. 받은 사람은 되돌려 주어야 한다는 압박감을 느끼면서도 되돌려 줄 기회가 없으면 관계를 끝내게 된다. 이 남자의 새 부인은 그에게 더 많은 것을 요구했고 부부 관계는 더욱 좋아졌다. 왜냐하면 그는 남자로서의 부족한 점과 특질을 인식하게 되었기 때문이다.

한쪽 배우자가 무의식적으로 상대에게 부모가 되어 달라고 요구할 때, 관계의 평형이 깨지면서 동등한 두 사람 사이의 균형에 혼란이 온다. 부부 관계에서는 한 쪽에서 상대에게 무언가를 요구하는 동시에 자신이 상대에게 돌려줄 것이 무언지 알아야 한다. 관계에서 어려운 점은 상대가 기꺼이 줄 마음이 있고 돌려줄 능력이 되는 만큼 주고, 또는 상대가 되돌려 받을 준비가 된 만큼 받는 것이다. 이것은 하나의 도전일 수 있다.

관계 역동에 대한 이 같은 통찰은 깊은 이해가 필요하다. 보통 두 사람 중 한 사람이 많이 주기만 하거나, 원가족 안에서 만들어진 행동 패턴에 따라 강박적으로 받기만 한다는 것을 모를 때 불균형이 생기고, 이런 불균형이 너무 커지면 관계가 끝난다.

예를 들어, 최근에 나를 찾아온 젊은 부부의 경우 아내는 남편에게 두 아이를 남기고 집을 나갔는데, 아내는 남편의 바람이 두 사람 사이에 문제를 일으켰다고 생각하여 테라피를 받으러 왔다.

세션을 하면서 드러난 사실은 부인에게는 조금이라도 기회만 있으면 남자를 떠나려는 성향이 있다는 것이었다. 전에도 몇 번 남자를 떠난 적이 있었는데, 그때마다 사소한 잘못을 따지면서 남자를 비난했다. 남편이 관계에 있어 아내보다 더 많이 노력하면서도, 아내에게는 너무 적게 요구한다는 것이 명백했다. 남편은 아내의 성향에 영향을 받아서 자신은 능력도 가치도 없다고 느끼면서 스스로에게 모든 비난의 화살을 돌렸다.

이 경우에, 아버지와 헤어진 어머니에게 물려받은 남자를 향한 분노를 아내가 스스로 책임지도록 도왔고, 자신이 한 행동보다 더 많이 비난받지 않도록 남편을 도왔다. 이 부부는 관계를 회복하지는 못했지만 평화롭게 헤어질 수 있었다.

사랑하는 남녀 관계에서, 선의의 교환으로 균형이 잡히고 그 균형이 유지되는 한, 서로에게 무언가를 요구를 하는 것은 건강한 반응이다. 만약 한 쪽 배우자가 자신이 필요한 것을 표현하지 않거나 받을 준비가 되지 않았을 때 혹은 줄 마음이 없을 때 문제가 생겨난다. 이와 비슷하게 한 쪽 배우자가 부모나 아이처럼 행동해도 문제가 생긴다. 이러한 두 가지 상황 모두 불균형을 초래할 것이고, 일정 기간 동안 이런 문제가 지속되면 대부분 헤어지게 된다.

핀란드의 기혼 남성 라르즈Lars는 8개월 된 딸을 지나치게 걱정하면서 부인보다 육아문제를 더 많이 책임지고 있었다. 이런 성향은 자신의 '남성성'에 대한 자신감이나 힘이 부족하다는 것을 보여 준다. 라르즈의 아버지는 어려서 아버지를 여의었다. 라르즈의 아버지와 할아버지를 포함한 가족의 모든 남자를 한 줄로 서게 하고 라르즈가 그 남자들의 맨 앞에 서자, 그들로부터 남성적인 힘을 받으면서 가족에 대한 긴장을 풀기 시작했다. 세션의 마무리에 라르즈는 웃으면서 "지금 나는 덜 중요한 사람입니다"라고 말했다. 이것은 라르즈가 아버지에 대해 책임감을 느끼면서 그 고통을 대신 짊어지려 했기 때문에, 남편과 아버지로서 힘이 부족했다는 것을 보여 주는 것이다.

진정한 균형을 유지하려면, 우리에게 생명을 준 부모에게는 아이가, 배우자에게는 성인이, 자녀에게는 부모가 되어야만 한다. 부모에게 충분한 사랑을 받지 못했다고 불평하는 대신에 부모의 역할에 충실하고, 세상에서는 어른으로서 책임을 다해야 한다. 가족 역동의 측면에서 보면, 인생에서 중요한 것은 우리가 무엇을 하고 어떻게 행동하느냐 하는 것이다. 아버지가 된 남자는 다른 이유가 아니라 생물학적인 아버지가 되기로 선택했기 때문에 아이를 책임져야 한다. 여기에서 자신이 아버지가 된 사실에 대해 어떻게 느끼느냐 하는 것은 상관없다.

사회성에 대한 가족세우기 모델은 이 짧은 문장으로 요약할 수 있다. 부모와의 관계에서 우리는 작고 부모는 크다. 자녀와의 관계에서 우리는 크고 아이들은 작다. 부부 관계에서 우리는 동등하다.

중요한 요점은 이것이다. 풀리지 않은 원가족 문제나 이전 배우자 때문에 성인끼리의 관계에서 '작다'고 느끼거나 아이처럼 배우자를 대한다면, 그 관계는 균형을 잃게 된다. 이러한 불균형은 어느 한 사람 때문에 발생할 수도 있고, 두 사람 모두와 연관된 문제일 수도 있다.

물론 두 사람 모두 어떤 문제를 갖고 있지만 기능적 조화를 이루는 경우도 많다. 서로가 서로의 필요를 채워주는 역할을 해줌으로써 두 사람 사이의 기능장애가 드러나지 않는 것이다. 예를 들어 피학적 경향을 가진 사람은 가학적인 사람이 필요하고, 지배하고 싶은 사람은 지배를 받고 싶은 사람이 필요하다. 만일 서로 이런 짝을 만날 경우 가끔은 완벽한 한 쌍이 되기도 한다. 어머니가 필요한 남자는 아들을 찾는 여자를 만날 수 있고, 여자를 존중하지 않는 남자는 남자로부터 존경받을 가치가 없다고 느끼는 여자를 만날 수 있다.

긍정적인 교환과 부정적인 교환 ■ ■ ■

주는 것과 받는 것 사이에 균형을 잡는 과정은 시계추의 왕복운동과도 같다. 만약 내가 당신을 위해서 무엇을 하면, 결국은 당신이 나에게 무언가를 해주려는 필요를 느끼면서 역동이 생겨난다. 이러한 역동은 의식적이거나 계약에 의한 교환이 아니라, 개인의 양심에 의해 자연적으로 만들어진 교류의 역동이다.

이것이 긍정적으로 작동할 때는 관계가 어떻게 될지 분명하다. 우리는 서로 조화롭게 주고받으며 서로에게 연결된다. 당신을 향한 나의 사랑이 당신에게 무언가를 주게 만들고, 당신이 나에게 아름다운 그 무엇을 받으면 당신 안에는 다시 보답하고자 하는 마음이 생긴다. 이런 식으로 시계추가 움직일 때마다 관계는 계속해서 깊어지는데, 이것이 바로 긍정적인 교환이다.

그렇지만 시계추의 왕복운동이 우리가 서로에게 불편하고 고통스럽고 장애를 일으키는 일을 할 때는 부정적으로 작동하기도 한다. 다시 말해서, 내가 당신을 심하게 대하거나 물질적·감정적으로 무언가를 빼앗으면, 당신은 그에 대한 보상으로 나에게서 무언가를 뺏고 싶은 마음이 들 것이다.

남편을 속였던 여성의 사례를 보자. 아내가 다른 남자와 바람을 피워서 부부 관계에 금이 갔을 경우, 대부분의 사람은 남편이 모든 것을 이해하고 아내를 용서하는 것이 가장 성숙하고 교양 있는 행동이라고 생각할 것이다.

하지만 이것은 가족 역동의 법칙을 따르지 않는 것이다. 균형의 법칙에 따르면, 관계의 균형을 유지하려면 아내의 진실한 희생을 요구해야 한다. 남편은 아내에게 그녀가 내주기 힘든 어떤 것을 요구해야 한다. 아내는 남편이 중요하다고 생각하는 것을 들어 주기 위해서 자신이 중요하게 생각하는 어떤 것을 포기해야만 한다. 예를 들면 아내는 남편과 주말 등산을 가기 위해서 자신의 중요한 비즈니스 미팅을 취소할 수 있다. 이러한 희생의 가치는 주관적이며, 마음에 없는 공허한 행동이 아니라, 실제로 잘못을 한 배우자에게 손해를 끼칠 수 있는 것이어야만 한다.

기독교 사회에서는 용서를 미덕으로 여긴다. 그러나 가족 체계에서 이런 미덕은 다른 사람에 대한 경멸을 암시하기도 한다. 왜냐하면 용서란 상대를 아래로 내려다보며, 자신은 도덕적으로 우월한 자리에 선다는 뜻이기 때문이다. 그것은 나는 '당신보다 더 신성한' 사람이라는 표현이 될 수도 있다. 이 세상 그 누구도 다른 사람을 용서하거나 다른 사람에게 용서를 구할 권리가 없다. 그렇게 하면 관계의 균형이 깨지기 때문이다. 게다가 용서를 구하는 사람은 자신이 한 행위의 결과를 책임지지 않고, 오히려 상대에게 무엇을 해주기를 바란다. '미안해'와 '용서해 줘'는 차이가 있다. 대부분의 경우 용서해 준 사람은 나중에 기회가 생길 때마다 그 문제를 계속해서 끄집어내는데, 이것은 두 사람 사이의 관계에 균형이 깨졌다는 것을 나타낸다.

다른 예를 들어 보자. 아내가 원가족의 운명과 얽혀 있어서 남편에게는 큰 관심이 없다. 그래서 남편은 바람을 피우면서 균형을 잡는다. 유부남의 아이를 가진 여자가 있다. 하지만 남자는 아이의 양육을 돕지도 않고 그 여자를 떠나지도 않는다. 여자는 남자가 아이를 만나지 못하게 하면서 복수한다.

이것이 부정적인 방향으로 주고받을 때 일어나는 파장이다. 시계추가 한 쪽에서 다른 쪽으로 흔들릴 때, 만일 서로 상대가 준 것보다 적은 희생을 요구하면, 상처는 치료되고 균형이 회복된다. 반대로 균형을 잡으려고 한 행동이, 받은 상처보다 더 크다면 부정적인 교환이 깊어지면서 악순환에 빠질 위험이 있다. 이 경우 상대는 부정적인 것을 더 많이 돌려주고, 상대에게 받은 것보다 더 큰 상처를 입힌다. 이런 식으로 복수는 꼬리에 꼬리를 물게 된다.

만약 잘못을 저지른 남편이 아내에게 부정적인 것을 더 많이 돌려준다면, 예를 들어 아내와 말을 하지 않으면서 다른 여자와 바람을 피운다면, 이 부부의 사랑은 곧 깨진다. 만약 이런 식으로 균형을 잡기 위한 앙갚음이 계속된다면 관계는 파괴된다. 건강한 교류를 하는 부부는 부정적인 것을 돌려주되 조금 적게 돌려준다. 이것은 결국 긍정적인 교환으로 돌아가게 해줄 것이다.

그리고 긍정적인 교환에서는 받은 것보다 조금 더 많이 주고, 부정적인 교환에서는 더 적게 돌려준다. 서로 사랑하기 때문이다.

매일같이 우리가 서로에게 좋은 일과 나쁜 일을 얼마나 했는지 확인하고, 균형을 맞추는 일은 어려운 일이며 세심한 주의가 필요한 듯 보인다. 그러나 우리는 대부분 가슴 깊은 곳에서 우리가 받는 것보다 더 많이 주는지, 준 것보다 더 많이 받고 있지 않는지 알고 있다. 하지만, 우리 가슴 한구석에서는 그 사실을 인정하고 싶어하지 않을 수도 있다. 우리는 보통 우리가 준 것을 모두 되돌려 받았는지, 상대에게 지나친 요구를 하고 있지는 않은지 잘 알고 있다.

이런 생각들은 의식적인 마음의 표면에 있는 것이 아니라서 가슴을 열고 그것을 받아들이지 않을 수도 있다. 그러나 보통 마음 깊은 곳에서는 관계에 균형이 잡혔는지 아닌지를 알고 있으며, 그 진실이 가족세우기 세션을 통해 나타난다. 비록 처음에는 내담자가 분명히 알지 못하더라도, 부부 치료사나 상담자 눈에는 분명하게 보일 것이다.

외국 여성과 사랑에 빠진 이탈리아 남자가 여자에게 고국의 직장을 버리고 이탈리아로 와서 함께 살자고 제안했다. 여자가 직장을 그만두고 남자와 살기 위해 밀라노 공항에 도착했을 때, 남자가 여행 가방을 들고 "나 왔어요"라고 말하는 자신을 별로 달가워하지 않는 것을 느꼈다.

여자는 남자를 비난하거나 '피해자 역할'에 빠지지 않고, 분명하게 자신의 느낌을 말하면서 남자가 진심을 털어놓게 했으며, 남자에게 고향으로 돌아갈 비행기 티켓을 사달라고 요구했다. 남자가 사준 비행기 티켓은 여자가 분노를 가라앉히고 피해자의 느낌을 극복하는 데 도움을 주었고, 약속을 해놓고 지키기 못한 남자의 죄책감을 극복하는 데도 도움이 되었다.

이것은 우리가 중요하게 생각하는 것을 어떻게 요구하고, 빚진 것을 어떻게 갚아야 하는지 보여 주는 간단한 사례다. 균형의 법칙은 우리가 이렇게 할 필요가 있다는 것을 알게 해준다. 만약 '죄 없는' 사람이 배상을 요구하지 않으면, 균형의 법칙에 따라 그 사람은 '죄인' 역할을 하고 있는 자신의 배우자보다 우월한 자리에 서게 되면서 관계에 '악영향을 끼치는' 사람이 된다.

죄 없는 사람의 오만이 관계를 파괴하는 경우가 많다. 성스러운 사람들이 잘못을 한 '죄인'들보다 관계의 균형을 파괴하는 데 책임이 더 크다. 잘못한 사람들은 적어도 죄인들이 성인들보다 더 겸손하고 덜 오만하다는 것을 안다.

한쪽 뺨을 때리면 다른 쪽 뺨도 내주라는 기독교의 덕목은, 친구와 연인 사이의 관계에 있어 균형을 맞추게 하려는 자연적 요구를 흐리게 만든다. 균형의 법칙은 우리가 상대에게 어떤 것을 요구할 권리를 가지는 동시에, 상대도 우리에게 무언가를 요구할 권리를 가진다는 것을 분명하게 해준다. 관계를 유지하기 위해서는 상대가 우리에게 요구하는 것이 무엇인가를 알아야만 한다.

다른 사람에게 무언가를 요구하는 것은 친밀감의 문제이며, 이것은 우리의 관계를 시험하고, 그 관계가 어디까지 깊어질 수 있는지 탐험하게 한다. 우리는 자신의 한계와 실제 능력을 가식 없이 인정해야만 한다. 이것이 모든 사람이 관계 안에서 스스로 해야 하는 작업이다. 섬세하고 힘든 작업일 수 있지만 내면을 성숙하게 한다. 우리는 약점과 단점을 가진 평범한 인간이기 때문에,

조건 없이 사랑할 수 없다.

관계의 유대 ■ ■ ■

남녀가 성관계를 맺는 순간, 결속이 생긴다. 이것은 부모를 하나로 묶고, 현대의 피임기술이 없었다면 남녀의 성적 결합의 결과로 태어났을 아이를 돌보게 하려는 자연의 내적인 힘이고, 생물학적인 결속이다. 이것이 바로 종족의 생존을 보장하는 자연의 방식이고, 때로는 사랑으로 오해되기도 한다. 왜냐하면 유대감이 두 사람을 하나로 묶고 헤어지기 어렵게 만들기 때문이다.

결속은 사랑과 애정의 형태로 나타나지만, 그렇지 않을 수도 있다. 사랑이 있는 성관계는 자연히 결속을 더 강하게 한다. 대개는 첫사랑과 매우 강한 유대감을 갖게 되고, 그 이후로는 새로운 사람을 만날 때마다 결속력이 약해지는 경향이 있다.

우리 대부분은 아마 나중에 만난 이성보다는 예전에 만났던 이성과 헤어지기가 더 힘들었을 것이고, 아마도 첫사랑과 헤어지는 고통이 가장 컸을 것이다. 이별하며 받는 고통의 크기는 두 사람의 유대가 얼마나 강한지 보여 준다. 세월이 흘러 다섯 번째, 여섯 번째 만난 이성과 헤어질 때는 고통도 적어지고, 금방 '극복할 수 있게' 된다.

나중에 만난 이성과의 사랑이 예전에 만난 사람과의 사랑보다 더 깊을 수는 있지만, 생물학적 유대감은 다소 줄어든다. 이런 관점에서 보면 사랑과 유대는 별개라는 것을 알게 된다.

특정 관계의 결속력이 어느 정도인지를 측정할 때, 각 관계의 여러 가지 측면을 살펴볼 필요가 있다. 예를 들면 하룻밤 풋사랑은 당연히 강한 결속을 만들지 못하지만, 결속력이 생겼다는 사실을 무시할 수는 없다. 강간의 경우, 폭력이 포함되었기 때문에 하룻밤 풋사랑보다 더 큰 유대감이 생긴다. 여자는 자신의 의지에 반해 폭행당했고, 그 고통과 분노는 종종 사랑보다 더 강한 유대감을 형성하기도 한다.

우리는 가끔 생각 없이 아무하고나 성관계를 맺는다. 하지만 사실은 당신이 누군가와 성관계를 맺는 순간 중요한 일이 일어나고, 당신은 그것에 대한 의무를 져야 한다. 가족 역동의 무의식적인 힘을 이해한다면 하룻밤의 관계를 포함한 모든 성관계를 기억하고 존중해야 한다.

한번 생긴 유대감은 그리 쉽게 풀리지 않는다. 만약 이전 배우자에게 진심으로 감사하고 인생에서 그 사람의 소중함을 기억한다면, 당신은 이전 배우자를 진실로 떠날 수 있게 된다. 만약 이렇게 하지 않으면, 진실로 헤어지지 못하고 유대는 계속되기 때문에 새로운 사람과 가까워지기 어렵거나 가까워질 수 없을 것이다. 게다가 새로운 사람은 당신의 이전 배우자에게 동정심을 느끼게 될 것이다. 예를 들어 만약 한 남자가 상실감이나 고통을 느끼지 않고 이전 배우자를 쉽게 떠났다면, 그의 새로운 배우자는 자신도 같은 일을 당할까 봐 염려하게 될 것이다. 그러면 어떻게 이 여자가 진심으로 마음을 열고 그를 신뢰할 수 있겠는가?

한 부부가 자신들이 원하는 깊은 친밀감을 느낄 수 없어서 세션을 받으러 왔다. 부인과 전남편 사이에 딸 하나가 있다. 가족세우기에서 지금의 남편과 전남편을 세우자, 이 여성의 대리인은 전남편을 바라보았고, 현재 남편은 그 옆에 서 있었다.

여성에게 이런 정황에서 뭐가 보이는지 묻자, "이 남자(전남편)와 결혼한 것은 실수였어요"라고 말했다. 이 말은 그녀가 폭력을 행사한 전남편을 원망하고 있기 때문에 전남편을 존중할 수 없다는 뜻이다. 이 상태에서 그녀는 전남편을 떠나보낼 수 없었고, 그녀의 분노는 전남편과 강한 유대를 형성하여 새로운 관계를 시작할 수 없게 만들었다.

첫 번째 관계는 강한 유대를 만들지만, 본질적으로 한 관계가 다른 관계보다 더 좋거나 나쁘다는 것이 아니다. 단지 우리가 인생에서 무엇을 하건 그것이 원인이 되어 다른 결과가 생긴다는 것을 이해해야 한다는 뜻이다. 특히 이것은 성처럼 친밀하고 생물학적으로 근원적인 진실이다.

결속의 정도는 좋은 일이나 나쁜 일이 생길 때, 두 사람이 얼마나 함께하고 싶어하는지에 영향을 준다. 두 사람 사이에 유대가 없다면 어려움이 생기면 바로 헤어지고, 유대가 강하다면 서로 어려움을 참고 이겨내며 함께할 수 있다.

결속력에는 다른 측면도 있다. 두 사람이 사랑하면 결속력이 강해지고, 활발하고 건강한 주고받음의 교환이 일어나면 결속력이 훨씬 더 강력해진다는 것이다.

가족세우기를 해보면, 인간이 깊은 유대관계를 맺는 데는 한계가 있다는 것을 알 수 있다. 이미 언급했듯이, 결속력은 어렸을 때 맺은 관계일수록 더 강하고 새로운 이성을 만날 때마다 약해지는 경향이 있기 때문에, 많은 사람과 이성 관계를 가진 뒤에는 강한 결속력을 갖기 어렵다.

한 사람과 관계를 하거나 여러 사람과 관계를 맺는 것 중 어느 쪽이 더 좋거나 나쁘다는 말이 아니다. 각각의 선택에 따라 결과가 달라진다는 뜻이다. 어떤 선택을 하고 나면 다른 가능성은 사라진다. 우리의 삶은 우리가 선택한 것에 의해 틀이 잡혀간다. 우리의 삶은 이전의 선택에 따라 독특한 형태를 갖게 된다. 이 말은 우리가 이미 했거나 하고 있는 일의 결과와 직면해야 한다는 뜻이다.

깊은 사랑에 빠지지 않았다 하더라도, 성관계는 그 사람과 함께했다는 이유만으로도 당신의 삶에 크건 작건 영향을 주기 때문에 이 현상을 이해할 필요가 있다. 예를 들어 가족세우기에 온 여성 내담자가 아직도 얽혀 있는 옛날 관계를 마무리 짓고 싶어한다면, 그녀는 전남편에게 이렇게 말할 수 있을 것이다. "우리가 함께했던 시간에 감사해요. 나는 그 시간으로 인해 많은 것을 받았고, 당신이 내게 준 것을 소중히 간직할 거예요. 당신에게 드린 내 사랑도 잘 간직해 주세요."

이 말을 통해 여성은, 그 남자가 자신의 인생에 존재했다는 것을 인정하고, 남자와의 관계가 편안해진다. 상대에 대한 존중이 가슴에서 우러나올 때, 옛 관계를 마무리 지을 수 있고, 이제 그 여자의 에너지는 자유로워져서 새로운 사람을 만날 수 있을 것이다.

사랑에서 시작된 것은 사랑으로만 마무리 지을 수 있다. 누군가를 많이 사랑할수록 이별의 고통은 커진다. 이러한 고통을 느끼는 것은 두 사람 모두에게 꼭 필요하고, 치유를 불러온다. 이것이 자신의 인생에서 다른 사람의 영향을 인정하는 방법이다. 그렇게 하지 않으면 여전히 가슴 깊은 층에서는 그 사람과의 유대감이 남아 있어서 다른 사람을 만날 수 없다. 만일 그와의 사랑을 인정하기만 한다면 우리는 풍요로워지며 자신의 힘을 되찾게 되고, 새로운 이성이 다가올 때 온전히 사랑할 수 있는 자유를 얻는다.

관계의 질서 ■ ■ ■

이미 살펴본 것처럼, 신성한 질서에 따라 부모가 먼저고 아이들은 나중이다. 하지만 현재 가족인 부부에게는 먼저와 나중이 없다. 남자와 여자는 동시에 관계를 시작하고, 시간적인 측면에서 남녀 사이에 서열은 존재하지 않는다.

하지만 실제로 많은 가족세우기를 관찰해 보면, 가족세우기 그림에서 남자가 맨 앞에 설 때 가족 구성원들이 편안함을 느낀다. 그 이유를 이해하기는 어렵지 않은데, 전통적으로 남자가 가족의 생계와 안전을 책임지기 때문이다. 여자가 아이들을 돌보고 가족 '안' 의 중요한 일을 하는 동안, 남자는 외부환경으로부터 가족의 안전과 안녕을 책임진다. 남자가 가족의 안전을 책임지는 사람이기 때문에, 남자가 가족세우기 그림에서 맨 앞자리에 선다.

물론 남자를 앞에 세우는 것이 절대법칙은 아니며, 치료자는 각 내담자에 따라 가장 적합한 순서를 정해야 한다. 특히 오늘날처럼 여성 차별에 민감하고 동등한 성 관념이 발달한 분위기에서 이 점은 논쟁을 불러 올 수도 있다.

요즘에는 여성이 가족의 생계를 책임지기도 한다. 이때에는 여자가 맨 앞자리에 서야 한다. 또 여자가 앞에서야 하는 특별한 경우가 있는데, 예를 들어 아이를 낳다가 산모가 죽었거나, 아주 고통스러운 사건이나 친정에 힘든 일이 생겼을 때다. 이런 경우, 과거의 고통을 존중하기 위해서 이 여성이 첫 번째 자리를 차지하는 것이 낫다. 그래서 가족 안의 남녀의 기능, 역할, 또는 과거의 비극적인 사건의 무게 등이 가족세우기에서 배치 순서를 정하는 데 도움이 된다. 나는 서로를 쉽게 느낄 수 있는 장소를 찾아서, 질서에 따라 시계 방향으로 원을 그리듯이 가족을 세운다.

남자를 앞에 세우는 것을 이해하기 위해서 부족 문화를 살펴볼 필요가 있다. 왜냐하면 가족세우기 역동은 생명의 위협이 되는 외부의 공격에게서 가족을 보호하던 시절부터 내려오는 조상들의 유산에 깊게 뿌리내리고 있기 때문이다. 이 같은 원시문화에서는 남자가 아내와 아이들뿐 아니라 부족 전체의 안전을 책임진다는 데 아무도 의문을 갖지 않는다. 이런 역할을 하는 남자는 위험한 상황에서 가족 전체가 그를 따르도록 하는데, 그렇지 않으면 가족을 보호할 수 없기 때문이다.

이처럼 원시 부족 사회에서 남자는 거역할 수 없는 막중한 책임을 진다. 그의 권위는 절대적인 것이다. 만일 그의 권위에 의문을 가진다면 가족 전체를 위험에 빠뜨릴 수도 있다. 그러므로 가족세우기의 질서에 따라 전체의 안전을 책임지는 사람이 가족 서열에서 가장 먼저 서야 되고, 보통 그 사람은 남자가 된다.

그렇지만 가족 안에서 실제로 중요한 사람은 여자이며, 그중에서도 어머니가 가장 중요하다. 어머니는 아이를 낳고 돌보기 때문이다. 그러므로 남자가 무엇을 하든지 그것은 '여성'을 위해 해야만 한다. '여성'이라고 해서 남자가 그 여자를 위해서만 봉사한다는 뜻은 아니다. 남자가 여자만을 위해 봉사할 경우, 남자는 여자를 마치 어머니처럼 대할 위험이 있다. 남자는 여성원리(현대 여성원리 이론 가운데 가장 큰 영향을 미치고 있는 것이 융이 그의 분석심리학에서 말하는 아니마다.—편집자 주)와, 아내와 아이들을 돌보고 전체적으로는 부족 전체의 안녕을 위해 봉사한다. 남자는 가족의 복지를 위해 일하고, 그의 권위는 부인과 아이들, 미래에 태어날 후손을 위해 사용되어야 한다.

헬링거 박사는 이렇게 말했다. "**여자는 남자를 따르고, 남자는 여성에게 봉사한다.**" 이 말은 남자가 여자를 지배하는 남성우월을 옹호하는 것으로 오해할 수 있는 논쟁의 소지가 있다. 하지만 그 말을 문자 그대로 해석하지 말고 은유적으로 이해해야 한다. 헬링거 박사의 요점은 남성우월주의자들의 말과는 달리 남자가 여성에게 봉사할 때만 여자가 남자를 따르는 것이 옳다는 것이다. 남자가 가족을 위해 재정적 책임을 지고 물질을 공급할 때에만 이러한 대우를 받을 수 있다.

나는 다시 한 번 우리가 이상적이고 철학적인 현대사조에 대해 이야기하고 있는 것이 아니라는 것을 강조한다. 우리는 과거로부터 불필요한 짐을 내려놓기 위해 가족 역동의 기본적인 원리를 알아보고, 이해하려고 노력하는 것이다. 가족세우기 세션에서 치료자는 이 원리를 어떻게 적용해야 내담자에게 편안함과 평화와 자유를 줄 수 있는지 알아야 한다.

국제결혼을 한 예로 들어 보자. 일반적으로 여자가 남자 나라에 가서 살게 되면 그 반대의 경우보다 성공 확률이 높다.

전통적으로 이것이 거의 모든 문화권에서 일어난 일이다. 어린 신부가 시집의 가사 일을 하거나 시부모를 모신다. 드물게는 남자가 처가살이를 하기도 하지만, 이 경우 관계가 원만하지 않은 경우가 많다. 이 말은 그것이 불가능하다는 뜻이 아니라 문제를 일으킬 소지가 더 많다는 뜻이다.

이것을 다른 관점에서, 만일 가족세우기의 세션을 통해 이런 패턴을 이해하게 된다면, 그 사람은 어려움을 이해하고 다시 균형을 잡고 문제를 극복할 가능성을 높일 수도 있다.

오늘날 유럽이나 미국과 같은 선진국에서는 모든 것이 급변하고 있기 때문에, 우리는 사회 변화의 방향에 민감하게 열려 있어야 하고, 특히 성역할의 급격한 변화를 주목해야 한다. 남녀의 역할은 더 이상 명확하게 구분되지 않는다. 이것은 평등화의 과정이고, 이 자체가 좋거나 나쁘다고 말할 수는 없다. 사실 성역할의 경계가 흐려지기 시작한 것은 오래됐다. 과학기술이 진보된 국가에서는 대부분 1980년 전까지 존재했던 성 도덕 규범, 계급, 성차별이 거의 사라졌다.

그래서 가족세우기에서는 이론적인 편견을 버리고, 신선한 눈으로 가족과 관계를 살펴보아야 한다. 만약 우리가 어떤 관계나 가족 문제의 최선의 해결책을 찾고 싶다면 전통적인 관습이나 현대적인 태도는 무시해야 한다. 실제 일어나는 일을 객관적으로 관찰하고, 그 결과를 바탕으로 결정해야 한다.

최근 증가 추세에 있는 성역할의 혼란은 남녀 모두에게 불안감을 조성한다. 이때 가족세우기는 큰 도움이 될 수 있다. 가족세우기는 특정한 상황 속에서 가족 구성원들과 남녀 관계를 점검하면서 그들이 타고난 남성적·여성적 힘에 집중하고, 가족 체계 안에서 제자리를 찾아가도록 돕는다.

11
관계 안에서 성장하기

 짝을 찾는 것은 모든 동물의 타고난 습성이다. 인간도 예외는 아니다. 남녀 사이의 성적 끌림은 남녀가 만나서 계속 함께 있게 만들고, 아이가 생기면 가족으로 변형된다. 아이가 태어나지 않으면 인간이라는 종족이 사라진다는 것은 분명하지만, 남녀를 만나게 하는 원초적인 힘은 남성·여성이라는 극성의 끌림이다. 동물의 세계에서는 이것을 짝짓기라고 하고, 인간의 경우는 사랑, 성, 결혼이라고 부른다.
 성적인 차원에서 남자와 여자는 자석의 양극과 음극 같아서, 이것은 본인의 통제를 넘어서 서로를 끌어당기며 자신의 의지와는 상관없이 작용한다. 남자가 자신의 남성성에, 여성은 자신의 여성적 에너지에 더 굳건히 뿌리내릴수록, 남녀 사이에 극성이 커지고 매력이 커진다.
 남자와 여자는 서로 가까워지기를 원하고, 서로에게 녹아들어 하나가 되고 싶어한다. 이렇게 되려면 서로의 차이점을 없애야 한다. 이것이 연애의 가장 깊은 열망 중 하나다. 차이점을 없애고 사랑하는 사람과 하나가 되는 것. 그러나 서로를 끌어당기던 힘은 남녀가 함께하자마자 극성을 잃어버리게 때문에 다시 떨어질 필요가 생긴다. 여러 남녀 관계를 살펴보면 서로를 끌어당겨 연인이 되게 하는 첫 번째 힘과 서로를 밀어내는 두 번째 힘이 있다는 것을 알게 된다. 그래서 이 두 힘이 끝없는 움직임을 만든다.

성적인 극성은 남녀 사이에 큰 차이가 있다는 것을 나타낸다. 그 차이는 '화성에서 온 남자 금성에서 온 여자'라는 말로 간단히 표현해 볼 수 있다. 남녀 차이는 서로 조화를 이루기도 하고, 서로 가까이 가지 못하게 만들기도 하면서 강한 끌림의 평행선을 이룬다. 이것이 남녀 관계의 일종의 딜레마다.

금성인과 화성인은 하나의 세계를 다른 눈으로 바라보고, 자신이 바라본 것을 서로 나누고 싶어한다. 남자는 여자가 그의 방식으로 사물을 보길 원하고, 여자는 남자가 자신이 느끼는 것처럼 느끼기를 바란다. 예를 들어 여자는 남자가 왜 그렇게 차갑고 고집불통에다가 그녀의 기분을 알아주지 않는지 의문이고, 남자는 여자가 왜 사물을 비이성적으로 바라보고, 감정이 변덕스럽게 급변하는지 알 수 없다.

다시 말해서, 남녀는 서로에게 자신이 사물을 보듯이 보고, 자신이 느끼듯이 느끼고, 자신과 같은 가치관, 민감성, 기대를 가지고 세상을 바라보기를 기대한다는 것이다.

차이점 존중하기 ■ ■ ■

관계의 기본은 다른 사람의 차이점과 공통점을 존중하는 것이다. 우리가 이성 간의 차이를 받아들이면, 그 차이를 없애거나 바꾸려고 하지 않고 서로의 다름을 즐기게 된다. 여자는 남자에게 영원히 풀리지 않고 풀 수도 없는 흥미로운 퍼즐처럼 신비롭고, 남자 역시 여자에게 알 수 없는 존재다. 서로를 완전히 이해할 필요도 없다.

동등하게 반대 극성을 받아들이면, 중국의 음양 상징처럼 완전한 하나가 된다. 이런 식으로 두 개의 반대극성이 상호 보완하여, 개인은 단순한 반쪽 이상이 된다.

10년 이상을 함께 살아온 독일인 마틴Martin과 스테파니Stephanie의 관계를 살펴보자. 부인 스테파니는 여러 가지 일을 한꺼번에 쉽게 하지만, 마틴은 절대 그렇게 하지 못한다.

마틴은 편안하게 어떤 일을 하려면, 한 번에 하나씩 해야지 다른 일과는 같이 못한다. 만일 마틴이 부인 스테파니처럼 한꺼번에 대여섯 가지 일을 한다면, 금방 긴장하고 모든 일을 망치게 된다.

반대로 마틴이 부인이 일하는 방식을 제지하고 자신의 처리 방식대로 일을 하게 하면, 갈등이 생기고 일이 제대로 되지 않을 것이다.

하지만 마틴이 부인도 자신의 방식대로 일을 해야 한다는 생각을 버리고 부인의 방식대로 일을 처리할 수 있게 놔두면, 두 사람의 관계는 확장된다. 마틴이 '아하, 이것이 스테파니의 일처리 방식이구나. 음, 내가 내 방식대로 할 때 일이 잘되는 것처럼 그녀에게는 그녀에게 맞는 방식이 있구나'라고 생각할 수 있으면, 그는 여성의 본질에 대해 더 깊게 이해하게 된다. 이것은 마틴의 목표 지향적이고 기계적인 태도를 완화시키고, 주변 세상을 좀 더 넓은 시각으로 보게 한다. 또한 그의 내면에 숨어 있던 가능성을 발견하고, 새로운 일처리 방법까지 터득하게 될 수도 있다.

이것이 남녀 관계에서 처음 만나는 장애다. 사랑에 빠져 함께 살기로 결정하는 것도 어렵지만, 이성을 통해 배우고 성장하는 것은 훨씬 더 어려운 일이다.

동성: 조금 약한 극성 ■ ■ ■

지금까지는 이성 관계에 대해 알아보았는데, 동성 관계에서는 상황이 아주 다르다. 동성 관계에서는 남녀 관계에 존재하는 반대되는 에너지 사이의 끌림이 빠져 있다.

오래된 동성 관계에서 한 사람이 '여자' 역할을, 다른 한 사람이 '남자' 역할을 맡는다는 것은 사실이다. 그러나 일반적으로 이성 관계처럼 강한 극성을 갖지는 못한다. 그래서 동성 부부나 동성 연인은 쉽게 조화를 이루고 편안하게 지내는 반면, 관계의 역동성과 신비로움이 적고, 개인적 성장과 변형의 기회도 적다는 단점이 있다.

일반적으로 동성애자는 진지한 관계를 맺고 있는 이성애자들보다 친밀함을 통해 배우는 것이 적다.

가족의 차이 받아들이기 ■ ■ ■

이성 관계에서 서로의 차이를 받아들이는 것이 얼마나 어려운지 알게 되면, 원가족과 가깝게 연결된 배우자를 받아들이는 것이 얼마나 힘들지 상상할 수 있다.

원가족은 우리의 신념체계와 가치관, 세계관뿐 아니라 이성에 대한 인상에까지 영향을 주는데, 특히 어머니의 남성상과 아버지의 여성상이 중요하다.

그러므로 관계에 있어 두 번째로 중요한 교훈은 다음과 같다. 당신의 배우자를 단순히 이성이라고 보지 말고, 당신과는 다른 가치관과 신념체계를 가진 가족에서 자라난 사람이라는 것을 인지해야 한다. 때로는 당신의 가족과는 완전히 다른 가풍 속에서 자랐을 수도 있다.

사랑을 하게 되면, 단순히 한 남자나 한 여자만을 당신 인생에 받아들이게 되는 것이 아니다. 그 사람은 한 묶음의 부분처럼 자신의 가족 전체를 배경으로 깔고 들어온다. 이 말은 당신과 반대 성을 가진 한 사람에 대해 배워야 할 뿐만 아니라, 당신의 부모나 가족과는 전혀 다른 상대의 부모와 가족까지 존경하고 사랑할 필요가 있다는 것이다. 아마도 이것이 훨씬 더 힘들지 모른다.

예를 들어, 가톨릭 집안의 남자가 개신교를 믿는 여자와 결혼했다고 가정해 보자. 남자는 자신의 가족과 가톨릭의 전통을 따르고, 여자는 개신교를 믿는 원가족에게 충실하다. 가톨릭과 개신교는 기독교라는 같은 뿌리를 두고 있지만, 의식과 믿음 체계에는 공통점을 찾기 어려울 정도로 차이가 많다. 이 사실이 남자와 여자가 진실로 가까워지지 못하게 만든다.

두 사람에게 아기가 생기면 문제가 더 커진다. 부인은 자신의 원가족에서 배운 대로 아이를 기르고 싶어한다. 남자는 아버지로서 아이가 자신의 원가족이 세상을 보는 방식대로 세상을 보기를 바란다. 만약 이런 일이 발생하면 자녀 교육 문제 때문에 지속적인 대립이 생길 것이다.

부인을 존중하고 부인과 가까워지기 위해서, 남편은 자신의 믿음만큼이나 중요한 아내의 성장 배경과 믿음 체계를 이해해야 하고 받아들여야 한다. 이렇게 하기 위해서 남자는 자신의 원가족과 거리를 두어야만 한다. 어느 순간에는 남편과 부인은 모두 원가족에서 빠져나와 자신의 원가족을 뒤로 해야 한다.

물론 첫 발을 떼기가 쉽지는 않다. 왜냐하면 남편은 가족의 가치관과 동일시를 멈추고, 부인 또한 남편이 그랬듯이 그녀의 원가족으로부터 거리를 둬야 하기 때문이다. 이 경우 남편은 배우자의 개신교적 전통이 가톨릭적 전통보다 더 나쁘거나 좋은 것이 아니라는 것을 받아들여야 한다.

이것은 결코 쉬운 일은 아니다. 가톨릭을 믿는 식구들에게 개신교가 천주교보다 더 좋거나 나쁘지 않다고 말한다고 생각해 보라. 마치 당신은 식구들을 버리거나 배신하는 것 같아서 죄책감이 들 것이다.

스페인 여성 로레나Lorena는 쿠바인 전남편 사이에 두 명의 아이를 두었다. 로레나는 전남편과 진정으로 화해하고 싶어서 가족세우기 세션을 받으러 왔다. 전남편은 그녀를 떠나 미국으로 갔다. 처음에는 세션이 천천히 진행되다가, 스페인과 쿠바 대리인을 세우자 모든 에너지가 활발히 움직이기 시작했다. 쿠바 대리인이 스페인 대리인을 향해 주먹을 움켜쥐자 스페인 대리인이 한발 물러선다. 로레나의 전남편이 쿠바를 동일시하고 있다는 것이 분명했다. 그는 캐리비안 원정 역사에서 스페인의 식민 지배를 받았던 쿠바인들의 분노를 마음 깊이 담고 있었다. 그는 아마도 조상들에 대한 죄책감 때문에 스페인 부인을 떠났을 것이다. 로레나는 이제 이 상황의 역동을 이해하고 모든 쿠바인에게 공손히 절을 하고, 마침내 아이 아버지로서 전남편을 존중하고 화해할 수 있었다.

최근에 상담세션을 하다가 독일인 남자친구와 결혼하기로 한 젊은 이스라엘 여성과 이야기를 할 기회가 있었다. 이 여성의 유태인 어머니는 딸의 결혼 소식을 듣자 모녀지간의 인연을 끊겠다고 선언한 뒤 다시는 찾지도 않고, 말도 하지 않았다고 한다. 게다가 그녀의 이스라엘 친구들은 어머니 편을 들면서 "너 지금 불쌍하신 어머니한테 무슨 짓을 하는 거니?"라며 그녀를 나무랐다.

이 젊은 여성은 옴짝달싹도 못 하게 두 벽 사이에 끼인 것처럼, 어느 쪽으로 가기도 힘들다. 결혼을 한다면 어머니에게, 결혼을 하지 않으면 남자친구에게 죄책감을 느낄 것이기 때문이다.

그녀가 어머니와의 이별을 받아들이고, 죄책감을 견뎌낸다면 크게 성숙했다는 증거가 될 것이다. 이것은 개인 성장에서 요구되는 내적 특질 중 하나이다. 원가족과의 친밀감을 포기함으로써, 한 개인은 자기 중심을 잡고 홀로 설 수 있게 된다.

　이 상황에서 다음과 같은 결론은 당연하다. 자신의 배우자를 존중하고 함께 있기 위해서는, 자신의 원가족과 떨어질 때 생기는 죄책감을 참고 견딜 수 있어야만 한다. 두 사람이 원가족과 얼마나 멀리 떨어질 수 있느냐에 따라, 서로 얼마나 가까워 질 수 있느냐가 결정된다. 보통 이 거리는 남녀가 처음 만날 때부터 분명하게 드러난다.

부정적인 유대가 더 강하다 ■ ■ ■

　성장하면서 갖게 되는 가치관에 대해 긍정적인 애착도 있지만, 원가족에 대해 부정적인 애착도 가능하다. 많은 사람이 원가족의 가치관에 반대하며 심지어는 다른 가족의 가치관이 더 낫다고 공공연히 말하면서, 분노하고 고통스러워하며 가족으로부터 도망친다. 그러나 이미 앞장에서 살펴보았듯이 가족 역동에 따르면 부모에 대한 부정적인 태도가 더 강한 유대를 만든다. 결과적으로는 가족의 가치관을 벗어나지 못하고 오히려 가족의 가치관을 무의식적으로 더욱 따르게 된다. 이것이 모순의 법칙이다. 싫어하고 닮고 싶지 않았던 사람이 있으면, 대부분의 사람은 그 사람처럼 된다. 왜냐하면 우리는 자신이 거부하는 것에 묶이기 때문이다. 분노는 사랑의 다른 이름이다.

배우자의 얽힘 존중하기 ■ ■ ■

　모든 사람이 어떤 식으로든 원가족의 문제를 해결하지 못한 채 살아간다. 우리 모두는 크든 작든 원가족 구성원을 위해 고통을 짊어지거나, 알지도 못한 채 가족의 누군가와 동일시하기도 한다. 그러므로 남녀가 만나서 살게 되면, 그들은 배우자의 가족이 누구인지, 배우자가 원가족의 짐을 지고 있지는 않은지, 혹은 어떤 원가족 문제에 얽혀 있는지 알아야만 한다.

원가족의 얽힘이 풀리지 않는 한 관계에는 한계가 있다. 각각의 관계는 서로가 원가족 문제에 얼마나 묶여 있느냐에 따라 가능성과 한계를 지닌다.

예를 들어, 한쪽 배우자가 무의식적으로 상대 배우자의 돌아가신 부모님 대리자 역할을 하면서 상대의 얽힌 문제를 풀어주려고 한다면, 그것은 이 한계를 존중하지 않는 것이다. 다른 말로 이것은 배우자와 배우자가 지닌 부모와 원가족에 대한 사랑을 존중하지 않는 것이다. 우리는 배우자가 지고 있는 짐과 내가 지고 있는 짐을 인정하고, 그것들을 계속 구분해야 한다.

이것이 관계에서 종종 드러나는 기본적인 어려움이다. 여자가 자기 아버지와 풀지 못한 어떤 것을 남자를 통해 풀려고 한다면, 남자는 자기 어머니와 풀지 못한 어떤 것을 여자를 통해 풀려고 애쓴다. 자신의 배우자를 고통에서 구하려는 진짜 이유는, 그것을 견딜 수 없기 때문이다. 사람들이 다른 사람을 위로하는 이유는 사랑 때문만은 아니다. 그 사람의 고통이 자신이 인정하고 싶지 않은 내면의 고통을 상기시키기 때문이다.

우리는 자연스럽게 배우자와 더욱 가까워지고 싶어한다. 하지만 자기 어머니와 묶여 있는 남편에게는 아내가 그리 가까이 다가갈 수 없다. 자기 아버지와 얽혀 있는 아내 역시 남편에게 가까이 다가갈 수 없다. 부인은 남편과 시어머니 사이의 결속을 끊기보다는 '나는 어머니에 대한 당신의 사랑을 존중합니다' 라고 말해야 한다. 만일 남편이 아내에게 자기 어머니를 투사하고 있다면, 아내는 '나는 당신의 어머니가 아닙니다' 라고 말하는 것이 좋다. 그러나 아내에게는 남편을 변화시키거나, 어떤 어려움을 극복하도록 도와줄 권리는 없다.

가족 역동에서 보자면, 우리는 다른 사람의 얽힌 문제를 풀어줄 수 없고, 그렇게 해서도 안 된다. 도와주려고 할수록 관계는 더욱 나빠진다. 예를 들어 로레나가 쿠바인 전남편에게 더 많이 매달릴수록 그는 더 화를 냈고, 결국은 떠났다. 만약 로레나가 쿠바인 조상들에 대한 전남편의 사랑을 인정하고 아무런 노력도 하지 않았다면 그와 헤어지지 않을 가능성이 더 높았을 것이다.

이렇게 복잡한 일들은 다양한 형태로 일어난다. 나는 부인에게 떠밀려 상담을 받으러 온 남자와 상담을 몇 차례 한 적이 있었는데, 아내들은 자신들의 '남편을 바르게 고치려는' 선의의 노력이, 남편에게 거부감을 갖게 한다는 것을 모르고 있었다. 실제로 많은 아내가 어머니처럼 행동하고, 남편과 시어머니 사이에 끼어든다. 그래서 남자는 아내가 어머니는 아니라는 것을 증명이라도 하듯이 아내의 이런 노력을 거부하면서 자신의 존엄성을 지킨다.

성숙한 관계란 '나는 당신이 원가족에서 가져온 것들을 알고 있으며, 그것들을 존중합니다. 나는 당신을 변화시키거나 구제하려 하지 않겠습니다. 또한 어떤 식으로든 당신을 위한다는 이유로 상황을 바꾸려 하지도 않겠습니다' 라고 배우자에게 말할 수 있다는 뜻이다. 같은 맥락으로, 배우자에게 자신에 관해서 이렇게 얘기할 수 있어야 한다. '이것이 내가 나의 가족에게서 가져온 것이고, 지금 이 일을 하는 이유는 아버지와 어머니에 대한 사랑 때문입니다. 어떤 방해도 받지 않고, 내가 이 짐을 질 수 있도록 도와주세요.'

다른 사람이 괴로움을 겪고 있는 것을 보면서 아무것도 할 수 없는 자신을 받아들이는 것은 힘든 경험이다. 많은 사람이 이 부분에서 어려움을 겪는다. 하지만 만일 두 사람이 서로의 한계를 받아들일 수만 있다면, 모든 연인 관계가 개인 성장의 엄청난 기회가 될 수 있다. 이것은 우리 관계의 표면 아래에 있는 진실을 얼마나 깊게 들여다볼 수 있는지, 이와 관계된 가족 역동을 얼마나 이해하는지에 달렸다.

남녀가 헤어지지도 못하고 고통스러운 관계를 계속한다면, 그것은 그들이 서로에게 부모상을 투사하고 있기 때문이다. 우리가 다른 사람 없이는 살 수 없고, 마치 부모의 도움이 필요한 아이처럼 느낀다면, 사랑하는 사람을 보통 사람으로 보는 것이 아니다. 배우자를 전지전능한 힘을 가진 악마나 신으로 생각한다면 동등한 관계는 유지하기 어렵다. 이런 투사가 없는 일반적인 관계에서, 배우자 없이 사는 것이 어려워 보일지도 모르지만 불가능한 것은 아니다. 실제로 이별하고 나서, 얼마나 빨리 홀로되기에 익숙해지는지 놀랍기까지 하다.

가족세우기 세션에서, 성인 관계의 일반적인 특성을 사람들에게 상기시키고, '나는 당신 없이 살 수 있고, 당신도 나 없이 살 수 있어요'라는 문장을 통해 어린 시절의 투사에서 빠져나오게 하면 도움이 된다.

깊어지는 관계 ■ ■ ■

두 사람의 관계가 깊어지기 위해서는 원가족과 헤어져야 한다. 깊어진다는 말은 공통된 경험을 통해 함께 발전하고 성숙하는 관계를 말한다. 이것이 어떻게 작용하는지 이해하기 위해 부모-자녀 관계가 어떻게 시작되는지와 아이가 어떻게 성장해 가는지 살펴보자.

대부분의 부족 문화에서 유년기에서 성인기로 들어가는 소년은 중요한 의식을 치르게 된다. 특히 사춘기가 되면 양육권이 어머니에서 아버지로 넘어간다. 이 의식이 끝나면 더 이상 여성 가족과 한방에서 잠을 잘 수 없다. 소년은 어머니와의 친밀감을 포기하고 공식적으로 남자들의 세계에 입문하게 되며, 되돌아가는 것은 허락되지 않는다.

그는 이제 남자고, 남자의 세계에 들어가야만 한다. 그의 입문 의식은 그에게 아버지의 남성성을 갖게 해준다. 이제 그는 아버지의 남성성을 이어받고 자신의 것으로 만든다. 이것은 소년을 성숙한 어른이 되게 한다. 성숙한 어른으로 여자와 관계를 시작할 준비가 된 것이다.

현대 서구사회에서 성인식은 그 의미나 의식이 많이 퇴색하긴 했지만 여전히 존재한다. 소년은 장작 패는 아버지를 따라하고, 오토바이나 자동차 같은 기계를 좋아하고, 호수에 낚시하러 가기 위해 낚싯대를 준비하기도 한다. 이런 외적인 행동은 소년 내면의 변화를 보여 주는 거울이면서, 아버지의 남성성을 전해 받아 스스로 강해지려는 노력이다.

소녀의 경우는 과정이 조금 다르다. 소녀 역시 어릴 때는 어머니 곁에서 삶을 시작하지만, 성숙해지기 시작하는 일정한 시기가 되면 아버지를 우상화하고 경배한다. 아버지는 소녀가 자신의 성을 탐험하는 동안 관심의 대상이 된다. 물론 실제적인 성관계는 이루어지지 않지만, 소녀의 인생에서 첫 번째 남자가 아버지이기 때문에 아버지를 통해 남녀의 끌림을 배우게 되는 것은 당연하다. 심지어 소녀는 아버지가 갖고 있는 남성적 에너지와 놀이를 하면서 유혹하기도 한다.

이러한 끌림에도 불구하고 소녀는 일정한 나이가 되면 아버지와의 친밀감을 포기하고 어머니에게 돌아간다. 어머니가 아버지의 아내라는 것을 인정하고 어머니에게 항복하는 것이다. 만약 그녀가 여자로서 자신의 가능성을 찾고 싶다면 아버지와 벌이던 유치한 연애를 포기해야만 한다.

그녀는 다시 어머니를 가장 중요한 부모로 존중한다. 물론 이때는 새로운 방식이다. 그녀는 어머니를 통해서 자신의 여성성을 키우고, 어머니에게 여성적인 힘을 받아서 남성을 만나려는 내면의 여성성의 본질을 몸에 익혀, 어머니가 된다.

소년은 어머니를 떠나 아버지에게 한 번 옮겨가지만, 소녀는 어머니에서 아버지에게 그리고 다시 어머니에게, 두 번 옮겨간다.

세션에서 친밀감 보여 주기 ■ ■ ■

세션을 통해 아버지 혹은 어머니에 대한 친밀감이 어떻게 연인 사이를 방해하는지 보여 주는 것은 쉬운 일이다. 예를 들어 연인의 남녀 대리인을 마주 보고 서게 한 다음, 남자의 어머니를 남자 옆에, 여자의 아버지를 여자 옆에 세운다. 연인의 두 대리인을 잘 살펴보면, 그들이 불편해 한다는 것을 금방 알아차릴 수 있다. 남자의 에너지가 어머니에게 가 있기 때문에, 남자는 진실로 여자를 만나지 못한다. 이와 마찬가지로 여자의 관심도 아버지를 향해 있어서 남자에게 별 흥미를 느끼지 못한다.

그렇지만 남자의 아버지를 남자의 뒤쪽이나 옆에, 여자의 어머니를 여자의 뒤쪽이나 옆에 세우면, 남녀는 즉각적으로 힘을 회복하고 연인에게 관심을 갖게 된다. 그들은 남자와 여자로서 서로를 더 많이 볼 수 있고, 서로에게 더 많은 존경과 매력을 느낀다. 시험 삼아 남자 뒤에 남자 전체를 세우고 여자 뒤에는 모든 여자를 세우면, 남녀 대리인들의 남성성과 여성성은 놀랍도록 강화된다.

이렇게 간단한 실험만으로, 남녀가 관계를 유지하기 위한 힘을 가지려면 어떻게 해야 하는지 쉽게 알 수 있다. 남자는 어머니와의 친밀감을 포기하고 아버지와 가까워져야 하며, 여자 또한 아버지와의 친밀감을 포기하고 어머니에게 다가가야 한다.

그러므로 이성의 부모를 포기하는 것은 연인 관계를 깊게 하는 기본적인 요건이다. 이렇게 되면 남자는 자신의 남성성과 더 많이 연결되고, 여자는 여성적 특질에 더 깊이 뿌리내리게 된다. 남녀 모두 자신의 성 정체성을 완전하게 통합하는 방법을 자신의 동성 부모에게 배운다.

이성 문제를 가진 내담자와 작업할 때, 어디에 문제가 있는지 혹은 이성의 부모와 헤어질 수 있는지 없는지, 또는 아직도 '마마 보이', '파파 걸'로 남아 있는지, 동성의 부모를 존경하는지 존경하지 않는지는 대리인의 행동을 통해 즉각적으로 나타난다.

만일 한 여자가 강한 남자와 대면하지 못한다면, 그녀는 배우자와 관계가 더 깊어지기 전에 어머니에게 돌아가서 어머니의 에너지를 받을 필요가 있다. 이렇게 하면 시간이 오래 걸릴 수도 있지만, 성숙한 남녀 관계를 맺으려면 이런 준비 단계를 꼭 거쳐야 한다.

배우자와 가까워졌을 때 특정 에너지가 어떻게 사라지게 되는지 알 수 있다. 특히 동성 부모와 가까워지고 이성 부모와 거리를 둔다는 측면에서 부모로부터 무엇을 받아야 하는지 깨닫기 시작한다. 이런 식으로, 한 개인이 어떻게 하면 자신의 연인과 가까워지고 연인과의 관계에서 올바른 자리가 어디인지 이해하게 된다.

연습 ■ ■ ■

이 활동은 독자들이 양심의 영향력과 가족의 죄책감, 그리고 그 결과로 생기는 갈등상황을 이해할 수 있도록 도와준다.

15분간 어떤 방해도 받지 않을 수 있는 장소에 편안하게 앉아서 눈을 감는다. 자신이 엄격한 가톨릭 집안에서 자랐다고 상상한다. 부모님은 매주 일요일 성당에 가신다. 당신은 대학생으로써 자신만의 세계를 키워가고 있기 때문에, 부모님과는 다른 생활방식을 갖게 되었다. 당신은 최근 학교 친구와 사랑에 빠졌고, 그 사람이 이상적인 배우자감이라고 생각한다. 몇 번의 만남 이후에, 그 사람이 유태인이라는 것을 알게 되었지만, 당신에게는 전혀 문제가 되지 않는다.

시나리오 1

사귄 지 몇 주가 지나자, 당신은 이 사람을 부모님께 소개하고 싶어했고, 부모님은 그 사람을 집으로 초대한다. 약속한 날 부모님이 그 사람에게 종교와 가족에 대해서 몇 가지 질문을 하신다.

> 지금의 느낌은?
> 저녁 식탁에 앉아 있다고 상상해 보라.
> 부모님을 바라볼 때 어떤 마음이 드는가?
> 사랑하는 그 사람을 바라볼 때 느낌은 어떤가?

시나리오 2

부모님과 이야기하는 것을 피하고, 그 사람을 부모님에게 소개하지 않는다. 관계가 발전한 뒤에, 스스로에게 질문해 본다.

> 부모님 집에 갔을 때, 부모님이 연인에 대해 묻는다면 어떤 느낌이 드는가? 그것을 어떻게 설명하겠는가?

> 스스로에게 물어보라.
> 연인과의 미래를 그려 보면 어떤 느낌이 드는가?
> 계속 잘될 것 같은가?
> 자신이 분리시키려고 애쓰는 두 세계를 어떻게 조화시킬 것인가?

이러한 연습을 통해 양심이 어떻게 작용하는지 알 수 있을 것이다. 부모를 향한 양심이 연인을 향한 양심과 어떻게 충돌하는지도 이해할 수 있고, 그때 느껴지는 죄책감도 경험해 볼 수 있다.

12
관계의 진화

일반적으로 남녀 관계는 처음에는 레이저의 초점처럼 좁아졌다가 시간이 지나면서 넓게 확장된다. 결혼 초기에는 서로에게만 집중하고 나머지 세상은 잊어버리는 경향이 있다. 바로 이 사람이 자신이 그토록 원하던 모든 것을 채워 줄 거라 믿으면서 사랑하는 사람만 바라본다.

이런 신혼 기간에는 서로에 대한 감정이 강렬하기 때문에, 다른 사람이 그들의 사적인 세계에 들어오는 것을 달가워하지 않는다. 연인들은 일상의 사소한 일에 흥미를 잃고, 그들 앞에 놓인 장애물을 보지 못할 수도 있다. 이렇게 서로에게 꽉 잡혀 있어서, 상대가 느끼는 대로 느끼고, 상대의 문제를 함께 고민하고, 상대가 하고 싶어하는 모든 일을 함께하길 원한다. 그들은 한 사람이 기뻐하면 같이 기뻐하고, 다른 사람에게 문제가 생기면 함께 힘들어 한다. 연인들은 늘 사랑하는 사람과 함께 있고 싶어하고, 만일 함께 있는 시간이 부족하다고 느끼거나 함께 있지 못하면 어찌할 바를 몰라 한다.

엘른 베이더Ellyn Bader와 피터 피어슨Peter Pearson은 『신화적 배우자에 대한 탐구In Quest of the Mythical Mate』라는 책에서 연인들이 서로에게 빠져드는 이 단계를 사랑하는 사람과의 동일시로 하나가 된 '공생단계'라고 불렀다. 신혼기에 있는 두 사람에게는 서로의 유대감을 형성하고, 다른 사람과 하나가 되는 것이 무엇인지 이해하는 것이 가장 중요하다.

이때 두 사람은 서로의 차이는 간과하고 공통점은 과장한다. 상대를 있는 그대로 보지 못하고 환상 속에 사는데, 이런 현상의 이면에는 보이지 않는 생화학적인 이유가 있다. 우리가 '진실한 사랑'을 경험하는 동안, 희열을 느끼게 하는 뇌 부분을 활성화하고 이성적인 판단을 하는 뇌 부분을 억제하는 호르몬이 나온다. 다른 말로, 낭만적인 사랑은 생물학적 과정에 의해 가속화된 것이다. 이것은 남녀가 아이를 낳고 초기 양육을 할 때까지 함께 있게 하려는 자연의 섭리이며, 종족 보존을 가능하게 한다.

우리는 이것을 '사랑에 빠졌다'라고 표현하는데, 어떤 의미에서 이것은 실제로 어디에 빠지는 것이다. 왜냐하면 우리가 균형감각을 잃고 꿈속에서 살면서 생물학적인 충동에 굴복하여 자연의 섭리를 따르기 때문이다. 사랑에 빠지면 충동적으로 행동한다. 사랑하는 사람과 함께 살기 위해 안정적인 직업을 포기하고, 가족과 작별하고 가방을 싸서 다른 나라로 가버리는 일처럼, 누가 시켰다면 절대로 하지 않았을 삶의 변화를 시도하기도 한다.

우리가 생물학적 충동에 조종된다 해서 낭만적 사랑이 중요하지 않은 것은 아니다. 이것은 분리된 '나'가 사라지는 최초의 경험을 하게 해준다. 연인과 조화로운 사랑에 빠져 있을 때, 우리는 자아의 경계, 심리적 방어기제, 단단한 보호 갑옷을 포기하고, 자신보다 더 큰 존재 안으로 녹아드는 경험을 처음 맛보게 된다.

이런 상태에서 갖는 성관계는 신비롭고 황홀한 체험을 주는데, 이것은 남녀의 깊은 성적 결합을 통해 영원의 세계를 경험할 수 있다는 인도 탄트라의 통찰과 비슷하다. 오르가슴은 특정한 사람과의 낭만적이 사랑이 끝난 뒤에도, 영적 성장을 추구하는 계기가 될 수 있는 명상적인 내면의 세계로 안내한다.

신혼이 끝날 때 ■ ■ ■

신혼에서 깨어나는 것은 일순간 사로잡혔던 환영에서 돌아오는 경험처럼 느껴진다. 특히 호르몬이 균형을 잡으면서 이성과 판단을 관장하는 뇌가 정상적으로 돌아오면 더욱 그렇다. 사랑하는 사람의 아름다운 면만 보면서 꽃밭에서 살다가, 점차 상대의 결점과 단점이 보이기 시작한다. 당신이 그토록 열정적으로 사랑했던 사람이 당신처럼 단점을 가진 한 인간이라는 사실을 깨닫게 되는 것은 괴로운 경험이다.

때로는 상대가 변했고, 어쩌면 당신을 속였다고 느끼거나 심지어 상대가 배신했다고 느낄 만큼 변화가 매우 크다. 낭만적인 사랑을 찾아 이리저리 헤매는 습관을 가진 사람들이 관계를 끝내는 때가 바로 이 순간이다. 그러면서 이들은 다시 사랑에 빠지고, 호르몬 변화가 조장하는 경험을 반복한다.

하지만 오히려 바로 그때가 더 진실한 무엇이 시작되는 순간이다. 바로 당신이 진정 성숙한 방식으로 사랑을 배우기 시작하는 때다. 신혼 기간에는 당신이 노력하지 않아도, 몸의 생화학물질들이 당신을 위해 많은 것을 담당하기 때문에 모든 일이 쉽다.

그러나 이 순간, 완전히 새롭게 서로를 만나기 시작해야 한다. 마치 처음 만난 것처럼 좋은 점과 나쁜 점, 아름답고 추한 면을 알아가야 한다. 당신은 이 낯선 사람과 서로를 탐험하며 친밀감을 키워가게 된다.

신혼기를 지나면 연인들은 그들이 서로 똑같지 않다는 것을 알게 되면서 자신의 경계를 다시 세운다. 베이더와 피어슨은 이 단계를 '분리화differentiation'라고 불렀다. 이들은 유아가 어머니와 공생적 애착에서 점차 떨어져서 자신의 욕구와 기호를 표현하고, 양육해 주는 부모와 자신은 다르다는 분리된 자아 개념이 발달하게 되는 유아의 발달과정과 연인들의 분리화 과정이 비슷하다고 보았다.

이처럼, 건강한 관계는 다양한 갈등과 차이를 받아들여야 하는 위치까지 발달해야만 한다. 서로 사랑하는 사람들은 각자의 특성을 사랑하고, 자신이 싫어하는 상대의 단점까지도 받아들이는 법을 배워야 한다. 헬링거 박사는 이 단계를 간단하게 '두 번째 사랑'이라는 표현으로 정의했다. 두 번째 사랑은 생물학적 이유로 생겨난 것이 아니므로, 열정이 약하고, 몰입이 적고, 약간은 통제가 가능하다. 이러한 사랑은 실망감에서 시작될지 모르지만, 장애를 극복하고 새로운 조화의 세계로 의식적으로 나아갈 수 있다면 두 사람 모두에게 개인적 도약이 될 것이다.

'사랑에 빠지고' 난 다음 단계는 '사랑 안에서 피어나는' 단계라고 말할 수 있다. 우리의 꿈과 환상, 차이를 넘어, 우리 자신과는 매우 다른 한 사람을 가슴으로 받아들이는 능력이 확장된다. 이제 당신은 당신 배우자를 새로운 눈으로 보게 된다. 당신이 바라는 모습으로 그 사람을 보는 것이 아니라, 당신의 기대를 모두 채워 주지 못하리라는 것도 인정하면서 상대를 있는 그대로 보게 된다. 또한 당신 삶의 어떤 부분은 그 사람과 아주 편안하게 함께할 수 있지만, 또 다른 부분은 상대가 당신과 다르기 때문에 함께할 수 없다는 것을 알게 된다.

많은 사람이 이런 관계로 나아가지 못하고 힘들어 한다. 차이를 견디지 못하고 헤어지거나, 베이더와 피어슨이 말한 '미워하면서 의존하는 관계'에 빠지기도 한다. 이렇게 되면 남녀는 서로 미워하고, 불행의 탓을 서로에게 돌리지만, 혼자되는 것이 두려워서 그냥 함께 살기로 동의하고 합의한다.

사 랑 으 로   피 어 나 기 ■ ■ ■

관계가 지속되기 위해서는, 사랑하는 남녀가 수용적이고 포용하는 방향으로 성장해야만 한다. 더 많은 사람을 수용하고 포용해야 한다. 관계가 성숙하면 다른 사람을 남녀의 친밀감을 위협하는 존재가 아니라고 느끼고, 오히려 관계 안으로 타인을 초대한다. 결국 관계는 아이를 키우기 위한 양육공간을 보장하기 위해서 자연이 설계한 것이다. 새로 태어난 아이는 부부 관계의 가장 큰 방해꾼이다. 이 새로운 존재가 부모 세계로 들어오면 부부가 즐길 수 있는 사적 공간은 영원히 사라진다. 지금 부모는 그들의 삶에 누군가를 데려왔고, 관계는 확장되었다.

이것이 바로 일반적으로 아기의 탄생이 부부 관계를 발전시키는 이유며, 이때 부부는 함께 지내야 할 새로운 이유를 발견하게 된다. 아이는 부부가 서로를 더 깊게 알아 갈 수 있게 만드는 매개체가 되며, 사랑과 창의성을 발휘하게 되는 공통적 동기가 된다. 때로 아이가 없는 부부는 관계를 지속하기 위해서 더욱 힘든 시간을 보내기도 한다. 부부 관계가 지속적으로 성장하고 변화하려면, 두 사람이 함께할 수 있는 공동의 프로젝트를 찾을 필요가 있다.

가족세우기에서 내담자가 사랑하는 남녀 사이의 역동을 보여 주는 두 명의 대리인을 세울 때, 각각의 배치는 특별한 상황을 나타낸다. 예를 들어 남녀가 서로 다른 곳을 보고 있다면, 두 사람은 서로에게 관심이 별로 없고 다른 사람에게 관심이 있다는 뜻이다. 이때 다른 사람은 이전 배우자일 수도 있고 원가족의 누군가일 수도 있다.

대부분의 경우 연인들은 서로를 바라보고 선다. 왜냐하면 이미 언급했듯이 그들의 최대 관심사는 상대방이기 때문에 다른 곳을 바라보지 않는다. 그러나 상대에 대한 몰입이 영원히 계속될 수는 없다. 만약 사귄 지 오래되었는데도 서로를 바라보고 있다면, 이것은 두 사람 사이에 심각한 갈등이 있다는 걸 암시하는 것일 수도 있다.

다른 한편으로, 남녀가 말 그대로 공동의 목표나 프로젝트를 함께하는 파트너로서, 아이를 함께 키우거나 사업을 함께 한다면, 보통은 옆으로 나란히 서서 어떤 사람이나 어떤 것을 함께 바라보게 된다. 이런 식으로, 부부는 서로를 도와주면서 상대만을 바라보지 않고 두 사람을 넘어서는 다른 존재에 집중하게 된다.

가족세우기에서 아이들을 세워보면, 대개는 부모가 옆으로 나란히 서 있을 때 아이들은 가장 행복해 하고 만족스럽게 느끼며, 부모 가까이 있고 싶어한다. 만약 부모가 서로 마주 보고 서 있으면, 아이들은 뒤로 물러나 부모와 충분하게 떨어져 있어야 안전하다고 느낀다.

한 세션을 예로 들어 보겠다. 내담자는 심각하게 대립하고 있는 자신의 부모를 서로 마주 보게 세웠다. 두 자녀는 부모와 무척 가까운 자리에 서 있었는데, 부모의 중간쯤에 서게 된 아이들은 확실히 긴장하고 불행해 보였다. 치료자가 아이들을 부모에게서 물러나게 하자, 자녀들은 서로를 바라보며 웃으면서 긴장을 풀고 안도의 한숨을 쉬었다. 자녀들이 비켜나자 부모는 서로를 마주 보고 문제를 직면하게 되었다. 이제 부모는 아이들을 핑계로 회피하던 자신들의 문제를 마주하게 된 것이다.

한계 받아들이기 ■ ■ ■

관계는 초기의 환상적인 상태에서 땅으로 내려오는 방향으로 발전한다. 이 말 뜻은 관계가 점차 현실에 뿌리내린다는 것이다. 이미 언급한 것처럼 이것이 힘든 과정일 수도 있지만, 이룰 수 없는 환상을 내려놓으면 아주 기분 좋은 편안함을 경험하게 된다. 강한 흥분이 계속된다면, 결국에는 매우 피곤한 일이 될 수 있다.

로버트Robert는 결혼한 30세 남성으로, 아내와 처음 만났을 때의 기대가 충족되지 않아서 상담을 받으러 왔다. 그는 신혼시절에 품었던 기대감을 내려놓지 못하고 아내에게 화를 내고 있었다. 그러나 세션이 진행되면서 로버트는 다른 사람이 항상 옆에 있어 주기를 요구하지 않고, 자신의 화를 직면할 때 자기 내면에 기대하지 않았던 힘이 생긴다는 것을 발견했다. 로버트는 자신이 아내에게 어머니를 투사하고 있었다는 사실을 알게 되었다. 아내에 대한 투사를 멈추고 나자 로버트는 아내도 그녀의 생활이 있는 사람이라는 것을 깨달을 수 있었고, 이러한 통찰이 자신의 삶에 자유를 준다는 사실을 이해하게 되었다.

이와 같은 상황에서, 관계를 맺고 있는 두 사람은 각자 자신이 진정으로 원하는 것이 무엇이며, 함께할 수 있는 것이 무엇인지 새롭게 찾아야 한다. 예전에는 '우리'라고 말했다면, 이제 '나'라는 말을 좀 더 많이 써야 한다. 실제로는 '나'와 '우리' 사이에 어느 정도 균형이 있어야만 한다. 부부가 함께하는 일에는 '우리'라고 말하고, 개인적인 일에는 '나'라고 해야 한다. 만약 두 사람이 항상 '우리'라는 말만 사용한다면, 일반적으로 그들은 서로에게 묶여 있고, 원가족 문제에 얽혀 있다는 것이다. 만약 두 사람이 늘 '나'라고만 한다면, 그들은 자신의 정체성을 잃을까 봐 서로의 안전거리를 유지하려고 노력하는 것이다.

건강한 관계에서는 '나'와 '우리'가 모두 사용되어야 하는데, 이것은 자신을 버리고 하나로 합쳐질 수 있는 능력과 동시에 독립된 존재로서의 적절한 느낌을 갖고 자신의 경계를 유지하는 능력을 의미한다. 이상적인 관계란 자신의 삶에 만족하는 두 개인이 만나서 서로에게 영감을 주면서 유대감을 발전시키는 것이다.

물론 모든 관계가 이런 식으로 발전하지는 않는다. 만약 남자가 여전히 어머니에게 묶여 있다면, 그는 자신에게 필요한 것을 여자가 모두 충족시켜 주지 못한다는 사실을 견뎌낼 힘이 없을 것이다. 또한 여자가 자신의 아버지와 여전히 사랑에 빠져 있다면, 그녀는 남자가 백마를 탄 왕자처럼 행동하지 않는다고 화를 낼지도 모른다. 이런 상황에서도 가끔은 서로에게 딱 맞는 배우자를 만나기도 한다. '아빠의 어린 공주'가 '엄마의 어린 왕자'를 만날 수는 있겠지만, 서로에게 온전히 마음을 열 수는 없을 것이다.

또 다른 면에서, 만일 사랑하는 두 사람 중에서 한 사람이 조금 더 성숙해질 경우, 예를 들어 아빠의 '어린 공주'가 성장해서 여자가 되었다면, 관계가 유지되기 위해서 남자 역시 성장해야 한다. 옛말에 남녀 관계에서 일어난 일은 서로에게 반씩 책임이 있다고 했듯이, 관계란 두 사람이 함께 추는 탱고다.

사랑은 춤과 같다는 아름다운 비유가 있다. 한 사람이 한 걸음 앞으로 나가면 다른 사람은 한 걸음 물러난다. 조화를 유지하기 위해서는 한 사람이 오른쪽으로 움직이면 상대는 왼쪽으로 움직여야 한다. 그래서 부부나 연인 사이에는 자기주장과 따라감, 앞으로 나아감과 물러남, 자기 영역 만들기와 타인에게 양보하기 사이에서 끊임없는 교환이 일어난다. 관계가 지속되려면 이러한 전진과 후퇴를 반복하는 춤의 에너지가 양방향으로 계속해서 일어나야 한다.

부부가 함께 살게 되면 자신의 사랑에 한계가 있다는 것을 경험하게 된다. 서로가 이 한계를 받아들이면 관계는 실제적으로 기능하고 지속될 수 있다. 게다가 자기 원가족과 얽힌 문제를 해결하면 관계 안에서 자유롭게 만날 수 있는 상호간의 힘이 자라게 될 것이고, 사랑도 성숙할 것이다.

30대 초반의 남아메리카 여성 클라우디아Cloudia는 자신의 문제가 자녀에게까지 전해질까 봐 걱정했다. 그녀는 가족세우기에서 남편과 자신을 옆으로 나란히 세워놓고 그 앞에 두 아이들이 부모에게 등을 돌리고 서게 했다. 가족 모두가 한쪽을 바라보고 서 있었다. 아버지와 어머니는 불편함을 느꼈다.

나는 몇 가지 질문을 하고 나서, 클라우디아의 어머니가 20년 동안 정신분열증으로 고생했다는 것을 알게 되었다. 클라우디아의 어머니 대리인을 세우자마자 클라우디아는 큰 울음을 터트리면서 어머니 품에 안겼다.

아이들을 부모 옆에 나란히 세우자 아이들은 더 편안해 했다. 부모를 마주 보게 하고 부인 옆에 친정어머니를 세우자 남편은 혼란스러워했다. 남편의 삼촌 중 한 명도 정신분열증을 앓았다는 사실을 알게 되었다. 남편 옆에 시아버지를 세우자 남편의 기분이 나아지긴 했지만 아내에게 아주 가까이 가기는 어려워했다.

두 사람이 각자의 부모를 위해 어떤 짐을 지고 있는지 알고, 이러한 얽힘이 서로에게 아주 가까이 다가가지 못하게 한다는 것을 인정하게 되면, 두 사람 사이에는 새로운 균형과 편안함이 생긴다. 두 사람은 각자가 부모를 위해 하고 있는 일을 이해하고 서로를 존중하면서, 둘 사이에 존재하는 거리감을 인정하는 것이다.

그 다음 단계로는, 내담자가 어머니와 떨어질 수 있도록 자신의 어머니에게 감사를 드리고 어머니의 고통을 존중하게 했다. 이러한 과정을 통해서 내담자는 자신이 어머니를 도와야만 한다는 생각을 내려놓을 수 있다. 클라우디아는 어머니에게 "엄마가 저에게 해준 것으로 충분해요. 고마워요. 저는 아주 잘 지내요. 아들을 둘이나 뒀고, 그 애들이 무척 자랑스러워요"라고 말했다. 그리고 아이들에게 자신의 문제가 이어지지 않을까 하는 걱정을 내려놓고, 아이들을 자랑스럽게 바라보면서 웃었다.

균형을 잃은 사랑 ■ ■ ■

두 사람 모두 현실이 아닌 꿈속에 산다면, 문제가 생길 수도 있고 그렇지 않을 수도 있다. 하지만 한 사람은 꿈을 꾸고 있고 다른 사람 한 사람은 꿈에서 깨어났다면 반드시 문제가 생긴다. 두 사람이 계속 함께 살고 싶다면, 두 가지 가능성이 있는데, 그것은 성숙한 배우자가 상대방에게 영감을 주어 성숙하도록 돕거나 혹은 성숙한 사람이 퇴행해서 적당히 합의하는 것이다. 두 번째 경우는 헤어짐의 두려움이 너무 클 때 일어난다. 그러나 진정한 성숙은 이별의 두려움을 극복하고, 혼자 설 준비가 되었다는 뜻이다.

현재 사랑하는 관계가 건강하게 지속되려면, 신혼기간이 끝난 뒤에는 부부 관계 자체가 서로에게 삶의 가장 큰 관심이 되어서는 안 된다. 그렇게 되면 상대방을 우상화하게 되기 때문이다. 이때 당신은 상대에게 많은 것을 기대하고, 스스로도 많은 것을 돌려주어야 한다고 느낀다. 하지만 결과적으로 서로의 기대를 채우지 못하면서, 부부 관계를 끝내게 할 정도로 계속해서 실망하고 있는 자신을 보게 될 것이다.

다른 식으로 설명해 보자. 상대를 우상화할수록 당신은 상대를 부모처럼 생각하고 있는 것이다. 결과적으로 서로를 로미오와 줄리엣이나, 백마를 탄 왕자와 신데렐라로 생각하면서 서로를 우상화한 '대단한' 두 사람의 관계는 오래가지 못한다. 평범한 단점을 가진 평범한 두 사람만이 함께 발전할 수 있는 기회를 갖게 된다.

내담자가 이별 문제로 상담을 하러 오면, 보통은 두 사람의 성장을 위해 중요한 것이 무엇인지 살펴보고, 방향을 결정한다. 두 사람이 지금 겪고 있는 모든 어려움을 극복하고 계속 함께 지내는 것이 좋은가? 같이 살면서 갈등 조절 기술을 배우고, 홀로 설 수 있는 힘을 키워야 하는가? 혹은 모든 관계에는 끝이 있기 때문에, 두 사람이 서로 각자의 길을 가야 한다는 것을 인정하게 해야 하는가?

문제가 생길 때마다 상대를 바꾸는 것은, 사랑이 없는데도 서로에게 매달리는 것처럼 유치한 일이다. 두 경우 모두 어느 한 쪽 부모에 대한 애착이 있다는 것을 보여 준다. 많은 경우에 남자는 어머니에게 매여 있고 여자는 아버지에게 매여 있다.

　모든 것이 그렇듯 사랑은 변하기 마련이며 남녀의 사랑은 더 쉽게 변한다. 부모-자녀의 사랑은 생물학적이기 때문에 더 안정적이며, 부모-자녀의 관계는 우리가 선택할 수 없다. 태어나면서 주어지는 것이기 때문이다. 하지만 남녀 관계는 자유 의지로 생겨나며, 우리는 자신을 위해 상대를 선택을 한다. 그렇기 때문에 남녀의 사랑은 연약하고 민감하다. 왜냐하면 서로를 함께하게 했던 신비한 힘이, 어느 순간 우리를 헤어지게 만들기 때문이다. 사랑이 그토록 많은 불안함을 만들어내는 가장 큰 이유 중 하나가 바로 이 연약함 때문이다. 연약한 것은 쉽게 깨진다.

이전 배우자 인정하기 ■ ■ ■

　화를 내지 않고 혹은 추한 행동을 보이지 않으면서 남녀 관계를 끝내는 것은 대단한 기술이다. 이 말은 무언가 변했다는 것을 알아차리고, 두 사람 모두 새로운 상황을 인정하고 수용하면서 헤어지는 것에 동의한다는 뜻이다.

　이렇게 민감한 시기에는, 헤어지는 데 있어서 자신의 책임이 무엇인지 알고, 더도 말고 덜도 말고 정확하게 자신의 몫만큼 책임 지는 것이 중요하다. 책임을 적게 진다는 것은 아이처럼 행동하면서 일어난 일에 대해 상대를 비난하고 있다는 뜻이다. 책임을 더 많이 진다는 것은 자신이 지나치게 많은 책임을 지고 상대는 책임을 지지 않게 하면서, 상대방을 아이처럼 다룬다는 뜻이다.

　당신이 과거의 것을 짊어지고 있다면 새로운 사람과 진정한 관계를 맺을 수 없다는 사실을 기억해야만 한다. 만일 당신이 부모와 부정적인 방식으로 묶여 있고 옛 사랑을 비난한다면, 당신은 계속해서 어떤 환상을 쫓고 있는 것이다.

그런 사람은 '그때 그 사람이 그러지 않았더라면, 우리는 헤어지지 않았을 거야'라고 생각한다.

　태국에서 온 린 수Lin Shu라는 여성은 전남편과의 사이에 21살짜리 아들과 17살배기 딸이 있다. 지금은 재혼해서 아이들과 함께 살고 있는데, 여전히 전남편에 대한 분노가 남아 있었다. 사전 인터뷰를 통해서 내담자가 열 살 때, 어머니가 자살했다는 사실을 알게 되었다.
　가족세우기를 시작하면서, 첫 남편은 가족들과 동떨어져 서서 제외되어 있었다. 지금의 남편이 마치 아이들의 아버지인 것처럼 아버지 자리에 서 있었다. 내담자 대리인은 애들처럼 자녀들 옆에 서 있었다. 두 자녀와 현재 남편은 매우 많이 불편함을 느꼈다.
　전남편을 데려와서 가족들 앞에 세우자 모든 사람이 편안해졌다. 다음으로, 내담자인 린 수가 무의식적으로 어머니를 따라 죽고 싶어했기 때문에, 전남편에게 충실할 수 없었던 부분에 대한 책임을 지면서, 자신의 마음속에서 지워버렸던 전남편을 인정하게 했다. 이렇게 새로운 통찰을 하게 되면서, 내담자와 전남편이 서로에게 다시 가슴을 열고, 헤어질 때 생긴 분노를 없앨 수 있게 했다.
　다음 단계는, 어머니가 자살하여 자신의 역할을 다 할 수 없었던 것처럼, 내담자가 내려놓았던 어머니로서의 책임을 질 수 있도록 돕는 것이다. 여기서 우리는 한 사람의 행동 패턴이 대를 물려가면서 어떻게 반복되는지 보게 된다. 그 결과로 친정어머니가 친정 식구 중 한 명을 따라 죽었듯이, 내담자인 딸도 친정어머니를 따라가고 있다. 내담자가 내적인 힘을 갖기 위해, 자신의 어머니에 대한 분노를 거두고 사랑으로 어머니를 보내드려야만 한다. 이것은 린 수가 자신의 어머니와 어머니의 원가족과 얽힘을 인정할 때만 가능하다. 세션의 각 단계를 진행하면서, 지속적으로 아이들이 편안함을 느끼고 어머니를 신뢰하고 있는지를 확인해야 한다. 아이들의 반응은 어머니가 그들을 돌보고 책임질 준비가 되었는지 아닌지를 분명하게 보여 준다.

다음의 세션은 원가족의 짐을 지고 있는 사람 때문에 부부 관계가 어떻게 깨지는지 보여 준다. 또한 치유는 지금 이 순간에 일어나야 하고, 배우자 각자가 지니고 있는 과거의 얽힘을 인정하면 편안해진다는 사실을 분명하게 드러내준다.

미국인으로 42세 기혼 여성 레니Renee는 현재 별거중이며, 13살 된 딸은 남편과 살고 있다. 남편은 전처와 세 명의 아들을 두었다. 레니의 생모는 레니를 생후 4개월 때 다른 집에 입양 보냈다.

가족세우기에서 대리인들의 배치된 모습은 레니의 딸이 지나치게 '크고', 부모에게 화가 나 있다는 것을 보여 주었다. 레니의 딸은 아버지의 전처를 동일시하면서, 아버지에게는 마치 화난 부인인 듯 행동했다. 또한 딸은 레니가 자신을 입양시킨 어머니에게 가진 분노의 감정을 복제한 것처럼, 어머니인 레니에게도 화를 냈다

세션이 진행되면서, 아버지의 전처를 가족세우기에 포함시키고 아버지가 전처에 대한 사랑을 인정하자, 레니의 딸이 편안해졌다. 그리고 레니가 남편의 전처에게 "나는 당신을 첫 번째 부인으로서 존중합니다. 내 딸을 예쁘게 봐 주세요"라고 말하게 했다.

다음 단계에서, 레니는 어머니가 자신에게 생명을 준 것에 감사하고, 입양시키기로 한 어머니의 결정에 동의함으로써, 생모와 다시 화해할 수 있었다. 그런 뒤에 레니는 양부모에게 다가갈 수 있었다. 레니는 딸을 보면서, "나는 너를 지켰다. 나는 처음에 우리 엄마에게 너무 많이 화가 났었어"라고 말했다. 이를 통해 내담자가 내면의 힘을 찾고, 그녀를 향한 딸의 분노가 사라지도록

도울 수 있었다.

　세션을 끝내면서, 레니는 자기 딸을 자랑스러운 눈으로 바라보았다. 이제 레니의 딸은 즐거운 마음으로 어머니 옆에 가까이 서 있다. 그 순간 딸이 어머니와 함께 사는 것이 더 낫다는 것이 분명하게 드러났다.

　위의 사례는 이전 배우자를 존중해야 한다는 것과 부모와의 끝나지 않은 얽힘이 부부 관계를 지속하지 못하게 한다는 것을 보여 주었다. 또한 내담자 딸의 경우처럼 아이가 부모의 이전 배우자를 어떻게 동일시하는지도 보았다. 이전 배우자는 상실의 아픔을 겪었으며, 집단 양심은 이것의 균형을 잡으려고 했다. 그래서 다음 결혼에서 태어난 아이가 이전 배우자를 대신하게 되고, 자신의 부모에게 실망한 연인처럼 화를 내게 된 것이다.

　여기서 내담자인 레니가 관계를 계속 할 수 없었던 두 가지 이유를 정리해 보자.

> 1) 두 번째 부인인 레니는 남편의 전처를 우대한다. 그 결과 남편을 온전히 받아들이지 못한다. 이런 현상은 남편이 전부인과의 사이에 아이가 있을 때 더 자주 일어난다.
>
> 2) 레니는 자신이 완전히 관계에 몰입할 수 없었기 때문에, 그 사실을 반영하듯 온전히 관계에 충실할 수 없는 남자를 선택했다. 왜냐하면 그녀는 자신을 버린 생모에게 애착을 갖고 있었기 때문이다. 또한 이것이 바로 내담자가 별거 후 딸을 남편에게 맡긴 이유이기도 하다. 그녀는 어머니로서 힘이 없었다.

　레니를 위한 주된 작업은 생모에게 감사하게 하고 생모를 보내드리게 하는 것이다. 다음 단계는 비교적 쉽다. 첫 번째 부인에게 딸을 예쁘게 봐달라고 부탁하고, 남편에게는 함께 아이를 낳은 것에 감사한다. 부부는 서로에게 온전히 충실할 수 없다는 것을 인정하고, 마지막으로 레니는 어머니로서 딸을 보살필 준비를 한다.

평화롭게 헤어지기 ■ ■ ■

이전 배우자에 대한 사랑을 간직하고 평화롭게 헤어지기 위해서, 내담자는 상대에게 고마움을 느껴야 한다. 이것은 내담자가 부부 관계에서 일어난 일을 진실로, 현실적으로 인정하고, 자신의 몫을 책임질 준비가 되었을 때에만 가능하다. 위에서도 살펴보았듯이 진실이 드러나고, 사실을 있는 그대로 보게 되면, 두 사람 모두 편안해진다.

다른 경우에는 내담자가 이전 배우자에게 '당신과 함께했던 시간에 감사해요. 당신이 내게 준 모든 것이 고맙고, 그것을 영원히 간직할게요. 당신에게 드린 모든 것은 내가 당신을 사랑했기 때문이에요. 부디 그것들을 당신 안에 잘 간직해 주세요. 나는 당신이 잘못한 부분은 당신이 책임지게 하고, 내가 잘못한 부분은 내가 책임지도록 할게요. 이제 당신을 보내드립니다. 당신도 저를 보내주세요'라고 말하게 한다.

또 다른 경우에는 '나는 당신 삶을 이끄는 거대한 힘 또는 원가족의 얽힘을 만든 힘을 존중합니다. 또한 나의 삶을 이끄는 힘도 존중합니다'라고도 말할 수 있다.

때로는, 내담자를 자신의 이전 배우자와 마주보게 세우고, 둘 사이에 존재했던 사랑을 존중하기 위해 무엇을 해야 하는지 느끼도록 할 수 있다. 이전 배우자 대리인의 반응을 보면 내담자가 진실하게 대하고 있는지 아닌지 알 수 있다. 이전 배우자를 존중하게 되면, 내담자는 애착을 버리고 그 사람과의 관계에서 빠져나올 수 있다. 이것이 사랑하며 헤어지는 방법이다. 이 경험은 두 사람이 각자의 길을 가게 되더라도, 이전 배우자와 사랑하는 마음이 계속된다는 것을 알게 해준다. 함께 산다고 해서 사랑하는 것이고 헤어진다고 해서 사랑하지 않는 것이 아니다. 관계를 유지하는 것과 사랑하는 것이 동시에 일어나지는 않는다. 이것은 이혼한 부부의 관계를 보면 알 수 있다. 서로에게 아이들이 있기 때문에 헤어지더라도 두 사람은 언제나 강한 유대감으로 연결되어 있다. 많은 세션을 진행하면서 알게 된 것은, 서로의 사랑을 인정해야 온전하게 헤어질 수 있다는 것이다. 다른 말로 하자면, 진정한 사랑이 자유를 준다.

13
자녀 출산

  남녀 관계가 진전되면, 본능적으로 아이를 갖고 싶어한다. 자연의 가장 큰 힘은 생명을 이어가는 것이고, 인류의 생존을 확보하는 것이다. 그 힘은 새로운 생명을 창조하기 위해, 즉 아이를 갖게 하기 위해 남자와 여자를 만나게 한다.

  아이의 안전을 보장하는 것은 남녀 사이의 결속력이며, 그것이 바로 사랑이 아닌 성관계를 통해 강력한 결속력이 생기는 이유다. 이 결속력은 혼자 힘으로는 살아남기 어렵고, 부모가 제공하는 양육 조건 안에서 생존할 수 있는 어린아이에게, 좋은 환경을 제공하게 하기 위해 부부가 함께 살게 한다.

  이를 통해 아이만 성장하는 것은 아니다. 아이를 키우면서 부모 또한 성장한다. 가족 안에 새로운 구성원이 생기면서, 둘만의 관계에 새로운 사람을 받아들이고, 좋든 싫든 간에 자기 자신의 한계를 넘어 확장할 수 있게 된다. 아이를 몇 명이나 가질 것인지를 결정하면, 부부의 전체적인 삶이 모습을 갖추게 된다. 그들은 자기 자신보다 더 거대한 삶의 에너지를 전달하는 매개체가 되고, 이 결정에 대한 모든 결과를 받아들이면, 개인의 한계를 넘어선 능력을 얻게 된다.

아이를 낳지 않기로 결정한 부부는 개체 번성에 대한 생물학적인 에너지를 경험하지는 못하지만, 중요한 일을 함께하거나 영적인 길에 함께 헌신하면서 부모가 되는 것과 비슷한 확장과 능력을 경험할 수 있다. 핵심적인 동기는 그들이 자신의 개인적인 욕구를 넘어서는 어떤 것에, 어쩌면 내면 깊은 곳에서 느껴지는 그 무엇에 자신을 바치고, 그것이 안내하는 길을 따라갈 준비가 되어 있어야 한다는 것이다. 그러면 아이가 없는 부부 또한 확장된다.

12장에서는 아이의 관점에서 부모-자녀 관계를 다루었다면, 이번에는 같은 현상을 부모의 관점에서 바라보게 될 것이다. 어떤 의미에서 이것은 같은 관점이다. 아이는 아이로 존재해야 하고, 부모는 부모로 존재해야 한다. 따라서 가족세우기의 동일한 법칙이 적용된다. 하지만 부모가 된다는 것은 아이가 되는 것과 사뭇 다르다. 부모는 아버지나 어머니로서의 책임을 지고 자신의 힘으로 일어서야 하는데, 이 말은 아이에게 조건 없이 준다는 뜻이다. 이렇게 되면 아이는 안심할 수 있고 부모를 위해 무언가를 짊어질 필요가 없다. 이렇게 아이는 온전해지고, 시간이 지나 성인이 되어 자신이 받은 것을 자기 자녀에게 모두 물려줄 수 있다. 이것이 세대를 통해 이어지는 자연스러운 삶의 흐름이며, 개체를 보호하는 자연의 방식이다.

다른 한편으로, 예를 들어 만일 어떤 여성이 남성을 붙잡아 두기 위한 임시방편으로 임신을 택하거나, 한 쪽 배우자나 부부가 삶의 의미를 찾기 위한 수단으로 아이를 갖기로 하는 것처럼 무언가 다른 이유로 아이를 갖는다면, 이것은 그들이 자신의 부모에게 무언가를 받지 못했다는 뜻이다. 그 결과 그들은 자기들이 어릴 적 받지 못한 무언가를 자신의 아이에게서 받기 원하는 것이다.

이미 살펴본 것처럼, 아이들은 부모의 필요에 아주 민감하고 소속에 대한 깊고 강력한 본능이 있기 때문에, 부모를 위해 무엇이든 할 준비가 되어 있다.

그래서 아이들은 부모에게 무언가를 주려고 한다. 그러면 아이가 가족의 서열에 따라 올바른 자기 자리에 있을 수 없게 된다. 이 상황에서 아이는 속이 텅 비게 되고, 다시 이 아이들이 성인이 되었을 때 자기 자녀에게 무언가를 받으려고 할 수도 있다. 이렇게 과거의 짐이 대를 이어 내려간다.

　부모가 자신의 책임을 받아들이고 주는 자로서의 자기 힘을 경험할 때, 어머니 혹은 아버지로서의 자신의 역할이 편안해지고, 부모의 도리를 행하기가 더 쉬워질 것이다. 좋은 어머니나 아버지가 되려고 애쓰지 않아도, 자식들에게 사랑을 베풀면서 충만한 느낌을 갖게 될 것이다. 결과적으로 아이는 만족하고 편안함을 느끼게 된다. 그러나 좋은 부모가 되려고 지나치게 애쓴다면, 아이는 부모에게 신경이 쓰여서 불안하고 불편한 느낌을 받게 될 것이다.

　또 하나 꼭 기억해야 할 것은, 아이는 본질적으로 아버지와 어머니에게 절반씩 물려받는다는 사실이다. 이렇게 생각하면 아이는 부모를 합쳐놓은 것이다. 이 말은 어머니가 아이를 온전히 사랑한다면, 동시에 남편도 사랑한다는 뜻이다. 왜냐하면 그 남편이 바로 자기가 사랑하는 아이의 내면에 존재하기 때문이다. 남편과의 성관계로 태어난 아이를 진정으로 사랑하는 아내는 남편을 미워할 수 없다.

　전에 다룬 사례에서 한 여성이 "이 남자와 결혼한 것이 실수예요"라고 했을 때, 그 여성의 태도 때문에 나타나는 결과는 자신의 아이도 역시 싫어하게 되었다. 이것이 사랑이 인정되지 않는 관계의 양상 중 하나로, 이런 종류의 문제를 지닌 내담자의 가족세우기를 통해서 확인할 수 있다. 12장에서 우리는 아이들이 부모의 이전 배우자를 어떻게 동일시하는지 살펴보았다. 이것은 이전 배우자와의 사랑을 인정하지 않기 때문에 생긴다.

　아이가 부모가 함께 살기를 바라는 이유는 자신의 사랑을 둘로 나눌 필요가 없이 온전함을 느낄 수 있기 때문이다. 물론 부모가 '절대로 헤어져서는 안 된다' 라는 말이 아니다. 하지만 부부가 자녀를 정말로 사랑한다면, 서로 사랑하는 마음을 지키고, 전처나 전남편에게 고마움을 느껴야 한다는 뜻이다. 12장에서도 보았듯이, 그렇게 하면 설혹 부모의 관계가 계속되지 않는다 하더라도 아이들은 편안해 한다.

또 하나 중요한 점은, 남자와 여자가 자녀를 갖게 되면 자신들의 부모와 진정한 이별을 해야 한다는 것이다. 이제 자신들이 부모 역할을 맡기 때문이다. 만일 그들이 자신의 부모와 이별하지 않는다면 자녀에게 진정한 부모가 될 수 없다. 또한 아이들이 부모의 원가족 짐을 짊어지는 운명을 따르게 될 수도 있다.

호주의 시드니에서 온 패트리시아Patricia는 두 딸을 가진 어머니였다. 가족세우기에서 자신의 현재 가족을 세웠을 때, 딸들은 무언가 혹은 어떤 사람을 바라봤다. 한 아이는 바닥을, 다른 아이는 위를 바라봤는데, 두 딸 모두 자신을 바라보는 어머니를 외면했다.

내담자의 원가족에게 무슨 일이 있었는지를 물었을 때, 내담자의 어머니와 아버지 모두 어린 나이에 언니와 누나 둘을 잃었다고 말했다. 돌아가신 네 명의 이모와 고모를 바닥에 눕히자 내담자의 두 딸 모두 심하게 긴장했다.

세션이 진행되면서 내담자의 어머니가 죽은 두 언니를 따라 가고 싶어한다는 것을 알게 되었다. 내담자는 "엄마 대신 내가 죽고 싶어요"라고 말했고, 내담자의 두 딸은 "저희는 엄마 대신 죽고 싶어요"라고 말했다.

아직 내담자는 두 자매를 잃은 슬픔을 가진 어머니를 떠나보낼 준비가 되지 않았다. 자신의 두 딸이 죽음의 나락으로 끌려가고 있고 자신들의 삶을 충분히 살지 못한다는 것이 명백하게 드러났음에도, 내담자는 자신의 어머니를 돕겠다는 결심을 내려놓지 못했다.

나는 세션을 더 진행하기 어려운 내담자의 능력과 이러한 역동을 이해한 뒤, 가족세우기 세션을 중단시켰다.

얼마 뒤에 다시 그 작업을 계속할 수 있었고, 이미 드러난 움직임을 마무리

할 수 있었다. 이제 내담자는 친정어머니에게 절을 하며 경의를 표하고, 어머니가 죽은 언니들을 따라 갈 수 있게 보내드리면서 이렇게 말했다. "언니들에게 가세요, 저는 아이들과 함께 있을 거예요." 이제 내담자는 자녀들을 마주할 힘을 되찾고, 이렇게 말했다. "나는 너희들의 엄마야, 이제 내가 너희들 곁에 있어 줄게." 내담자는 두 번의 세션을 진행하는 동안 내내 보여 주었던 울면서 지쳐 쓰러지는 패턴에 빠지지 않고, 두 딸을 기쁜 마음으로 안아 주었다.

우리는 여기서 친정어머니와 자녀 사이에서 망설이는 어머니의 갈등을 볼 수 있다. 결론적으로, 친정어머니에게 작별을 고하고, 어머니로서 아이들과 함께 남는 것이 아이들을 사랑하는 길이다. 그러므로 부모가 된다는 것은 원가족 구성원과의 얽힘을 뒤로 하고, 성숙하고 통합된 인간으로 성장할 수 있게 도와준다.

이런 면에서 아이를 갖는다는 것은 하나의 도전이다. 아이를 갖게 되면 자기 가족 체계의 해결되지 않은 문제와 직면하고, 현실 속에서 부모로서 자식을 돌보고 키우는 힘의 원천을 찾을 수 있다. 이것은 부모와의 유치한 애착을 내려놓도록 당신 스스로를 초대하는 것이고, 스스로의 성숙을 돕는 일이다. 이것은 전적으로 이 도전을 이겨내는 개인의 능력에 달려 있다.

가족 체계 법칙의 주요한 시사점은, 부모가 자녀의 동의를 받지 않고서도 자녀를 위한 결정을 하고 행동을 하며 책임을 진다는 것이다. 오늘날 내적인 힘과 통합성이 부족하여 결정을 내리지 못하는 부모들이 있다. 그들은 자녀에게 무엇을 원하는지 묻고, 이것이 아이들에게 도움이 될지 어떨지를 고민하는데, 그것은 간단하게 말해서 자신들에게 부모로서의 능력과 책임감이 부족하다는 것을 나타낸다.

이것은 민감한 사안이다. 우리는 여기서 어떤 권위적인 교육 시스템을 옹호하거나, '애들은 잠자코 있어야 한다'라고 말하던 시절로 되돌아가자는 것도 아니다. 하지만 사회적 풍조는 권위주의를 찬성하는 쪽에서 반대하는 쪽으로 그리고 다시 찬성하는 쪽으로, 극에서 극으로 옮겨 간다. 부모가 어떤 결정을 내릴 때, 그것은 진정으로 아이를 위한 것이어야 한다. 가족세우기를 해보면 부모가 과거에 얽매여 자신과 자신의 문제만을 생각하는지, 또는 부모가 아이들을 있는 그대로 보고 책임 있게 행동하는지 명백하게 드러난다.

일반적으로 아이들은 자신의 삶에 영향을 끼치는 중대한 결정을 하기에는 미숙하고 너무 어리다. 아이들을 상담할 때, 아이들이 현재 상황을 이해하고 진정한 선택을 할 수 있느냐 없느냐에 모든 것이 달려 있다. 예를 들어 부모가 이혼할 때 아이에게 어머니와 아버지 중에서 누구와 살고 싶은지 물어서는 안 된다. 이것은 마치 '엄마와 아빠 중에서 누가 더 좋아?' 라고 묻는 것처럼, 선택을 할 수 없는 갈등 상황 속으로 아이를 몰아넣는 것과 같다.

아이를 누가 데리고 살지 부모가 결정하면, 아이는 순수한 상태로 남고 부모를 모두 똑같이 사랑할 수 있게 된다. 어머니가 딸에게 자기와 살고 싶은지 아니면 아버지와 살고 싶은지를 묻는다면, 아이의 나이와 상관없이 아이에게 엄청난 혼란을 주게 된다. 보통 부모가 서로 원만한 해결을 할 수 없을 경우에는 아이에게 선택하게 한다. 하지만 어떻게 아이가 그렇게 중대한 결정을 내릴 수 있겠는가? 본질적으로 아이는 부모를 차별 없이 사랑한다. 만일 아이에게 외부적인 힘이 한 쪽 부모를 따르도록 강요한다면, 아이는 마음속으로 다른 쪽 부모를 따르게 된다.

다음은 이런 상황의 극단적인 사례다. 한 소년은 아버지가 범죄자다. 어머니는 아이가 아버지를 닮을까 봐 아버지를 만나지 못하게 했다. 이 경우에 소년은 아버지를 보지 못하게 한 어머니의 결정을 따르겠지만, 제외된 아버지에 대한 사랑으로 학교에서 비행청소년이 될 수 있다.

아이를 둔 부부의 이혼 ■ ■ ■

　　지금까지 부부가 헤어질 때 생기는 문제에 대해 언급했다. 부부 사이에 아이가 있다면 서로의 유대감은 강해지고 헤어지기가 힘들다. 그러나 우리 모두는 많은 부부가 헤어질 위기에 처해 있다는 것을 안다. 이별이 힘들고 어려울지라도 그들은 헤어질 자유와 권리가 있다.

　자녀의 행복을 위협하는 가장 큰 일은, 부모가 서로를 비난하고 비통함을 느끼거나 서로에 대한 연을 완전히 끊어 버리는 것이다. 이로 인해서 아이는 부모에 대한 사랑을 어쩔 수 없이 둘로 나누어야 하는 큰 짐을 지게 된다.

　이렇게 심리적으로 큰 상처가 되는 상황에서, 분명한 사실이 간과된다. 아이는 부모의 산물이다. 부부에게 이별이 매우 힘들었고, 두 사람이 아주 멀어졌다고 할지라도 아이들은 헤어진 배우자를 상기시킨다. 본질적으로 아이는 남자와 여자의 사랑이 낳은 결과다. 설령 두 사람 사이의 사랑이 사라진다 해도 아이는 남는다.

　이혼하는 많은 부부가 받아들이지 못하고 거부하는 것이 있는데, 그것은 부부의 사랑이 아이의 가슴속에서 계속된다는 것이다. 가족세우기에서 아버지가 어린 아들 혹은 딸을 바라볼 때, 어떤 면에서 자신의 전처를 바라보는 것이기도 하다. 이혼한 남편들이 "내 아이는 사랑하지만, 전처는 미워합니다"라고 말하지만, 그것은 불가능하다. 가족 체계 치료에서는, 어떤 사람이 자신의 이전 배우자를 미워하게 되면 자기 아이들도 온전히 사랑할 수 없다고 본다. 아이의 행복을 위한다면 부모가 서로 사랑하는 마음을 가지고 이별하는 것이 정말 중요하다.

　법원에서는 법적 기준에 따라 미성년의 양육권을 결정하지만, 가족세우기에서는 일반적으로 자녀는 부모 중 이전 배우자를 더 사랑할 수 있고, 아이를 잘 돌볼 수 있으며, 아이를 통해 이전 배우자의 현존을 가슴으로 온전히 받아들일 수 있는 사람과 살아야 한다고 본다.

 늘 그런 것은 아니지만, 이혼 뒤에 화를 내는 사람은 여자 쪽인 경우가 많다. 이러한 관점에서 보면, 아이에게는 전남편에 대한 분노가 남아 있는 어머니보다는, 아버지와 함께 지내는 것이 더 안전하고 더 만족스럽다. 그러나 각 사례의 특성을 잘 살펴야 하고, 원가족의 얽힘이 무엇이고, 그것이 각각의 부모에게 어떤 영향을 주는지를 잘 살펴보아야 할 것이다. 일반적으로 아이는 원가족의 짐이 적은 부모와 지내는 것이 더 안전하다. 이것은 부모가 헤어지든 헤어지지 않든 상관없이 진실이다.

 이혼한 스페인 여성은 전남편과의 사이에 두 아들을 두었다. 가족세우기 세션을 하면서, 내담자의 외할아버지가 전쟁 중에 군인의 총에 맞아 죽었고, 내담자는 외할아버지를 쏜 군인과 자신을 동일시하고 있다는 것을 알게 되었다. 내담자는 이 얽힘을 보고 상황이 이해되자, 전남편에게 존경하는 마음을 가지고 이렇게 말할 수 있었다. "미안해요, 당신 곁에서 살 수가 없었어요." 이 경우에 아이들은 아버지와 함께 사는 것이 더 낫다.

 아버지와 할아버지가 마피아의 단원이었던 한 남자는 전처와의 사이에 두 아들이 있었는데, 아이 둘을 모두 데리고 재혼했다. 가족세우기에서 아이들을 마피아의 피해자와 동일시하고 있다는 것이 드러났다. 이 경우 아이들은 어머니와 사는 것이 더 좋다.

 아이의 나이 또한 중요한 요소가 될 수 있다. 아주 어린아이는 어머니와 살아야 한다.

 아버지가 아이에게 "너를 보면, 내가 네 엄마를 얼마나 사랑했었는지 생각나"라고 말하거나, 어머니가 아이에게 "네가 아빠처럼 되더라도, 나는 정말로 괜찮다"라고 말하면, 아이는 부담을 덜 수 있다. 이 문장들을 진심으로 표현해야 하고, 아이가 진실함을 느낀다면 아이는 편안해지고 상대적으로 행복해진다.

내담자는 누구인가? ■ ■ ■

가족세우기를 할 때는, 세션을 시작할 때부터 내담자에 대해 분명히 알아야 한다. 자신의 부모와 얽힌 문제를 가진 내담자와 작업을 하는지, 혹은 내담자가 부모로서 자녀에 대한 문제를 가지고 작업을 하는지.

첫 번째 경우에 내담자는 책임을 부모에게 돌려주고, 아이로 순수하게 남고 부담을 던다. 그러나 만일 내담자가 자녀 문제로 고민하는 어머니라면 자신의 책임을 지고, 자녀에게 부담을 주지 않도록 내담자가 성인 여성으로서의 힘을 받아들이고 인정할 수 있도록 도와야 한다.

그러므로 내담자가 누구인지 아는 것은 중요하다. 왜냐하면 가족세우기를 어느 쪽에서 접근하는지에 따라 세션의 내용이나 방향이 눈에 띄게 달라지기 때문이다. 일반적으로 부모와 자녀 사이의 화해는 아이 쪽에서 먼저 시작하게 된다. 아이는 부모에게 가야만 한다. 만일 부모가 먼저 아이에게 다가가려고 한다면, 보통은 부모가 아이에게 무언가를 원한다는 뜻이고, 자녀에게 부담을 줄 위험이 있다.

남자가 눈물을 흘리면서 아들에게 다가간다. 서로 얼싸 안는다. 이러한 상황에서 남자의 행동은 성인이 아니라 아이처럼 행동하는 것이다. 남자 뒤에 자신의 아버지를 세우기만 하면, 그는 즉시 울음을 멈추고 내면의 힘을 느낄 것이고, 아들은 긴장을 풀게 된다.

형제자매 간의 경쟁 ■ ■ ■

세션을 통해 형제자매 사이의 문제를 해결하려는 내담자를 종종 보게 된다. 가족세우기에서 나타나는 대부분의 형제자매 간의 갈등은, 실제로는 부모나 친척의 갈등인 경우가 많다. 이전 세대의 가족 구성원 사이의 갈등은, 친척 중 누군가와 자신을 동일시하는 아이에 의해 재현된다. 이때 아이들은 자신의 '올바른' 위치에 있지 않고, 그 문제에 얽혀 있다.

이러한 갈등은 위계질서 즉, 가족의 서열에 따라 형제들이 제자리를 찾으면 쉽게 해결된다. 그러나 만약 갈등이 쉽게 사라지지 않는다면, 그것은 대개 더 깊은 차원에 동일시가 존재한다는 뜻이다. 예를 들면 자매끼리의 갈등은 그들의 어머니를 세우면 금방 해결된다. 만일 갈등이 지속된다면 자매 중 한 사람이 어머니를 존중하지 않고, 어머니 자리에 서 있기 때문이다. 다른 자매들은 그것이 불편해서 저항하는 것이다. 동일시하던 자매가 가족 서열에 맞는 제자리를 찾아가면 가족 안의 조화가 회복된다.

한 자매가 다른 자매에게 할 수 있는 치유 문장은 다음과 같다. "내가 조금 더 어리더라도/나이를 먹었더라도, 우리는 한 부모의 자식이야." 이렇게 그들은 같은 부모의 자식이라는 사실을 서로에게 상기시킨다. 실제로 그들은 한 배를 탔다.

아이가 일찍 세상을 떠난 형제나 자매를 따라서 죽고 싶어하거나, 혹은 가족 안에서 죽은 형제를 대신해야만 한다고 느끼는 일도 발생한다. 이때 해결책은 죽은 아이를 초대하여 내담자가 그 사람을 인정하고 존중하게 하는 것이다. 때로 살아 있는 사람이 죽은 형제에게 이렇게 말하는 것도 치유가 된다. "당신은 내 형제/자매이지만, 저보다 먼저 세상을 떠났습니다. 그러나 저는 당신을 진심으로 기억합니다. 제가 조금 더 오래 살더라도 축복해 주세요. 때가 되면 당신을 만나러 갈게요."

14
사랑의 여러 가지 차원

우리는 지금 남녀 사이에 주고받는 사랑과 관계에 대해 이야기하고 있다. 하지만 사랑에는 여러 가지 수준이 있고, 그 수준에 따라 다양한 차원과 기능을 갖고 있기 때문에, 이번 장에서는 우리 삶에서 사랑이 드러나는 여러 가지 방식을 살펴볼 것이다.

성 sex ■ ■ ■

사랑의 가장 중요하고 기본적인 차원은 성sex이다. 성은 동물적인 에너지이며 삶의 기초다. 성적인 욕망은 생물의 생존과 연결되어 있으므로, 자연스럽게 남녀 관계에서도 아주 중요한 역할을 한다. 성욕은 먹고 자는 것과 마찬가지로 신체의 생리적인 흥분을 강하게 느끼게 한다. 성적인 만남은 파트너 사이에 결속을 만들어내고, 이전에도 언급한 것처럼 사랑이 담긴 성관계는 결속을 더 강하게 한다.

사랑이 존재하지 않는 성관계는 에너지의 교환으로, 상대에 대해 고마움이나 존중이 없기 때문에, 가족세우기 세션에서는 때로 서로를 이용하는 형태로 나타나기도 한다. 서로를 이용한다는 것은 신체의 생리적 욕구를 채우기 위해 상대를 이용한다는 뜻이다. 만일 이런 상황이 진실이라면, 서로 사랑하는 척하거나 혹은 상대에 대한 어떤 환상을 갖기보다는 사실을 정확하게 인식하는 것이 필요하다. 대개 두 사람 모두 마음속으로는 현재 어떤 일이 일어나는지 알고 있으며, 아마도 암묵적으로 동의하고 있을 수도 있다. 이것이 사실이라고 서로 솔직하게 인정한다면 두 사람은 편안해질 것이다.

어떤 사람들은 상대방이 오직 성관계만을 원하고 어떤 책임도 지지 않는다고 비난한다. 치료자는 이런 상황에 놓인 두 사람을 마주 보게 세우고 내담자에게 연인이 "나는 당신을 이용했어요"라고 말하게 하여, 그 사람이 오직 성적인 쾌락에만 관심이 있었다는 사실을 분명히 인정하게 한다. 다른 내담자는 이렇게 대답한다. "나는 당신이 나를 이용하게 내버려두었어요." 이것이 내담자로 하여금 피해자의 역할로부터 빠져나올 수 있도록 하고, 상대방도 부끄러움과 죄책감으로부터 벗어나게 하는 길이다. 두 사람 모두 성욕을 채우기를 바랐다. 이 관계는 서로에 대한 비난이나 기대 없이 자신들의 행동을 인정할 수만 있다면 완벽하게 만족스러울 수 있다.

사실을 인식하는 것, 사실을 있는 그대로 보는 것은 두 사람 간의 책임감과 균형 감각을 갖게 만든다. 이런 방식으로 성적인 관계를 넘어 서로에 대한 존중감을 표현하게 되고, 이를 통해 그들의 관계가 또 다른 차원을 갖게 된다. 그것은 사랑의 한 가지 형태인 존중이다.

가족 역동의 관점에서 보면, 성과 관련된 어떤 사건에서 부정이나 비난은 전혀 도움이 되지 않으며, 아무리 짧은 연애사건이라도 인정하고 존중할 필요가 있다.

사랑 Love ■ ■ ■

생리적 수준을 넘어서면, 사랑은 심리학적인 필요이며 타인을 향한 보호·민감함·고마움을 포함하며, 인간의 가슴에서 체험된다. 사랑이 없다면 사람들은 외로움을 느끼고 세상에서 고립된다. 이러한 수준에서 사랑은 주고받는 관계이며, 서로 존중하는 마음과 고마움을 동반한 교류다. 우리는 사랑 안에서 다른 사람을 대상으로 보지 않으며, 한 인간을 전체적으로 만나게 된다.

성관계를 가진 두 사람이 사랑을 하게 되면, 상대에게 고마움을 느끼게 된다. 두 사람은 자신의 욕구뿐 아니라 파트너의 욕구에도 귀를 기울이게 된다. 또한 상대에게 필요한 것을 주고, 자신에게 필요한 것을 받는다. 그러므로 이러한 수준의 사랑은 타인에게 자신의 욕구를 보여 주는 일이 아주 중요하다. 이것은 부모에게 느끼는 아이의 욕구가 아니라, 여성 혹은 남성으로서 자신의 불완전함에 대한 인식에서 나오는 성인의 욕구다.

사랑은 성sex처럼 중립적 에너지의 교환이지만 친밀감, 믿음, 존경과 같은 특성을 가진 가슴의 차원이 더해진 것이다. 나는 파트너가 내 선물을 받아준 것과, 내 파트너가 나에게 준 선물, 그리고 이 세상에서 두 사람이 한 집에서 조화와 친밀감을 나누게 된 것에 감사한다.

대부분의 심리치료에서는 이런 수준의 사랑, 즉 관계 속에서 어떻게 사랑을 표현하느냐에 초점을 두고 다룬다. 가족세우기에서 '사랑은 서열이나 순서를 따라야 한다'는 말은 부모-자녀 관계 혹은 부부 관계에 따라 다르게 적용된다. 하지만 관계는 그 자체로 끝나는 것이 아니라 사랑에 대해 배우는 수단이다. 사랑을 받고 주면서 삶의 교훈을 배운다. 이해와 통찰을 바탕으로 하는 관계에서는, 대상없는 사랑과 온전한 사랑을 배울 수 있다. 사랑이 특정한 사람만을 향하지 않고 모든 사람에게 열려 있을 때, 그것은 자비慈悲가 된다.

자 비 compassion ■ ■ ■

　　신비가들이 사랑의 높은 차원에 대해 말할 때, 그것을 가장 잘 표현할 수 있는 말이 자비다. 자비는 주고받는 관계가 아니라, 모든 것을 내주고도 돌아올 그 어떤 것도 바라지 않는 것이다. 실제로 그것은 관계라고 볼 수 없다. 자비는 사랑이 넘쳐나는 존재의 상태며, 나눔의 가장 순수한 형태다.

　일반적인 사랑에서는, 사랑을 주는 상대에게 고마움을 느끼게 되지만, 자비의 경우 사랑을 받아주는 상대에게 고마움을 느낀다. 그래서 자비는 조건 없는 사랑이다. 자비는 아무것도 필요로 하지 않기 때문에, 상호간의 필요를 맞추기 위한 어떤 자극이나 경계가 존재하지 않는다. 어떤 계약이나 결정된 합의나 기대도 없다. 자비는 남자 여자에 상관없이 성별을 초월하며, 두 사람이 사랑에 빠질 필요도 없다. 자비는 혈연이나 성별과 관계없는 가장 순수한 형태의 사랑이다.

　이 말은 자비는 가족 체계 치료에서 다루고 있는 관계를 넘어선다는 뜻이다. 그렇더라도 여기에서 자비에 대해 살펴볼 필요가 있는 것은 자비가 가장 높은 차원의 사랑으로 인식되고 있고, 가족 역동을 넘어서 존재하는 중요한 원리이기 때문이다.

　자비가 무엇인지는 누구나 알고 있다. 일상생활에서도 조건 없는 사랑의 순간, 돌아올 어떤 것도 기대하지 않으면서 주고, 나누는 기쁨 이외에 다른 이유 없이 풍요로움을 나누는 경험을 한다.

　나는 사랑에 여러 가지 차원이 있다는 것을 명확하게 하기 위해 성, 사랑, 자비라는 세 가지 상태로 구분하여 언급했다. 하지만 사랑을 어떤 이론이나 개념으로 완전하게 정의내릴 수는 없다. 삶에 대한 이론을 만들어내는 우리의 능력은, 마음의 논리적이며 합리적인 특성에서 나온다. 이 특성은 인간의 자연스러운 성질로, 모든 것을 특정한 용어로 설명하려고 애쓰고, 공식으로 정리할 수 없는 일들에 대해서는 두려움을 갖게 한다. 이러한 관점에서, 가족세우기를 포함한 관계에 대한 우리의 사고와 이론은 사랑에 관한 모든 것을 설명할 수 없다. 그러기에는 사고를 관장하는 우리의 능력이 너무 빈약하다.

관계 역동은 중요한 통찰을 제공한다. 하지만 사랑은 그 자체로 언제나 신비롭다. 그래서 가족세우기 세션에서 관계에 대해 논할 때 이러한 사실에 주의를 기울여야 한다. 많은 경우 밖에서 바라보는 관찰자로서, 우리는 그저 뒤로 물러서서 사람을 움직이는 사랑의 위대함을 놀라움으로 바라볼 수밖에 없으며, 그것을 정의내리거나 측정하는 것은 불가능하다. 하지만 다행히도 사랑을 정의내리거나 측정할 필요가 없고, 사랑이 우리의 삶에서 드러나고 표현되게 하는 것만으로도 충분하다.

자신에 대해 배우기 ■ ■ ■

관계 이론의 또 다른 문제는, 개인 성장의 다른 차원을 간과하기 쉽다는 것이다. 예를 들어 나는 버트 헬링거 박사의 어떤 말에 모순이 있다는 사실을 알게 되었다. 그는 관계가 유지되기 위해서 남자는 남성이 되어야 하고 자신의 여성적인 특성을 발전시키면 안 되며, 여자는 여성이 되어야 하고 자신의 남성적인 특성을 발전시키면 안 된다고 말했다.

이 말은 어떤 특정한 구조 안에서만 진실이다. 즉, 상호 필요에 의해서 남녀 사이에 유대가 생긴 일반적인 관계에 적용될 수 있다. 하지만 이러한 수준에서는 두 사람이 더 깊은 관계의 발전이나 서로의 깊은 내면을 탐구하고자 하는 욕망은 다루지 못한다.

칼 융C. G. Jung은 한 개인 안에 남성과 여성의 심리적 특성이 둘 다 존재한다는 사실을 서양인으로는 처음 발견했다. 일반적으로 남자는 자신의 남성적인 면을 좀 더 드러내고 여성적인 면은 마음의 무의식적인 부분에 감추어두는데, 이렇게 숨겨진 부분은 자기가 만나는 여성에 의해 나타나게 되어 있다. 실제 여러 가지 방법으로, 남자 내면의 여성성은 자신이 호감을 느끼는 여성을 통해 드러난다. 일반적으로 여성들의 남성성도 같은 방식으로 나타난다.

현재 융의 이론은 널리 퍼져서, 남자에게는 '내면의 여성'을 발견하고 탐험하게 하고, 여자에게는 '내면의 남성'을 만나게 하는 탄트라를 포함한 다양한 프로그램이 생겨났다. 이런 탄트라의 주된 목적은 이성이 무엇을 경험하는지 체험하면서 부부의 성적 경험의 폭을 넓히고자 하는 데 있다. 또한 관계를 맺고 있는 사람들이 상대가 어떻게 생각하는지, 무엇을 원하며 어떤 것을 경험하는지에 대해 더욱 쉽게 이해하게 해준다.

여기서 남성과 여성에 관한 심리학을 모두 다루고 싶지는 않지만, 자기 이해의 다른 측면과 남녀 관계의 다른 차원을 그려보는 인간의 역동 모델을 보여 주는 것이 필요하다고 생각한다. 가족세우기를 통해서 정말 가치 있는 관계의 특성을 이해할 수 있지만, 그것이 전부는 아니다.

관계를 다루는 모든 작업에서, 다른 사람과의 관계를 통해 우리는 자신에 대해 진정으로 배우게 된다. 타인은 우리가 전체로 통합해야 하지만, 아직 보지 못하고 있는 개인성의 측면을 보여 주는 거울이다. 그러므로 우리는 다른 사람을 통해서 우리 자신과 진정으로 관계하며 사랑을 배우고, 억눌리고 감춰지고 알지 못했던 내적 부분을 자기 것으로 만들 수 있다.

우리가 개인으로서 온전하게 통합될 수 있다면 타인에 대한 의존성이 적어지거나 어쩌면 사라질지도 모른다. 그러면 다른 사람과의 사랑은 완전히 달라진다. 더 이상의 애착이나 욕망은 없다. 그래서 성장을 위해서는 두 가지가 필요하다. 우리에게 타인이 필요하다는 것을 인정하고 친밀한 관계가 갖는 어려움을 즐기는 것과, 동시에 일반적인 의미의 관계를 넘어선 이해와 사랑을 키워 나가는 것이다.

15
특별한 주제 :
근친상간, 낙태, 입양, 동성애, 삼각관계

이 장에서는 원가족이나 현재 가족 안에서 일어나는 근친상간, 낙태, 입양, 동성애, 삼각관계와 같은 주제들에 대한 통찰을 제시하려 한다. 이런 문제들은 논쟁의 소지가 다분하기 때문에 일부 독자들은 불편함을 느낄 수도 있을 것이다.

이런 사건들을 직접 경험한 사람들이 이와 같은 주제들을 다루기는 매우 힘들다. 왜냐하면 그들은 인간 삶의 한 부분인 이런 사건들을 제대로 보지 못하게 하는 도덕적 관습이나 편견, 관점에 사로잡혀 있기 때문이다. 도덕적인 관점을 고집하는 사람들은 선입견 때문에 고정관념에 갇혀서 사건을 제대로 보지 못한다. 실제로 도덕주의자들은 삶의 문제들에 대해 참된 해결책을 찾도록 돕기보다는 해결을 불가능하게 하고, 더 큰 갈등과 혼란을 조장하여 문제를 더 어렵게 만든다.

가족세우기 치료에서 이런 상황을 이해하고 내담자를 진정으로 돕고 싶다면, 모든 도덕적인 태도나 관념, 신념체계를 버리고 무엇이 좋고 나쁘다는 어떤 편견도 버려야 한다. 어떠한 행동이나 사건이 어떤 결과를 만든다고 할 때,

우리는 가족세우기 세션에서 관찰할 수 있는 결과를 언급하는 것이다. 어떤 문제를 보고, 무엇이 그 문제를 만드는지를 관찰하며, 어떠한 단계가 내담자에게 위안과 해결을 주는지 살펴본다. 다시 말해서, 이것은 내담자를 돕는 데 목적을 둔 철저하게 실용적인 접근법이다. 이것은 일반적으로 특정 개인이나 사회가 이런 문제에 대해서는 이렇게 해야만 한다고 주장하는 단정적인 결론과는 다르다.

이 장에서는 각 주제들을 소개하면서 그 이면에 숨어 있는 가족 역동성에 대해 간단히 요약할 것이다. 각각의 주제들을 상세히 다룬다면 책 한 권 분량은 족히 넘기 때문에 소상하게 다루는 것은 무리다. 그리고 모든 상황에 들어맞는 형식화된 해결책도 없다.

근친상간과 성학대 ■ ■ ■

성학대의 형태는 학대한 정도와 가해자에 따라 다양하다. 일반적으로는 직계가족에 의한 근친상간이나 성학대 문제로 가족세우기 세션을 받는 여성의 경우, 치료자는 두 가지 일이 진행되는 것을 관찰할 수 있다. 명백한 가해자인 아버지와 드러나지는 않지만 숨겨진 가해자인 어머니. 아버지와 어머니 상호간에 무언의 동의가 있었다는 인식은 사람들에게 논쟁을 불러오기도 한다. 사람들은 어머니가 근친상간에 대한 부분적인 책임을 지면 아버지가 전적으로 책임지지 않아도 되는 핑계 거리를 준다고 느낄 수 있기 때문이다.

이런 반응은 이해할 만하지만, 어머니의 역할을 무시하면 내담자의 치유와 문제 해결에 도움이 되지 않는다. 이런 문제와 관련된 가족세우기 세션에서 우리는, 내담자의 어머니가 현재 가족을 떠나려는 경향이 있거나 남편과 성적 관계를 가질 수 없거나 혹은 둘 다인 경우라는 것을 알게 된다. 때로 어머니가 자신의 원가족으로부터 갖고 있던 어떤 문제 때문에 남편에게서 멀어지게 되고, 부부 관계의 불균형이 생긴다. 이 여성은 부부 관계에서 자신을 상대에게 동등하게 내어줄 수도 없고 주고 싶어하지도 않는다. 아마 그 결과로 자신의 배우자를 성적으로 거부하게 되었을 것이다. 이런 관계에 균형을 맞추기 위해서, 어머니는 무의식적으로 자기 대신 딸을 남편에게 내주게 된다.

영국에 살고 있는 러시아인인 나타샤는 어렸을 때 친아버지에게 성학대를 받았다. 가족세우기에서 어머니는 남편이나 아이를 바라보지 않고 다른 곳을 바라보고 있었다. 아버지는 딸을 바라보았다. 아버지는 딸을 자식으로 보지 않고 성적 매력을 느끼고 있었다. 이 역동은 어머니가 파트너로서 가능하지 않을 때, 어머니의 자리에 딸이 들어오면서 딸과 아버지 사이에 근친상간이 일어나게 한다.

인터뷰를 통해 어머니가 아버지와 멀어지게 된 이유를 알 수 있었다. 어머니의 할아버지와 식구들은 19세기 말 유태인 학살기간 동안 러시아를 탈출해야 했던 유대교도였다. 어머니는 러시아와 원가족을 많이 그리워하며, 그때 당한 일에 대해서 계속 분노하고 있는 듯 보였다.

내담자의 할아버지와 할머니를 배치하고 러시아 대리인을 어머니 앞에 세우자, 어머니의 느낌은 나아졌고 마침내 몸을 돌려 자식인 나타샤를 돌볼 준비가 되었다. 나타샤는 크게 안도했고, 이제 더 이상 어머니의 자리를 차지할 필요가 없게 되었다.

다음의 치유 문장은 근친상간을 일으킨 근본적인 역동을 보여 준다. 내담자는 어머니에게 이렇게 말했다. "제가 엄마를 사랑했기 때문에 엄마의 자리를 빼앗았어요." 아버지에게는 "제가 어머니를 사랑했기 때문에 그랬어요." 이 문장은 내담자를 아이의 자리로 돌아오게 한다. 부모를 사랑해서 그런 행동을 한 순수한 아이가 된다. 이와 같은 방법으로 아이는 모든 책임을 부모에게 남겨둔다.

 이것은 성학대를 다루는 가족세우기의 전형적인 역동이며, 왜 딸이 근친상간을 경험하게 되었는지 보여 준다. 아버지 대리인은 딸을 향해 성적인 매력을 느끼고, 어머니 대리인은 다른 곳을 보고 있었다. 가족세우기 세션에서 내담자를 개인적으로 알지 못하고, 근친상간에 대해 어떤 선입견도 없는 대리인을 세웠기 때문에, 딸이 어머니를 대신하는 데 부모 사이에 무언의 동의가 있었다는 근친상간의 일반적인 패턴을 볼 수 있었다.
 그러므로 부모는 공동책임을 진다. 아버지는 명확하게 범죄를 저지른 당사자이고 어머니는 숨겨진 공범이다. 일반적으로 아버지는 아이를 근친상간한 사람으로 비난받지만, 어머니의 역할은 불분명하기 때문에 어머니의 범죄 행위는 자주 간과된다.
 이 상황을 해결하려면 아이가 어머니에 대한 사랑으로 사건에 어떻게 연관되었는지, 언제 이런 일이 벌어졌는지 밝혀야 한다. 이렇게 하면 대부분 어머니와 딸의 관계가 회복된다. 이제 딸은 어머니를 대신해야 하는 부담에서 벗어나 어린아이로 돌아갈 수 있다. 이 순간 딸을 성적인 대상으로 보는 아버지의 관심도 사라진다. 결국 아버지는 어머니를 성적 파트너로서 진정으로 원했고, 딸은 어머니의 대리인으로 봉사했던 것이다.
 이런 역동이 드러났을 때 나타샤는 아버지를 향한 분노와 상처, 죄책감을 극복하기 쉬워졌고, 자신의 딸을 옳지 못하게 취한 책임과 죄책감을 아버지에게 맡겨둘 수 있게 되었다. 만일 그녀가 분노나 죄책감에 사로잡혀 있다면, 자신이 하지도 않은 일, 실제로는 아버지가 저지른 일에 대한 부정적인 결과를 짊어지게 된다.
 분노에 차 있으면 내담자는 더 힘들어지고, 궁극적으로 치유도 어렵게 된다. 무엇보다도 분노는 두 사람을 묶어두는 강한 애착을 형성하고, 아버지와의 성

관계를 인정하지 않으면, 미래에 다른 사람과 성관계를 갖기도 어려워진다.

앞에서 언급한 것처럼 첫 번째 성관계는 강한 유대감을 만들기 때문에, 앞으로의 성관계가 원만하기 위해서는 반드시 첫 번째 성관계를 인정해야 한다. 만일 성폭행을 당한 딸이 아버지를 향해 부정적인 자세를 유지하며 계속 비난한다면, 이 관계를 전혀 인정하지 않는다는 뜻이다. 그렇게 되면 해결도 어렵다. 이것은 결국 그녀는 상처를 극복하지 못하고, 다른 파트너에게 갈 수 없게 된다는 뜻이다. 이것이 바로 근친상간이나 다른 형태의 성폭행을 당한 경험이 있는 내담자들이 새로운 파트너와의 성관계를 어려워하는 이유다.

여기서 고려해 보아야 할 또 다른 문제는 근친상간이 피해자에게 가해진 명백한 범죄임에도 불구하고, 딸이 아버지와의 성관계에서 쾌락을 느낄 수 있고, 왜곡되긴 했지만 둘 사이에 사랑이 존재할 수도 있다는 것이다. 내담자가 가해자에 대해 분노하고 비난하는 자세를 고집한다면, 내담자는 다른 사람과의 성관계에서 온전한 성적 기쁨을 맛보지 못할 것이다.

처음에는 내담자가 근친상간을 통해 쾌락을 느꼈을 것이라는 견해에 감정이 상할 수도 있다. 하지만 이런 주제를 다룬 많은 가족세우기 세션에서 이 점이 관찰되었기 때문에 이것도 간과하지 말아야 한다.

내담자의 분노를 성폭행 가해자인 아버지에 대한 정당한 반응으로 가치 있게 생각하고, 분노를 지지하고 공감하는 치료는 내담자의 문제를 해결하는 데 방해가 된다. 오랫동안 내면에 억압하고 있던 감정의 방출, 분노의 표출은 세션 초기 단계에서 도움이 될 수 있지만 최종 해결책으로는 볼 수 없다.

가족세우기 세션의 해결은 딸이 어머니에게 '저는 엄마를 사랑해서 그렇게 했어요' 아버지에게는 '저는 어머니를 사랑해서 그렇게 했어요' 라는 문장을 말하는 것으로 함축된다. 그리고 딸은 부모에게 이렇게 이야기한다. "저는 어린아이일 뿐이에요. 저는 순수합니다. 저는 제게 일어난 일의 죄책감과 책임을 부모님께 맡겨둡니다."

이 일에서 딸은 아이의 위치에 있다는 것을 확인하고, 학대받은 아이의 순수함을 회복시킬 필요가 있다.

이것이 명확해지고 분명해졌을 때, 내담자는 자신의 아버지에 대한 분노를 내려놓고 자유로워진다.

내담자가 아버지에게 선언할 수 있는 또 다른 방법이 있다. "당신이 한 일은 잘못입니다. 저는 단지 아이일 뿐입니다. 이제 저는 당신이 한 일의 책임과 죄책감을 당신에게 맡겨두고, 그 일의 결과도 당신이 짊어지도록 하겠습니다"라고 말하는 것이다. 이때 이런 문장을 분노나 비난, 자신을 피해자라는 생각 없이 조용하면서도 감정이 섞이지 않은 말투로 해야 한다. 만일 평정심을 유지하지 못한다면, 아직 선언하고 이해해야 할 어떤 것이 남았다는 뜻이다.

이러한 사례를 다루는 치료자가, 내담자가 가해자를 향해 내뿜는 적대감에 동조하며 감정적 동맹자의 역할로 쉽게 빠질 수 있다. 만일 그렇게 하면 치료자는 내담자를 도울 수 있는 가능성을 잃게 된다. 치료자는 항상 내담자의 가슴이 가장 바라는 것이 무엇인지 살펴야 하지만, 내담자의 문제에 대해 한쪽 편을 들거나 옹호하는 것을 삼가야 한다. 치료자가 판단을 중지하고 중립을 지키면서 내담자의 진정한 행복을 위한 상황이 무엇인지 진심으로 관찰한다면, 해결책은 좀 더 쉽고 명백하게 드러날 것이다.

치료자는 또한 양쪽 부모 모두에게 속하고 싶어하는 아이의 간절한 소망을 인식할 필요가 있다. 어찌되었든 이 같은 사건은 우리에게 가족 유대의 엄청난 힘을 보여 준다. 우리는 부모가 잔인하거나 폭력적이면 아이를 키울 자격이 없다고 생각하지만, 아이의 관점에서 보면 부모가 어떻든 아무 상관없다. 부모는 부모다.

낙 태 ■ ■ ■

낙태라는 사건 자체가 후유증을 불러오는 것이 아니라, 낙태를 대하는 태도 때문에 후유증이 생긴다. 가족세우기에서 일반적으로 보았듯이, 낙태, 범죄, 혹은 이른 사망 등은 그 자체가 가족 체계에 혼란을 불러오지는 않는다. 그런 사건을 직면하기를 피하려고 노력하거나, 그런 사건에 대처하는 사람들의 무의식적인 반응 때문에 얽힘이 생긴다. 이것은 이별의 고통이나 어떤 사건의 책임을 온전하게 지지 않고 인정하지 않으면 후유증이 남는다는 뜻이다. 무언가가 불완전하게 남는다.

낙태를 주제로 하는 가족세우기 세션에서 낙태된 아이 대리인의 반응을 통해 명백히 알 수 있듯이, 낙태된 아이는 보통 자신의 운명에 순응하고, 태어나지 못한 것에 그리 신경 쓰지 않는다. 다만, 자신이 부모에게 자식으로 인정받기를 원한다.

이런 인정에 대한 욕구는 가족세우기 역동에서 나타나는 기본적인 주제다. 누구였든 간에 모든 성적 파트너를 존중하는 것이 중요한 것처럼, 조기 사망이나 입양을 보낸 아이, 낙태아나 사산아를 포함해서 태어나진 못했지만 임신했던 모든 아이를 존중하는 것 역시 중요하다. 모든 임신은 존중받아야 한다.

치유와 해결책을 찾기 위해서 버트 헬링거는 간단하지만 매우 강력한 의식을 제안했다. 낙태를 통해 어떤 일이 일어났는지 인식하기 위한 것이다. 낙태된 아이 대리인을 어머니 앞에 앉게 하고, 어머니는 아이를 바라보면서 손을 아이의 머리에 얹고 이렇게 말한다. "나는 네 엄마야, 너는 내 아이란다. 나는 모든 것을 가져갔고, 너는 모든 것을 주었지. 이제 내 가슴에 너를 위한 큰 자리를 마련할 거야." 대개 이 의식은 어머니가 이전에는 자발적으로 의식하지 못했던 슬픔을 만나게 한다. 아이 아버지도 같은 의식을 행하게 한다.

세션이 진행되는 동안, 아이 어머니가 자기가 한 일에 대한 책임을 질 수 있는지 아닌지 명백하게 드러난다. 만일 어머니가 냉담하거나 반대로 잘못을 빈다면, 어머니는 책임을 지지 않으려고 아이처럼 행동하는 것이다.

때로는 어머니가 아이를 마주 보고, 아이의 운명을 인정할 수 있도록 힘을 갖게 하는 방법으로, 어머니의 어머니(외할머니)를 어머니 뒤에 서거나 앉게 할 수 있다.

일단 어머니가 아이를 인정하게 되면 남편을 바라볼 수 있고, 각자의 책임을 인정할 수 있게 된다. 그리고 한동안 함께 슬퍼한 뒤에 어머니는 아이를 떠나보내고, 아이는 평화를 회복한다.

이런 세션에서는 어머니와 아버지가 진실한지 진실하지 않은지 확인해 보는 것이 중요하다. 치료자로서 부모가 슬퍼하는 정도나 아이 대리인의 반응에서 얼마나 진실한지 알 수 있다. 앞장에서 언급한 것처럼, 부모와 함께 작업할 때 아이의 반응을 보면 부모의 말과 행동의 진실성을 알 수 있다. 만일 아이가 안도하면, 일반적으로 진실이다. 만일 아이가 아무것도 느끼지 못한다면, 부모가 정직하지 않거나 지금은 부모로서 책임질 능력이 없다는 뜻이다. 이런 종류의 세션을 하며 우리는 낙태가 가족 체계에 아주 중요한 사건이며, 낙태 사실을 있는 그대로 인정해야 한다는 것을 배우게 된다. 내담자가 태어나지 않은 아이에게 사랑을 느끼고 그 아이의 희생을 인정하면 치유가 일어난다. 죄책감을 갖거나 낙태 외에 다른 선택의 여지가 없었다고 변명하는 것은 낙태에 대한 자신의 책임을 거부하는 것이다. 자기합리화는 책임을 회피하고 상실의 고통을 느끼지 않으려는 미묘한 방법이다.

이 문제에 대해 한때 헬링거박사는 낙태란 두 성인 파트너 사이의 개인적인 문제이고, 다른 아이들에게는 영향을 주지 않는다고 했다. 하지만 나중에 그는 자신의 견해를 뒤집어 부모의 다른 아이들 역시 영향을 받게 된다고 말했다. 나의 견해는 다른 아이들이 받는 충격은 부모가 얼마나 많은 낙태를 했는지, 낙태는 임신 몇 개월째 했는지, 어머니는 얼마나 많은 상처를 받고 고통스러워했는지에 따라 달라진다는 것이다.

자기의 결정이든 배우자가 원했든 간에 낙태를 하면, 생물학적인 수준에서 남자나 여자는 성관계의 결과물에 대해 '싫다'라고 말하는 것이며, 이것은 어떤 식으로든 남자나 여자가 배우자에게 '싫다'라고 말하는 것이다.

낙태를 하면 대부분의 경우 부부 관계 혹은 파트너 관계가 이전과 같지 않거나 관계가 끝나게 된다. 일반적으로 낙태 후에 남녀 관계를 지속하고, 함께 지낸다고 하더라고 낙태를 한 시점에서 둘 사이의 관계가 실질적으로 끝났다는 것을 알게 된다.

낙태는 항상 관계의 단절이다. 만일 낙태 이후에도 배우자와 함께 지낸다면, 그들은 새로운 관계를 시작해야 한다. 위에서 언급했듯이 새로운 관계는 두 사람 사이에 있었던 이전의 일들이 성공적으로 해결되었을 경우에만 성립할 수 있다.

가족세우기에서 임신과 연관된 모든 결정은 여러 가지 결과를 가져온다는 것을 보여 준다. 예를 들면 낙태를 반대하는 사람들은 종종 원치 않는 아이에 대한 원만한 해결책으로 입양을 권한다. 간단히 말해서, 입양은 아이를 떠나보낸 어머니에게는 중요한 사건이다. 어머니는 입양시킨 아이 때문에 고통스럽고, 가족 체계에 혼란이 오고, 나중에 태어난 아이들에게도 짐이 되기 때문이다. 원하지 않는 자식이라도 낳고 기른다는 또 다른 선택도 그 불운한 아이에게 상처와 괴로움을 주기 쉽다.

여기서 중요한 점은 하나의 선택이 다른 선택보다 더 낫다는 것이 아니라, 각각의 행동이 서로 다른 결과를 불러온다는 것이다.

입양 ■ ■ ■

입양된 아이는 아버지와 어머니와 헤어지고, 자연히 자신의 뿌리와도 멀어지게 된다. 부모가 아이를 원하지 않거나 부모가 불의의 사고로 사망한 경우에 아이를 입양시킨다. 일반적으로 후자의 이유로 입양된 아이가 나머지 삶을 더 편안하게 살아간다.

가족세우기의 관점에서 만일 아이가 자신의 친부모로부터 떨어져야 한다면, 조부모나 삼촌, 이모처럼 친척에게 맡겨지는 것이 아이에게는 가장 좋다. 친척과 함께 살면, 아이가 생물학적인 뿌리에 가까이 남을 수 있기 때문에 아이에게 가장 적은 혼란을 준다. 만일 이것이 불가능하다면, 차선책으로 수양부모에게 아이를 맡기는 것이다. 이 경우 아이는 본명을 계속 쓸 수 있고, 친부모가 누구인지 알고, 계속해서 친부모와 어떤 식으로든 연결될 수 있기 때문이다.

연고가 없는 집에 입양된 아이는 자신의 고유한 정체성을 잃고 자신을 낳아준 부모가 누구인지 알지 못한다. 우리는 입양이 아이의 이익을 위해서가 아니라, 운명이나 책임을 받아들이기를 거부한 친부모나 양부모의 이익을 위해서 행해지는 것을 자주 목격한다. 예를 들어 아이를 원하지만 불임이거나 다른 이유로 아이를 가질 수 없는 부부가 아이 없이 산다는 것을 받아들이지 못한다. 그래서 그들은 아이를 입양해서 친부모인 것처럼 행동한다. 때로는 아이에게 입양되었다는 사실조차 알리지 않는다.

친부모를 잃거나 친부모에게 버림받는 것은 아이에게 언제나 힘든 일이다. 이 아이는 마음속 깊이 자신이 거부당했다는 느낌을 갖는다. 입양을 주제로 가족세우기를 할 때 입양아가 친부모에게 분노를 드러내는 것을 자주 본다. 특히 어쩔 수 없는 상황이 아니라, 예를 들어 중국이나 인도에서 자주 행해지듯이 단순히 여자애라는 이유만으로 입양시킨 경우에 더욱 그렇다.

그러나 앞에서 보았듯이, 친부모에게 분노가 남아 있다는 것은 친부모와 아직 묶여 있고, 무의식적으로 어느 날 친부모가 돌아와 자신을 데려가 줄 것이라는 희망을 품고 있다는 뜻일 수도 있다. 아이는 부모가 자신을 버렸다는 되돌릴 수 없는 최종적인 사실을 받아들이기 힘들어 한다. 항상 아이는 상황이 변할 수도 있다는 희망을 무의식적으로 갖는다.

어머니가 자신을 9개월 동안 자궁에 품고 있다가, 출산을 한 후에 다른 곳으로 보내 버렸다는 사실은 가슴에 큰 상처가 된다. 이것은 너무나 고통스러운 영원한 작별이다. 하지만 이 사실을 직면하고 동의해야만 아이는 과거를 떠나보낼 수 있고 앞으로의 삶을 살아갈 힘도 얻게 된다.

가족세우기에서 입양 문제를 다루는 한 가지 방법이 있다. 그것은 내담자가 친부모를 바라보면서 이렇게 말하는 것이다. "저에게 생명을 주셔서 고맙습니다. 그것이 제가 받을 수 있는 모든 것입니다. 저는 생명이라는 커다란 선물을 받았습니다. 부모님이 결정하신 대로 저는 양부모님에게 갑니다. 부모님은 저를 영원히 떠나보내셨고, 저도 이제 제 가슴에서 부모님을 떠나보냅니다." 이것이 종종 입양과 관련된 모든 사람에게 최선이다.

친부모의 결정으로 상황이 끝났다는 사실을 받아들일 수 있을 때, 입양아는 처음으로 자신의 양부모와 깊게 연결될 수 있고, 자신을 키워준 분들에게 고마움을 표현할 수 있을 것이다. 이때 입양아는 이렇게 말할 수 있다. "고마워요, 양부모님들이 저를 살려주셨어요." 혹은 "이제 저는 당신들을 저의 새 부모님으로 받아들입니다."

이런 문장들을 형식화된 공식처럼 받아들여서는 안 된다는 것을 기억하자. 왜냐하면 각각의 사례는 독특하기 때문에, 모든 사례에 정확히 들어맞는 가장 좋은 치유 문장이 이것이라고 단정 짓기가 불가능하기 때문이다. 가장 중요한 요소는 입양아가 자신의 친부모나 양부모와 만날 때 아이의 위치에 있어야 한다는 것이다. 이것은 친부모가 아이를 다른 곳으로 보낸 결정에 동의한다는 것도 포함한다.

추가적으로, 세션을 진행하는 사람은 이 세션이 입양아를 위한 것인지, 혹은 입양시킨 어른들을 위한 것인지를 분명히 해야 한다. 이것이 명확해야 어떻게 세션을 진행할 것인지 정확한 방향을 안내할 수 있다. 일반적으로 입양의 책임을 부모에게 맡겨두면서 순수함을 되찾고, 부모는 자신들이 한 일에 대한 책임을 받아들이면서 존엄성을 회복한다.

가족세우기에서 일어나는 또 다른 문제는 양부모가 친부모에게서 아이를 빼앗았다는 죄책감을 느낄 수 있다는 것이다. 또는 양부모는 거만함이라는 잘못된 느낌을 갖고 있을 수도 있다. 특히 양부모가 선진국에 사는 부자고, 제3세계 가난한 나라의 아이를 데려온 경우에 이럴 적이 많다. 이때 양부모는 아이가 이 세상에 태어날 수 있도록 해준 친부모를 존중할 필요가 있다. 양부모는 친부모를 대신할 수 없다. 양부모는 단지 친부모가 할 수 없거나 하고 싶지 않았던 일을 계속하는 것뿐이다. 이와 같이 친부모도 양부모가 아이를 위해 한 일을 존중하고, 자신들이 아이를 입양시키기로 최종 결정을 내렸다는 사실을 인정해야 한다.

집단의식은 우리의 좋은 의도나 가난한 사람에 대한 자비심과 동정심에 대해서는 관심 없다. 다만 우리가 스스로 내린 결정과 그에 따른 결과를 온전히 책임지는지 아닌지에만 관심이 있다.

동 성 애 ■ ■ ■

가족세우기을 하다 보면 동성애의 이면에 특정한 가족 역동이 있다는 사실을 발견한다. 동성애는 두 가지 방법으로 살펴볼 수 있다.

첫째, 자신의 생물학적 성별을 동일시하는 데 어려움이 있는 사람. 둘째, 동성애는 이성애라는 표준을 벗어나 있기에 따돌림 당하는 사람. 우리가 살펴본 것처럼, 가족 얽힘의 뿌리는 동일시에 있다. 현재 가족의 한 사람이 원가족의 다른 누군가를 동일시한다. 동성애의 경우도 마찬가지다. 누군가가 원가족의 다른 사람을 동일시하고, 이것이 동성애적 성향으로 이어진다.

헬링거 박사는 아이가 동성애자가 되는 주된 이유를 다음 세 가지로 설명했다.

> 1) 남성 동성애자의 경우, 소년은 가족 안에 여자아이가 없기 때문에 이전 세대 가족의 여성을 대신한다. 소년은 여성을 대신해야 하기 때문에 결과적으로 동성애자가 된다.
> 2) 어머니가 아들을 아버지와 가까워지지 못하게 하는 경우다. 이 경우 아버지는 거부당하고 남자아이는 어머니의 영향력 아래 남는다.
> 3) 쫓겨났거나 어떤 식으로든 따돌림을 당한 이전의 가족 구성원을 아이가 대신하는 경우다. 아이는 동성애자가 되어 스스로를 따돌림당하는 사람으로 만든다.

첫 번째 상황은 세 가지 가능성 중에서 가장 뿌리가 깊어서, 대개 일생 동안 확고한 동성애자 성향을 갖게 된다. 나머지 두 가지는 정도가 약하다. 6장에 나온 바르셀로나의 세바스찬의 경우 어머니는 그가 아버지와 가까워지는 것을 허락하지 않았고, 동시에 그는 가족 안에서 제외된 할아버지와 동일시하고 있었다. 할아버지는 정치범 수용소에 갇혔었다. 그러므로 세바스찬은 동성애자가 될 수 있는 두 가지 동기가 있다(2번과 3번). 그렇지만 가족세우기 세션에서 세바스찬의 고민은 자신의 동성애적 성향이 아니었다.

동성애는 거의 되돌릴 수 없다. 비록 내담자가 동성애와 관련된 가족 역동을 알게 된다 하더라도 말이다. 동성애자들이 자신의 성적 취향을 되돌리려고 하지 않는 경우도 흔하다. 일반적으로 내담자가 세션에 가져온 문제를 고려하여 그 문제에 대한 좋은 해결책을 찾는 것이, 세션 중에 드러난 동성애적 성향을 다루는 것보다 더 중요하다. 동성애는 우리가 태어난 가족에서 기인한, 각자가 짊어져야 할 다양한 운명들 중 하나일 뿐이다.

다수의 파트너와 사랑의 삼각관계 ■ ■ ■

결혼한 남자나 여자에게 다른 파트너가 있다는 것은 무슨 의미일까? 삼각관계는 그리 새로운 것이 아니다. 왕들은 항상 첩을 두었으며, 정치인과 예술가들에게도 늘 연인이 있었다. 사회는 이런 문제에 그 나라의 도덕적인 풍조와 시대적 특성에 따라 다양한 방식으로 반응했다.

예를 들어, 현재 대만에서는 결혼한 상태에서 부부가 다른 연인을 두는 것이 그리 이상한 일이 아니다. 심지어 그 상대가 부부 모두가 아는 사람일 수도 있고, 그 연인 역시 결혼한 사람인 경우도 있다. 유럽과 미국에서는 비밀스럽긴 하지만, 때로 부부가 혼외정사를 하는 것이 일반적이다.

가족세우기의 관점에서 이 현상을 바라보면, 바람을 피우는 사람은 믿을 만한 상대가 되지 못한다. 그 사람은 계속해서 다른 길을 열어놓고 도망갈 준비를 하고 있는 것이다. 이와 비슷하게 이미 다른 사람과 관계가 있는 사람을 파트너로 고르는 사람은 자신이 관계에 전념하기 어렵다는 것을 나타낸다.

불성실한 남편의 행동 뒤에는 여러 이유가 있다. 가장 흔한 이유는 아버지와 연결되지 못하고 어머니의 영향력 아래 있기 때문이다. 그래서 이 남자가 사랑하는 파트너를 만났을 때, 처음에는 여자를 매력적이고 섹시한 여성이라고 생각하지만, 일단 관계가 안정되면 여자를 자신의 어머니로 바라보기 시작한다. 여자가 남자의 어머니가 되면 성적인 매력을 잃게 되고, 남자는 연인이 되어줄 다른 여자가 필요하게 된다.

여성의 경우도 마찬가지로 만일 어떤 여성이 아버지의 연인이라면, 그녀는 어머니와 가까워지지 못해서 자신의 여성적인 힘을 잃는다. 그녀가 원하는 남성은 아버지에 대한 애정을 반영한다. 남자에게 완전히 전념하지 못하는 것은 아버지의 파트너로서 자신이 부적합하다는 감정을 반영한다. 그래서 다른 누군가가 필요하다. 헬링거는 이렇게 말했다. "어머니의 아들과 아버지의 딸은 열정적인 연애를 할 수는 있다. 하지만 그들은 관계에 대한 굳은 언약은 하지 못한다."

관계는 모험이다. 관계가 다음 순간에 어떻게 될지 아무도 확신하지 못하고, 계속될지 끝날지 알 수가 없다. 사람들이 갖고 있는 일반적인 두려움이란 여벌의 파트너가 없다면 완전히 혼자가 될지도 모른다는 것이다. 그래서 여러 명의 애인이 있을 때 더 안전하다고 느낀다. 그렇지만 만일 당신이 나약하거나 홀로 있을 능력이 없다면, 누구와 사귀고 있든지 첫 번째 파트너 없이 살 수 없다고 느끼는 것이다. 당신의 첫 번째 파트너는 바로 당신이 헤어지지 못한 부모다. 새로운 파트너를 만난 다음에도 결혼 생활을 유지하는 대부분의 부부들이 이 범주에 속한다.

가족 역동에 따르면, 한 남자가 결혼한 상태에서 다른 여자를 만나 두 번째 여자에게서 아이가 생겼다면, 남자는 첫 번째 여자와 헤어져서 두 번째 여자에게 가는 것이 가장 좋은 결과를 낳는다. 그 남자는 전처와 함께한 시간들을 존중하고 이제 둘 사이의 관계가 끝났다는 것을 인정하면서, 전처에 대한 예의를 갖추는 것이 필요하다. 이렇게 해야 새로운 파트너와 새로 태어난 자녀에게 전념할 수 있다. 이것이 이 상황을 책임지는 가장 성숙한 방법이다.

가족 체계 치료에서, 새로운 체계는 이전의 체계보다 앞선다. 그러므로 만일 남자가 새 가족을 위해 현재 가족을 떠나지 않는다면 새로 태어난 아이가 그 대가를 치르게 될 것이다. 새 가족의 아이는 아버지의 전처를 대신할 것이다. 왜냐하면 아버지의 전처가 충분히 존중받지 못하기 때문이다. 남자가 전처와 어떤 식으로든 얽혀 있다면, 그는 전처를 존중하는 것이 아니다.

그러므로, 일반적인 통념과는 달리 이전 배우자를 떠나는 것은 무례하거나 잔인한 행동이 아니다. 오히려 이것은 해결을 불러오는 바람직한 행동이다. 대부분의 사례에서 내담자는 첫 번째 가족과 첫 번째 가족과 관련된 모든 것들을 포기하고, 이별의 고통을 견뎌내는 것을 매우 어려워한다.

단일 가족 체계에서는 신성한 질서의 법칙을 따라 이전 가족 구성원들은 나중에 태어난 구성원보다 우선한다. 하지만 두 개의 가족 체계에서는 반대다. 새로운 가족 체계가 이전 가족 체계보다 우선한다. 그러므로 만일 남자가 두 번째 여자와 아이가 생겼다면, 그는 전처를 떠나 두 번째 부인과 아이와 함께 지내야만 한다.

이것은 우리가 원가족을 떠나는 것과 같은 방식이다. 젊은 여성이 남자와 사랑에 빠진다. 그녀는 자신의 가족을 꾸리고, 원가족과의 유대를 포기한다. 이 여성의 새 가족과 아이들은 원가족에 대한 그녀의 사랑보다 우선한다. 같은 방식으로 새로운 관계를 시작하고 아이가 생겼다면, 그녀는 현재 가족에서 떨어져 나와서 첫 번째 가족보다 우선권을 갖는 새로운 가족에게로 가야 한다.

두 경우 모두 새로 형성된 가족 체계에 우선권을 주어서 인류의 생존을 보장하려는 자연계의 원리를 잘 보여 준다.

3부

가족세우기
세션을 안내하기

3부는 가족세우기 세션을 진행하고자 하는 사람들을 위한 것이지만, 새로운 형태의 치유법을 좀 더 깊게 이해하려는 사람들에게도 도움이 될 것이다.

16
가족세우기의 준비 단계

　세션을 시작할 때 성급함은 가장 큰 적이다. 치료자와 내담자 모두 안정을 찾을 시간이 필요하다. 어떤 치료자들은 너무 서두르면서 곧장 내담자에게 질문을 하는데, 마치 내담자는 고장 난 기계이고 치료자는 기계를 바로 고칠 수 있는 기술자처럼 "무슨 얘기를 하고 싶죠?" 혹은 "뭐가 문제죠?"라고 묻는다. 때로는 내담자 역시 세션이 시작되기를 기다리지 못하고 마치 미리 준비한 것처럼 얘기를 시작하고, 깊은 차원의 의식이 열리기도 전에 자신의 삶에 어떤 일이 벌어지고 있는지에 대해 자신의 생각을 늘어놓는다.
　마음의 지적이고 합리적인 부분은 깊은 차원에 비해 피상적이며 빠른 결말을 원하지만, 내면의 깊은 차원은 아주 느린 리듬을 갖고 있고, 꿰뚫어보기가 훨씬 어렵다. 이 차원에 남아 있는 문제들이 우리들의 삶을 고착화한다. 그러므로 내담자와 치료자는 즉각 어떤 행동을 하기보다는, 서로에게 연결되고 지금 여기에 '머무는 것'이 중요하다. 세션을 시작하는 초반에는 때로 말없이 그저 현재에 머물면서 충분한 시간을 갖는 것만으로도 내면의 인지 과정이 시작되기도 한다.
　그 뒤에 치료자는 내담자에게 세션에 참가한 이유와 어떤 것에 관심이 있는지, 어떤 물음이나 자신을 괴롭히는 어떤 문제가 있는지 질문한다. 이때 중요한 점은 치료자의 질문에 내담자가 길게 이야기를 늘어놓는 것이 아니라 간단한 몇 문장만으로 줄이도록 해야 한다. 헬링거 박사는 내담자가 대답할 때 단지 세 문장만 허용했다고 한다. 이보다 더 긴 이야기는 치료자의 마음을 흐리게 하고 문제 해결에 도움이 되지 않는 경우가 많다. 나는 조금 덜 엄격하게 하지만, 헬링거 박사가 하는 말의 의미는 이해한다. 많은 내담자가 자기 문제를 말하고 싶어할 뿐 정말로 변하고 싶어하지 않는다. 정확하게 말하면, 자신의 문제에 직면하지 않으려 하고, 자신과 다른 사람들에게 그 '문제'를 계속 반복해서 말하는 데 익숙해져 있다. 긴 이야기를 시작하는 것은 종종 장황한 분석의 서곡이 되고, 그러는 동안 치료자의 에너지는 '이야기 듣는 것'에 소모되고, 해결을 위한 에너지는 아주 조금밖에 남지 않는다.

가족세우기를 진행하는 방식은 매우 다양하며, 아마 치료자들은 저마다의 스타일을 갖고 있을 것이다. 여기서 나는 세션을 어떻게 진행하는지에 대한 일반적인 원리를 간단히 소개하고자 한다.

진 짜 문 제 밝 히 기 ■ ■ ■

내담자가 자신의 질문을 명확하고 직접적으로 말할 수 있는지 없는지가 아주 중요하다. 예를 들어 "저는 아버지와 문제가 있어요" "내 딸은 나와 얘기하고 싶지 않아 해요" "사람들과 관계를 맺는 것이 어려워요"와 같은 초기의 반응은 내담자가 이미 그 문제를 얼마나 많이 다루어 보았는지를 나타내 주고, 세션을 바로 시작할 것인지 아니면 치료자가 진짜 문제를 찾는 데 시간을 들여야 하는지 결정하게 한다.

최근 나는 가족세우기 세션을 받고 싶어서, 자신의 가족 구성원과 그들에게 있었던 일을 모두 적어 보낸 중년의 부인과 대만에서 작업을 하게 되었다. 그 여인은 숨도 못 쉴 정도로 빠르게 이야기를 했다. 나는 직관에 따라 그녀가 말하고자 하는 문제를 작업하는 대신에, 말을 멈추고 눈을 감으라고 했다. 내담자가 눈을 뜨고 입을 열려고 할 때마다, 나는 정중하게 우리는 잠시 침묵 속에 있어야 한다고 말했다. 몇 분이 지나고, 아무 말도 하지 않는 동안 그녀 안에서 어떤 변화가 생겼다. 나는 아무것도 하지 않았는데도 그녀의 눈에 눈물이 흐르기 시작했다. 그녀가 내면의 어떤 깊은 느낌과 만난 것이다. 이 느낌은 그녀가 한 모든 말 때문에 표면으로 떠오르지 못하고 있었다. 그녀는 머리를 약간 숙이더니 긴장을 풀기 시작했고, 눈을 떴을 때 그녀는 이미 달라져 있었다. 그녀는 나에게 세션이 만족스럽다고 말했다. 우리는 아무것도 하지 않았다. 나는 그녀에게 아무것도 요구하지 않았다. 그것으로 충분했다.

위의 사례는 예외적인 경우다. 일반적으로 치료자는 내담자의 원가족과 현재 가족에 대해 묻는 것이 보통이다. 치료자는 이런 정보가 제공되는 동안 정신을 바짝 차려야 한다. 왜냐하면 내담자의 목소리 톤의 변화나 말하는 동안 보여지는 숨겨진 감정들이 진짜 문제를 찾는 데 도움을 주기 때문이다. 경험이 풍부한 치료자들은 이런 단서를 통해 세션을 시작할 정확한 지점을 알게 된다. 이때 내담자의 모든 가족사를 알아야 할 필요는 없다.

상황이 분명하지 않은 경우에는, 내담자에게 가족 구성원과 가족에게 중요한 사건은 무엇이었는지 좀 더 자세히 말해 달라고 요구할 수도 있다. 헬링거 박사가 최근에 사용하는 접근 방법인 '영혼의 움직임'에서는 작업 과정이 많이 변했는데, 심지어 내담자의 가족사에 대해 자세하게 묻지도 않는다. 헬링거 박사는 내담자가 말하는 이야기보다, 내담자의 일반적인 성향과 신체 자세와 에너지를 읽어내는 자기 직관을 더 신뢰한다. 이것에 대해서는 21장에서 상세하게 다루게 될 것이다.

어떤 가족을 먼저 다루는가? ■ ■ ■

　　　　인터뷰가 끝나면 치료자는 원가족이나 현재 가족 중 어느 가족을 먼저 다룰지 결정해야 한다. 때로는 하나의 가족 체계로 시작해서 차츰 다른 가족 구성원을 더하기도 하는데 이것도 가능한 방법이다. 이 모든 것은 내담자의 문제에 따라, 혹은 문제의 어떤 면을 먼저 다룰 것인지에 따라 결정된다. 일반적으로 내담자 개인의 역사에서 현재 이 순간에 가장 가까운 문제를 가장 먼저 다루게 된다. 이 문제를 깊이 다룰 수 없을 때에만 과거로 돌아간다. 그러므로 일반적인 규칙은 만일 아이가 있다면, 설사 내담자의 문제가 생긴 근원이 원가족에 있다 하더라도 가장 먼저 현재의 가족을 살펴보고, 그 다음에 원가족을 살펴본다.

　현재를 이처럼 강조하는 것은 내담자가 삶에서 어떤 결정을 했든지 그 결정에 대해 책임지는 게 중요하다는 뜻이다. 예를 들면 내담자가 아이를 갖기로 결정한 순간, 과거로부터 어떤 부담감을 지게 되었는지는 상관없다. 그는 자신의 결성과 선택에 대한 모든 책임을 져야 하고, 어떤 변명도 용납되지 않는다. 가족 역동은 우리가 삶에서 내린 선택의 결과를 따라가게 한다. 설사 그 선택이 결과를 고려하지 않고 무의식적이거나 부주의하게 내렸더라도 마찬가지다. 다른 말로 하자면 우리가 스스로를 아이처럼 느끼더라도 자신의 아이가 생기는 그 순간 우리는 성인이고 부모가 되는 것이다. 앞에서 언급한 것처럼 가족 역동에서 중요한 것은 실제로 어떤 일이 있었는가 하는 것이지, 우리가 그것에 대해 어떻게 느끼는지는 상관없다. 종종 사람들은 가족 체계 치료의 이 중요한 차원에 대해 혼란스러워하기도 한다. 그들은 어떤 일이 있었는지 분명히 알기보다는 개인의 감정을 더 중요시하고 싶어한다.

　일반적으로 말한다면 세션은 현재 가족에서 시작하지만 이것은 단지 지침일 뿐이고, 특정 사례에는 적용되지 않을 수도 있다. 예를 들어 원가족에게 중요한 사건이 있었다면, 즉시 그 사건에 주의를 기울여야만 한다. 각각의 내담자는 모두 다르기 때문에 치료자는 새로운 내담자와 만날 때마다 매번 어디서부터 시작해야 하는지, 그리고 어떤 가족 체계로 작업해야 하는지 새롭게 결정해야 한다.

가족 중 누구를 대리인으로 세울것인가? ■ ■ ■

어디서부터 어떤 가족 체계를 작업할지 결정한 다음, 대리인으로 세울 주요 가족 구성원을 결정해야 한다. 이것은 내담자의 문제 해결을 돕기 위해 꼭 필요한 일이다. 분명해 보이는 점이긴 하지만, 세션을 하는 동안 기억해야 할 일은 내담자의 삶의 문제를 이해하고 치유를 위해 작업하는 것이지, 가족 체계의 다른 사람을 위한 것이 아니라는 것이다.

일반적인 원칙은 최소한의 가족 대리인을 세운다는 것이다. 너무 많은 것보다는 다소 적은 편이 낫다. 예를 들면 내담자의 형제자매가 많다면 물론 그들 모두는 내담자의 가족 체계에 속하지만, 세션에 어떤 형제나 자매는 필요치 않을 수도 있다. 너무 많은 대리인을 세우면 가족세우기의 효과가 감소되거나 불필요한 혼돈을 일으킬 수 있다. 만일 가족의 어떤 사람이 빠졌다면 나중에 그의 대리인을 추가하는 것은 언제든지 가능하다.

나는 개인적으로 처음부터 중요할 것이라고 생각했던 가족 구성원을 나중에 세우는 것을 좋아한다. 이런 방식을 쓰면, 중요한 사람이 가족세우기의 그림에 들어올 때 나타나는 영향을 모든 사람이 보고 느끼게 된다. 만일 아무런 효과가 나타나지 않더라도 그것 역시 중요한 표시다. 그것은 나의 예상이 잘못되었다는 것을 말해 주기 때문이다.

치료자가 가족세우기에 누구를 세울 것인지 결정하고 나면, 세션 참여자들

중에서, 예를 들면 아버지, 어머니, 언니를 대신할 사람처럼 내담자의 가족 구성원을 대리할 수 있는 사람을 고르게 한다. 때로는 치료자가 대리인을 고르기도 한다.

대리인이 대신하는 가족 구성원과 외모가 비슷할 필요는 없다. 오히려 가족과 닮지 않은 대리인을 고르는 편이 더 낫다. 왜냐하면 내담자는 특정한 가족 구성원의 성격이나 생김새와는 상관없는 더 핵심적인 무언가를 만나게 되기 때문이다.

만일 가족세우기에서 많은 수의 대리인이 필요하다면 그들을 나이순으로 배치하는 것이 좋다. 혼란을 피하기 위해 먼저 태어난 가족을 먼저 세우고, 가족 안에서의 역할에 따라 다음 사람을 세운다. 이제 치료자는 내담자에게 각각 대리인의 양손을 잡고, 자신의 직관에 따라 대리인을 방 안에 배치하게 한다. 이때 미리 어떤 것을 계획하고 배치해서는 안 된다. 내담자는 대리인에게 어떤 지시나 말을 하지 않고 다른 대리인과의 관계에 따라 각각의 대리인을 배치한다. 또한 내담자는 대리인에게 특정한 자세나 동작을 요구하지도 않는다. 배치를 끝내면 가족세우기가 만들어진다. 내담자는 자기 자리에 돌아가고, 내담자와 치료자가 가족의 그림을 바라본다. 가족세우기의 자리배치는 보는 사람에게 특정한 인상을 주고 어떤 영향을 미친다.

때로 가족세우기가 전통적인 방법에서 벗어나기도 하는데, 이것은 21장에서 좀 더 논의하게 될 것이다. 21장에 소개하는 방법에서는, 내담자가 대리인을 배치하지 않고, 대리인들이 자신의 내적인 느낌이나 충동에 따라 말없이 움직인다.

피드백 모으기 ■ ■ ■

　　전통적인 방식의 가족세우기에서, 치료자는 가족을 세운 모양이 암시하는 것이 무엇인지 스스로 느껴 본 뒤에 대리인에게 한 사람씩 다가가 배치된 자리에서 어떤 느낌이 드는지, 몸에서 느껴지는 감각이나 기분 혹은 가족의 다른 구성원에 대한 느낌은 어떤지 등을 물어보게 된다.

　각각의 대리인은 가족 체계의 에너지 장과 그 장에서의 독특한 위치에 연결되어 있기 때문에, 이 피드백 과정은 효과적이다. 피드백은 우리가 일반적으로 어떤 사람의 '성격'이라고 부르는 것과는 관계가 없다. 실제로 우리는 가족 구성원의 성격이나 그 사람이 어떤 사람이었는지는 알 필요가 없다. 왜냐하면 우리는 내면 깊은 곳에서 사람들을 움직이게 하는 그 무언가를 찾고 있기 때문이다.

　일반적으로 경험이 많은 치료자는 가족 세우기에서 각 대리인이 틀림없이 어떻게 느낄 것이라고 예상할 수 있다. 이것만으로도 치료자가 세션을 진행시키기에 충분하지만, 각 대리인에게 직접 물어보면 좀 더 자세하고 세밀한 정보를 얻을 수 있다. 물론 대리인의 반응은 대리인의 성격에 따라 약간씩 영향을 받지만, 이것 역시 중요하지는 않다. 중요한 것은 어떤 특정한 자리에 서 있을 때 느껴지는 감각이다. 대리인들은 '인지의 장'에 연결되어 있기 때문에, 다른 사람이 동일한 가족 구성원의 대리인을 하더라도 비슷한 감각을 느끼게 된다.

　어떤 면에서 치료자와 대리인 모두 함께 탐구하며 문제를 해결하는 데 협조하고 있다. 일반적으로 대리인들은 특정한 가족 구성원을 대신하고 치료자는 장 바깥에 있는 사람으로서 전체적인 상을 본다. 이때 치료자는 자신을 내담자 가족 구성원이나 내담자와도 동일시해서는 안 된다. 치료자는 진심으로 내담자를 위한 일이 무엇인지 생각하면서도, 중립적 위치를 지켜야 한다. 이 문제는 다음 장에서 좀 더 자세하게 다룰 것이다.

진단에서 해결로 ■ ■ ■

세션이 여기까지 진행되면, 치료자는 자신의 통찰이나 대리인에게서 받은 피드백을 통해 가족 체계 안에 무슨 일이 벌어지고 있는지에 대한 첫 번째 '진단'을 내리게 되고, 해결을 향한 작업을 시작할 수 있다. 치료자는 대리인의 자리를 바꾸거나 대리인의 느낌에 따라 자리를 옮기고, '제외된' 사람들을 불러오고, 필요하다면 내담자에게 좀 더 정보를 듣기도 하고, 대리인들이 서로에게 치유 문장을 말하도록 한다.

모든 움직임은 치료자의 관찰과 대리인들의 언어적, 비언어적 피드백에 의해 진행된다. 작업이 한 단계씩 진행될수록 가족 체계 안에 숨겨진 진실의 새로운 면과 내담자의 얽힘이 드러난다. 우리가 이미 살펴본 대로 이 작업의 목적은 소속의 법칙, 균형의 법칙, 신성한 질서의 법칙에 따라, 모든 사람이 가족 체계 안에서 조화로운 자리를 찾는 것이다.

17
치료자의 자세

 가족세우기 세션을 진행하려는 사람에게 필요한 자질은 무엇인가? 치료자로서 가장 최상의 마음 상태는 무엇일까? 이번 장에서는, 치료자가 세션을 시작할 때 유념해야 할 사항과 작업을 순조롭게 이끌고 만족스러운 해결을 이끌어내기 위한 치료자의 자질에 대해 논의하려고 한다.

 치료자가 다른 사람을 도와주고 싶다면, 두 가지 자질이 필요하다. 첫째, 내담자와 작업을 할 때 '사랑'이 되는 능력과, 둘째로 현존감이다. 이 두 가지 능력이 합쳐져 '차분한 사랑Cool Love'의 자세로 묘사할 수 있는 치료자의 자질이 완성된다.

 차분한 사랑은 우리에게 생소하다. 대부분의 사람은 오로지 남녀 간의 열정적인 '뜨거운' 사랑이나, 가족 유지를 위해 자연적으로 생성된 부모와 자녀 사이의 구속적인 사랑만을 알고 있다. 차분한 사랑은 자비에 더 가깝다. 동시에 축적된 지식이나 이론에 마음이 흐트러지지 않고, 미래나 현재를 생각하지 않으며, 지금 여기에 일어나는 일에 깨어서 현존할 수 있는 능력이다. 많은 신비가들은 '현존감being present'을 명상 상태로 설명했다.

현 존 감 ■ ■ ■

치료자의 현존이란 다음의 두 가지를 의미한다.

1) 치료자는 이전의 내담자와 작업하면서 생겨난 어떠한 고정관념도 포기할 준비가 되어 있고, 매번 새로운 내담자를 대할 때마다 새로운 눈으로, 이런 사례를 처음 보는 것처럼 바라본다. 다시 말해서 가족세우기 치료자는 과거 경험에 기초한 깊은 이해를 바탕으로 작업을 하면서도, 동시에 이런 과거 경험을 계속해서 내려놓아야 한다.

2) 또한 치료자는 계획이나 공식화된 생각, 내담자에게 무엇이 '좋다' 라는 특정한 관념을 포기할 수 있다. 내담자에게 좋은 것이란 치료자가 알 수 있는 문제가 아니다. 사실 내담자를 제외한 다른 사람들처럼 치료자도 자신이 아닌 다른 사람에게 정말로 무엇이 좋은지 알 수 없다. 많은 치료자가 그렇듯이 가족세우기 치료자도 그런 생각을 할 수는 있지만, 궁극적으로는 내담자에게 무엇이 좋고 나쁜지는 알 수 없다. 게다가 아무도 알 필요도 없다. 왜냐하면 내담자를 포함한 어떤 사람도 다른 누군가에 의해 구원받고, 보호받을 필요는 없기 때문이다. 어떤 사람을 구하고 싶은 의도나 욕망은 본질적으로 오만한 태도에서 나온다. 가족 세우기에서 말하는 좋은 치료자란 특정한 세션에서 무엇이 도출되어야 한다는 생각을 버리고, 열린 마음으로 탐구와 실험을 하려는 의지를 갖고 긴장을 풀어야 한다. 무엇보다도 '아무것도 모른다' 는 자세를 갖고 있어야 한다.

만일 치료자가 이 두 가지―과거와 미래에 대해 잊어버리고, 알지 못하는 상태에서 긴장을 푸는 것―를 지킬 수 있다면 현존의 능력이 자연스럽게 솟아

오른다. 이러한 상태에서 치료자는 내담자에 대한 기대가 없다. 치료자가 아무런 기대도 없으면 마음이 가벼워지고 주어진 상황을 있는 그대로 받아들일 수 있다. 그러면 사랑이 새로운 방식으로 경험된다. 사랑과 현존은 연결되어 있기 때문에, 동시에 일어난다. 사랑과 현존은 함께 생겨나거나 함께 사라지거나 둘 중 하나다.

편견 없이 작업하기 ■ ■ ■

내가 진행하는 트레이닝 코스에서 보면, 아직 다른 사람을 도울 만큼 전문가가 아니거나 훈련을 받지 않은 사람들이 훨씬 더 단순하고 편견이 없다. 왜냐하면 '아마추어'는 선입견이 없고, 그렇기 때문에 가족세우기 세션에서 어떤 일이 일어나든 단순하게 관찰하기가 쉽기 때문이다. 그들은 일어난 사건에 대한 불필요한 이론과 결론을 만들어낼 소지가 있는 심리학적 이론이나 다른 전문 지식이 없다.

예를 들어, 모든 가족 구성원이 한쪽 방향을 바라보는 가족세우기 배치가 있다고 가정해 보자. 아마 어떤 관찰자라도 그들은 어딘가 혹은 어떤 것을 바라보고 있다는 것을 명백하게 알 수 있을 것이다. 마음속에 어떤 이론을 떠올리지 않고 이 상황이 우리에게 주는 영향을 그대로 느껴 본다면, 가족 중 한 사람이 사라졌다는 결론에 도달할 것이다. 이런 것들은 가족이 배치된 모습을 순수하게 바라보는 치료자에게 좋은 자료가 된다. 하지만 어떤 사람의 마음이 심리학적 이론으로 가득 차 있다면, 그는 이런 단순하고 명백한 것을 놓칠 수 있다. 이런 사람들은 내담자가 우울증이나 신경증으로 고통을 받고 있다고 생각하고 내담자의 마음 상태를 해석하려고 할지도 모른다. 내가 진행하던 트레이닝 코스에서 실제로 이런 사례가 있었다. 이것이 바로 전문가들이 직면하는 전형적인 어려움이다.

가족세우기 치료자에게 가장 좋은 접근 방법은, 선입관을 최소화하고, 이런 배치가 무엇을 나타내는지 자신에게 물어보고, 과거의 경험을 바탕으로 가설을 세우고 세션을 시작하는 것이다. 또한 자신의 그 가설이 상황에 맞는지 시험해 보고, 다른 것을 시도할 수 있는 유연함을 갖고 있어야 한다.

치료자가 마음을 열수록, 지금 이 순간 눈앞에 보이는 가족 배치도를 있는 그대로 볼 수 있을 것이다. 많은 치료자를 포함해서 대부분의 사람에게 순수한 관찰이 쉽지만은 않다. 그들은 보통 무슨 일이 벌어지는지에 대한 해석을 바탕으로 관찰하고 반응하는데, 때로는 그 둘 사이의 차이점을 구분하지도 못한다. 그들의 교육 시스템은 치료자로 하여금 일어나는 일에 이름을 붙여서 구분하고, 예외적이거나 사실 같지 않은 일은 제외시키고 빠른 결론을 만들어 내게 한다.

내가 진행하는 트레이닝 과정에서 교육생들은 연습을 통해 내담자의 신체 언어를 관찰하고, 신체 언어를 판단 없이 내담자에게 반영하는 기술을 습득한다. 그렇게 하면서 내담자와 치료자 사이에 공명이 생긴다. 이 과정을 '라포 rapport'라고 부르는 신경언어 프로그래밍NLP에서는 이러한 반영의 장을 면밀하게 조사했고, 그것이 어떻게 내담자에게 특별한 신뢰를 만들어내는지 관찰했다.

자 기 관 찰 의 기 술 ■ ■ ■

치료자에게 필요한 자질은 단지 다른 사람에 대한 관찰 기술만이 아니다. 근본적으로 자기 자신을 관찰하는 능력을 개발해야 한다. 이상하게도 대부분의 치료 트레이닝에서는 이러한 핵심적인 능력에 대해 좀처럼 가르쳐 주지 않기 때문에 스스로 터득해야 한다. 대다수의 트레이닝은 내담자를 어떻게 다루는지에만 초점을 두고, 어떻게 자기 자신을 감지하는지는 거의 가르치지 않는다. 치료자가 되려는 사람들은 트레이닝의 한 과정으로 집중적인 개인 치료 과정을 거치면서 치료자로서 내담자에게 투사할지도 모르는 자신의 맹점과 미해결된 문제들을 알 수도 있다. 그러나 여전히 투사라는 함정을 피하는 단 하나의 방법인, 내면에 일어나는 사고 과정과 감정에 깨어서 지켜보는 기술을 배운 것은 아니다.

치료자 훈련의 핵심 요소인 자기 관찰 방식을 '중심잡기'라고 부른다. 중심잡기는 치료자가 편견이나 기대없이 상황을 파악하게 하는 결정적 요소이다. 중심잡기란 치료자가 자기 자신을 잊어버리고, 내담자를 '돕고, 구원하겠다'라는 생각에 빠지거나 개인적인 관점을 사실이라고 오해하려는 순간에 깨어 있을 수 있다는 뜻이다. 이것은 치료자가 의식적으로 깨어 있어서, 내담자와 내담자의 문제 안에서 길을 잃지 않는다는 뜻이다.

'자기 안에서 쉬는' 상태라고도 묘사할 수 있는 중심잡기 능력을 길러주는 방법은 여러 가지가 있다. 이 방법들은 4부에서 더 자세히 이야기할 것이다.

자기 관찰 연습을 통해 얻어지는 중요한 이점은 '전문적인 치료자'로 존재하려는 습관에 빠지지 않도록 도와준다는 것이다. 최악의 경우 치료자는 기계적인 순서를 이리저리 잘 혼합하거나 특정한 심리학적 방법을 반복하게 된다. 좋은 치료자가 되려는 사람들에게 동일시는 가장 어려운 문제일 것이다. 치료자들은 종종 내담자의 고통을 동일시하고, 내담자의 문제를 분석하고 공식화된 해결책을 처방하느라, 내담자와 함께 지금 여기에서 순수하고 신선한 시각으로 실제로 어떤 일이 일어나는지 바라보지 못한다.

가족세우기를 통해, 우리는 다른 가족 구성원과 동일시가 어떤 고통을 만들어내는지, 그리고 이 고통이 얼마나 강력한지 볼 수 있다. 삶이 고통으로 채워지면 고통에서 벗어나려는 어떤 목표의식과 동기를 갖게 되면서, 사람들은 고통에 몰두하게 되는 경향이 있다. 이것은 자신이 매우 중요한 사람이라는 우월감을 심어 주기도 한다. 치료자의 중요한 과제 중 하나는 내담자의 이런 우월감을 지원하지 않는 것이다.

치료자가 내담자의 고통 속에 빠지지 않고 어떤식으로든 감정적으로 연루되지 않으며 자기 중심 안에서 평정심을 유지할 수 있다면, 내담자의 문제는 힘을 잃을 것이다. 평정심을 유지하는 치료자의 태도는 냉정하거나 무관심한 것이 아니다. 이것은 오히려 내담자가 자신의 내면적 실체를 만나는 데 가장 효과적인 방법 중 하나다.

두려움과 맞서기 ■ ■ ■

내담자의 과제는 결과를 받아들이기 위해서 현재 상황을 있는 그대로 자신의 삶과 조율하는 것이다. 이것은 치료자에게 성숙과 삶에 대한 신뢰와 배워서는 알 수 없는 삶에 대한 깊이 있는 이해를 요구한다. 그래서 모든 치료자는 항상 삶에 대한 개인적 이해를 바탕으로 자신만의 방식으로 세션을 진행하게 된다.

이런 성장과 성숙의 과정은 가족세우기 작업을 하면서 나타나는 두려움의 요소들을 제거한다. 만일 치료자가 삶의 고유한 원리를 따를 수 있다면, 그는 용감하게 성장하고, 두려움 없이 무엇이든 바라볼 수 있게 된다. 그렇게 되면 치료자는 내담자가 가야 할 길이 죽음이라 할지라도 내담자를 보호하거나 막을 필요성을 느끼지 않는다.

가족세우기에서 일어나는 일을 바라보고, 언어로 표현하고, 그 결과를 인정하려면 용기가 필요하다. 여기에 버트 헬링거가 그의 책 『교환 *Der Austausch*』에서 언급한 내용을 내 나름대로 해석한 것을 제시한다.

만일 어떤 사람이 있는 그대로 현실을 바라보고 말할 수 있는 용기가 있다면, 나쁜 일은 일어나지 않을 것이다. 왜냐하면 현실 그 자체는 절대 나쁘지 않기 때문이다. 오직 현실을 바라보기를 두려워하는 마음만이 나쁜 것일 수 있다. 왜냐하면 두려워하는 순간, 우리 무의식층에서 무언가가 억압되고 그것이 우리에게 악영향을 끼치기 때문이다'

내담자는 우리가 생각하는 것보다 훨씬 더 쉽게 회복한다. 그래서 치료자는 내담자들이 자신의 방식대로 상황을 다룰 수 있도록 내담자를 신뢰해야 한다. 종종 두려움을 느끼는 사람은 내담자가 아니라 치료자다. 치료자가 자신의 직관을 신뢰하고 적당한 순간에 자신이 관찰한 바를 솔직하게 말한다면, 그 말을 듣는 내담자가 힘들어 보인다 하더라도 그것은 항상 긍정적인 효과를 불러온다. 내담자는 시간이 지난 뒤에 치료자에게, 그때 그런말을 해주어서 고맙다고 말하기도 한다. 만일 가족세우기를 통해 드러난 것이 '내담자는 죽고 싶어 한다' 라는 것이라면, 그것을 있는 그대로 내담자에게 말하는 것이 힘을 준다. 만일 치료자가 '마치 당신은 죽고 싶어 하는 것처럼 보여요' 처럼 이 메시지를 부드럽게 하거나, 구원자 역할을 하며 내담자가 진정으로 하기를 원하는 행동을 피하도록 돕는다면, 힘을 잃을 것이다. 예를 들어 죽은 아버지의 옆에 눕고 싶어하는 내담자를 그렇게 못 하게 한다면, 내담자는 도움을 받거나 치유될 수 없고, 변화의 기회를 놓치게 된다.

가족세우기 치료자가 할 일은 눈앞의 실체를 직면하도록 내담자를 돕는 것이다. 치료자가 할 일은 사람들을 구원하는 것이 아니다. 실체에 대한 인식만이 내담자에게 힘과 당당함, 자신을 구원할 수 있는 기회를 준다. 이것이 모든 가족세우기를 빛나게 하는 이 순간의 진실이다.

진실함의 필요성 ■ ■ ■

치료자에게는 용기와 진실함, 두 가지 모두 필요하다. 용기에 대해서는 이미 언급했지만, 진실함 역시 특별하게 다루어야 할 부분이다. 여기서 진실함은 치료자로서의 자신의 한계를 인정하고 아는 것, 자신이 할 수 있는 것과 할 수 없는 것을 인식하는 것을 의미한다. 만일 치료자가 두려움을 느끼는 주제가 있다면, 그 사실을 받아들이고 자신은 그 주제를 다룰 수 없다는 것을 인정해야 한다.

여기에는 아무런 이유도 필요치 않다. 치료자가 충분한 경험이 없거나, 단순히 어떤 주제가 두려움을 불러올 수 있다. 나는 개인적으로 할 수 있다고 말하면서 두렵지 않은 척하는 치료자보다 어떤 문제는 작업할 수 없다고 솔직히 말하는 치료자를 더 신뢰한다.

또 다른 면에서 이 두려움은 치료자가 자신이 알지 못하고 있거나 거부하고 있던 내면의 공간을 만나고 연구하게 하는 초대이다. 두려움을 자기 작업의 한 부분으로 만들기 위해서는 우선 두려움에 익숙해져야 한다. 이런 도전과 만날 때, 치료자가 자신의 삶에서 유사한 경험을 했다면 많은 도움이 된다. 그렇다고 해서 치료자가 스스로 직면했던 문제들만을 다룰 수 있다는 뜻은 아니다. 예를 들어 아동 학대를 당한 치료자만이 아동 학대를 다룰 수 있는 것은 아니다. 그러나 치료자가 학대받은 내담자의 삶을 배우고, 내담자의 가족 상황을 이해하기 위해서 겸손해져야 한다는 것은 분명하다.

모든 사람은 개인적인 한계를 넘어서 성장할 수 있다. 치료자가 감정적으로 공감할 수 있다면, 내담자에게 많은 것을 배울 수 있고, 이런 식으로 치료자 자신을 변형시킬 수 있다. 치료자는 자신이 경험한 삶과는 매우 다른 타인의 삶, 동기, 희생, 야심, 문제에 대처하는 방식 등을 보고 배울 수 있다.

가족세우기 치료자의 기본적인 접근 방법은 자신의 한계를 계속해서 직면하고 새로운 가능성에 대해 마음을 여는 것이다. 이 말은 치료자가 자신의 개인적인 맹점을 만났을 때에도, 작업을 포기하지 않는다는 뜻이다. 치료자는 항상 자신이 부딪히는 한계를 인식하고 어떻게 넘어설 수 있을지 찾을 필요가 있다. 가족세우기 경험이 많은 누군가의 도움을 받을 수도 있다.

　모든 치료자가 반드시 그래야 하는 것처럼, 가족세우기 치료자는 자기 성장에 온 힘을 다해야 한다. 어느 순간 치료자는 더 이상 앞으로 나갈 수 없다고 느껴지는 장벽을 만날 수도 있다. 그러나 장벽에 대해 무언가를 이해할 때까지 달걀로 바위치기처럼 느껴지더라도 계속해서 노력해야 한다. 자부심을 느낄 정도로 성공적인 세션보다, 진행이 잘되지 않거나 어떤 식으로든 힘든 세션이 치료자에게는 더 소중하다. 세션 진행이 잘되면 치료자는 안정감을 얻고 만족하겠지만, 세션 진행이 잘못되었을 때보다 많이 배우지는 못한다. 세션이 실패로 돌아가면 치료자는 더 많은 것을 배울 기회를 갖게 되는데, 특히 겸손함을 배울 수 있다.

개인 양심을 넘어 ■ ■ ■

　가족세우기에서, 자기 내면에 이해되지 못한 부분이 있는 치료자는 개인 양심 때문에 자신의 원가족 문제에 매여서 특정 사람이나 상황을 인정하지 못하거나 심지어는 그것을 보는 것조차 힘들어 할 수 있다. 예를 들어 여성 치료자의 어머니가 남편에게 폭행을 당한 적이 있다면, 치료자는 내담자의 폭력적인 남편에게 마음을 열고 존중하기 어려울 것이다. 왜냐하면 치료자가 그를 인정하게 되면 어머니를 배신하는 것처럼 느껴질 수 있기 때문이다.

　좀 더 극단적인 예를 들어 보자. 과거에 강간을 당한 경험이 있는 치료자에게 내담자가 같은 문제를 가지고 왔다고 상상해 보자. 한편으로 이 치료자는 내담자를 잘 이해할 수 있다. 하지만 만일 치료자가 강간범과 완전히 화해하지 못했다면, 그는 내담자가 강간범과 화해하도록 돕기 어려울 것이다.

앞선 사례에서, 어머니를 폭행했던 아버지를 둔 치료자가 어머니가 남자에게 느끼는 분노를 자기 내면에 쌓아두었을 때, '남자에게 분노를 느끼는 사람이 어떻게 다른 사람이 남자에게 마음을 열도록 도울 수 있을까?' 라는 의문이 들 수 있다. 이런 상황에서 내담자의 제외된 남편은 어느 누구의 주의도 받지 못한 채 완전히 소외될 수도 있다. 치료자와 내담자와의 동일시는 해결을 방해한다. 그래서 내담자와 공감하는 것과 내담자의 문제를 동일시하는 것을 구분하는 것이 중요하다.

치료자와 내담자 사이에 구분이 사라질 때 동일시가 일어난다. 동일시가 일어나면 내담자의 고통이 치료자의 고통이며, 내담자의 걱정이 치료자의 걱정이 된다. 동일시는 대부분 무의식적으로 일어나며, 치료자가 가족세우기 세션과 그 결과에 대해 많은 감정과 느낌을 갖게 한다.

다른 한편으로, 공감이란 좀 더 의식적인 느낌이고, 어떤 방식으로든 내담자를 변화시키거나 바꿀 필요가 없는 공명과도 유사한 것이다. 공감은 내담자의 고통을 마음, 가슴, 또는 신체를 통해서 공명하는 평행적인 느낌이다. 치료자는 이것을 자신의 느낌이라고 생각하지 않는다. 치료자는 문제에 빠지지 않고, 노출되어진 만큼 고통을 감지하고, 느끼고, 실존적으로 깊이 이해한다. 동일시가 마치 몸에 덮여진 여분의 피부와 같다면, 공감은 치료자가 썼다 벗었다 할 수 있는 모자와 같다.

그러므로 어머니를 폭행한 아버지를 둔 여성 치료자라면 어머니와 일정한 거리를 두어야 한다. 어머니의 개인적인 선입견과 취향, 어머니의 삶에서 거리를 두어야 한다. 다시 말해서, 이 치료자는 어머니와의 관계에서 죄책감을 어느 정도 받아들일 필요가 있다는 뜻이다. 이것이 가능하다면 이 치료자는 선입견 때문에 눈이 멀거나 내담자 편을 들지 않고, 내담자가 가져온 문제를 다룰 수 있는 힘을 갖게 된다.

여기에서 중요한 점은 치료자가 개인 양심의 한계를 넘어 자신의 가족 체계에 대한 깊이 있는 작업이 필요하다는 것이다. 만일 치료자가 폭력적인 전남편에게 여전히 분노하고 있다면 강간당한 내담자를 돕기 어려울 것이다. 이 점은 명확해 보이지만, 나는 부모 중 한 명을 심하게 거부하는 치료자와 작업하는 내담자를 종종 만나게 된다.

부모와 연결하기 ■ ■ ■

가족세우기 치료자는 부모와의 관계에서 건강한 방식으로 연결되어 있어야 한다. 치료자는 자신의 부모를 가슴으로 받아들인 후에야 내담자 가슴 속에 부모의 자리를 찾도록 도울 수 있는 정서적 원천과 힘을 갖게 된다. 부모가 무엇을 했든, 어떤 사람이든지 간에 치료자가 내담자의 부모에게 존경과 경의를 나타낼 때 내담자에게 많은 도움이 된다. 이 일은 치료자가 자신의 부모에게 존경과 경의를 갖고 있을 때만 가능하다.

헬링거 박사는 내담자가 끈질기게 자신의 부모를 거부하는 경우, 대개 그의 가족세우기 세션을 더 이상 진행하지 않는다. 헬링거 박사가 말하는 부모에 대한 존경은 부모가 한 일과 직접적인 관계가 없다. 이것은 **부모의 지금 모습 그대로, 그들이 부모라는 분명한 사실에 대한 존중**이다. 범죄의 추악함과 범죄자의 본성을 감정적으로 구분할 수 있는 것, 이것을 많은 사람이 받아들이기 어려워하지만, 이 구분은 중요하다.

치료자가 마음속 깊이 내담자의 부모를 있는 그대로 존경할 수 있다면, 이것 또한 내담자를 존중하는 것이다. 만일 내담자가 자신의 부모를 거부하더라도 치료자가 내담자의 부모를 존경한다면, 내담자의 삶이 안내하는 깊은 차원까지 함께 갈 수 있다. 그러면 치료자는 자신이 옳다고 느끼는 대로 세션 작업을 할 수 있는 힘이 생긴다. 특정 가족세우기를 하지 않기로 결정하는 '비치료적인' 결정을 내릴 수도 있고, 세션을 중간에 멈출 수도 있다. 이 두 가지 모두 나름대로 효과가 있는 개입이다.

전이 방지하기 ■ ■ ■

가족세우기에서 전이를 통해 세션을 진행하지는 않지만, 어쨌든 내담자는 치료자에게 부모에 대한 사랑을 투사한다. 사실 가족세우기는 전이를 장려하지 않고 오히려 세션 초기부터 전이가 일어나는 것을 방지한다.

전이는 보통 내담자가 치료자를 이상적인 부모로 치환하는 것을 말한다. 일부 심리분석 교육과정에서는 분석가들이 내담자의 문제를 풀어내는 접근 방법으로 전이를 사용하도록 허용하고 권장한다. 하지만 가족세우기에서는 치료자를 내담자의 부모로 대치하지 않는다. 대신에 세션을 시작할 때부터 내담자가 부모와 직접적으로 연결되도록 도와주기 때문에 전이는 최소화된다. 최소한의 전이가 일어나기 때문에, 가족세우기 치료자는 내담자를 아이로 취급할 필요가 없고, 세션 초기부터 내담자의 삶에 대한 모든 책임을 내담자에게 맡긴다.

내담자의 책임을 떠맡지 않는다는 것은 치료자가 문제를 풀거나 해결책을 찾는 데 개입할 필요가 없다는 뜻이다. 치료자의 일은 내담자와 함께 있으면서 내담자가 부모와 깊고 건강하게 연결되도록 돕는 것이다. 이런 의미에서 치료자는 겸손하게 문제에 접근하면서 내담자가 치료자에게 의존하지 않도록 해야 한다.

어떤 문제를 '파헤쳐 나간다'라는 생각은 가족세우기에 적절하지 않은데, 그것은 모든 세션이 그 자체로 완전하기 때문이다. 대신 다른 무언가가 일어난다. 치료자 또는 촉진자는 구조적인 장(혹은 지식의 장)을 창조하고, 대리인들의 위치를 관찰하면서 가족세우기를 진행한다. 치료자가 이 장에 들어가 마음을 열면, 내담자에게 반영할 수 있는 통찰을 얻게 된다. 이렇게 한 후 치료자는 내담자에게 새로운 이해를 갖게 하고 자신은 물러난다. 심지어 치료자는 나중에 어떤 일이 일어나는지 알 필요조차 없다.

다시 말해서 치료자의 역할은 자신보다 더 큰 에너지에 연결하는 에너지의 도구로 기능하는 것이다. 치료자가 매개체 혹은 통로가 된다고도 말할 수 있다. 이런 의미에서 치료자는 자신이 무언가를 했다고 할 수 없다. 치료자는 단지 자신이 이용되도록 허용했을 뿐이다. 종종 치료자 스스로도 세션에서 일어나는 사건들을 보면서 놀랄 것이다. 실제로 좋은 치료자는 가족세우기를 통해 내담자가 배우는 만큼 많은 것을 배우고, 작업에 대한 통찰을 확장한다.

그래서 세션에서 치료자가 할 수 있는 것은 무엇인지, 세션이 얼마나 깊이 진행될지는 치료자의 손에 달려 있는 것이 아니다. 치료자는 가족세우기 초상화를 보고, 더 이상 가족 역동이 일어나지 않는 순간까지 가족 역동을 따라 움직인다. 역동이 멈추는 순간에 치료자 역시 멈추고, 물러난다. 왜냐하면 치료자는 가족 체계 안의 화해의 움직임이 준비된 만큼만 진행할 수 있기 때문이다. 또한 치료자는 자신이 이런 움직임 혹은 에너지와 연결되어 있는 동안 세션 작업을 해야 한다. 치료자가 경험이 많다면, 에너지의 움직임을 더 많이 허용할 수 있을 것이다.

초보 치료자는 내담자를 도우려고 지나치게 애쓰거나 너무 서두를 수 있다. 또는 가족 체계 안의 조화를 창조하려는 과도한 노력 때문에 내담자에게 부담감을 주기도 한다. 좋은 치료자는 언제 나가고 언제 물러서야 할지를 알고, 그 무엇도 두려워하지 않는다. 이때 인내심과 수용적으로 기다리는 능력이 필요하다. 치료자가 수용적인 기다림의 상태에 머물 때, 새로운 충동과 통찰이 자연스럽게 일어난다. 치료자는 통찰의 순간이 올 것이라고 믿고, 그 순간이 왔을 때 신뢰해야만 한다. 그렇게 하면 치료자는 즉흥적으로 어떻게 세션을 진행하고 언제 멈추어야 하는지 알 수 있게 된다.

요약하자면, 가족세우기의 기본적인 접근 방법은 문제가 무엇인지 확인한 후, 문제를 이해하고 바라보면서 수용적 공간에서 이완하고, 자연스럽게 다음 역동성이 일어나도록 허용하는 것이다. 이것은 삶 자체가 치료자를 안내하도록 허용하는 것 이상도 이하도 아니다.

예상치 못한 해결책 ■ ■ ■

항상 진정한 해결책은 계획도 기대도 없이 저절로 '일어난다'. 치료자는 세션이 어디로 흘러갈지 알 수 없다. 특정한 세션이 이전에 진행했던 많은 세션과 비슷하게 보인다 할지라도, 기본적으로 같은 상황은 없으며 작업을 하는 동안 각각의 상황은 고유하다는 것이 드러난다.

어떤 사례에서는 가족 역동이 해결점에 이르고 참가자들이 깊은 감동을 받는 반면, 유사해 보이는 다른 사례에서는 에너지가 정체되고, 참여자들은 맥이 빠질 수도 있다. 이 예측할 수 없는 신비로운 특질을 이해하려고 애쓰거나 결과를 '고치려' 하지 말고, 있는 그대로 허용하는 것이 중요하다. 이것이 처음에는 불편하게 느껴질 수 있다. 특히 치료자가 가능한 해결책이나 가설을 세웠지만 실제 작업에서 먹히지 않고 새로운 통찰도 찾아오지 않는 순간에는 더욱 그렇다.

가족세우기 세션에서는 이런 순간이 자주 찾아오기 때문에, 치료자는 가끔 어떻게 진행해야 할지 알지 못한다. 이 순간에 머물면서 어떤 것이 명백해질 때까지 기다리는 것이 불편할 수 있다. 왜냐하면 학교에서 배운 적도 없고, 이런 사례에서 일반적으로 예측되는 결과와도 상관없는 통찰을 기다리기 때문이다. 이것이 치료자가 배워야 할 가장 중요한 것이다. 진정한 통찰은 항상 이런 정지의 순간에 일어난다.

나는 이 책에서 가족세우기를 직관적이고 신비하게 받아들여야 한다고 강조하면서도, 가족 체계의 역동에서 어떤 일이 일어나는지에 대한 합리적인 설명과 이성적인 이해를 곁들여 접근방법에 균형을 잡아나갈 것이다. 기본적으로 이 책은 가족세우기의 규칙과 역동의 합리적인 설명을 담고 있다. 하지만 우리가 미처 깨닫지 못한 가족 체계를 관장하는 위대한 힘의 현존에 치료자가 깨어 있어야 한다는 것도 중요하다. 본질적으로 삶은 신비롭고, 가족세우기는 삶의 실체를 반영한다.

에 너 지 장 존 중 하 기 ■ ■ ■

각각의 가족체계는 고유한 에너지 장을 갖고 있으며, 이것은 세션을 할 때마다 자연스럽게 일어난다. 이 에너지 장을 통해서, 또는 장을 인식하면서 대리인들은 특정한 가족 체계에서 무슨 일이 일어나고 있는지 감지하고 내담자와 치료자에게 보여 준다. 개인적으로 나는 치료자로서 에너지 장을 감지하고 최대한 조심스럽게 방을 돌아다니면서 에너지 장을 존중하는 마음을 보여 준다. 예를 들어 만일 가족 체계에서 두 사람 사이에 갈등이 있다면, 나는 그 두 사람 정면에 서지 않으며 둘 사이를 지나가지도 않는다. 나는 내가 외부인이라는 것을 인식하고 그들의 관계를 존중한다. 때로는 어떤 자리의 느낌이 어떤지 명확하지 않으면, 명확하게 느끼기 위해서 그 자리의 대리인 옆에 가서 서보기도 한다. 하지만 일반적으로 나는 배치된 대리인이 자신의 내적 관찰을 통해 하는 말을 믿는다.

또한 나는 가족세우기 세션을 하는 동안에는 세션 공간에서 일어나는 일에 동요를 일으킬 수 있고, 대리인들의 움직임에 방해가 될 수 있는 불필요한 움직임을 하지 못하게 한다. 참가자들에게 돌아다니지 말고 가족세우기 세션이 끝났을 때 방을 떠나라고 부탁한다. 일단 세션이 시작되면 모든 사람은 제자리를 지켜야만 한다. 때로는 아주 미묘한 에너지의 움직임과 외부적 자극이 방해가 될 수도 있기 때문이다.

이미 언급한 대로, 치료자는 내담자에게 가장 도움이 되는 방향으로 작업을 한다. 다시 말해서 치료자는 주로 가족 체계에서 제외된 사람들을 위해 작업을 한다는 뜻이다. 왜냐하면 그들이 내담자에게 직접적으로 영향을 주는 사람들이기 때문이다. 다음 장에서 이 점을 좀 더 상세히 논의할 것이다. 치료자는 비난받고, 무시되고, 존중받지 못한 사람을 찾아서 그 사람을 가슴으로 받아들여야 한다. 머리에서 나온 편협한 방식이 아니라 가족 체계 안의 중요한 에너지 원천은 항상 제외된 사람들이라는 이해를 갖고 말이다. 이 에너지가 치료자에게 해결책을 향한 움직임을 이끌어낼 힘을 준다.

어떤 가족 안에 살인자가 있다고 하자. 살인자는 다른 가족원들에게 비난받고 가족에서 제외된다. 치료자는 내담자에게 도움이 되는 해결점을 찾기 위해, 다른 과거 가해자들에게 해야 하는 것처럼 자신의 가슴속에 살인자를 위한 공간을 만들 필요가 있다. 만일 치료자가 살인자를 비난하거나 도덕적 판단을 한다면, 내담자가 가족 얽힘에서 빠져나오도록 도울 수 없을 것이다. 물론 가해자를 받아들이는 것은 쉬운 일이 아니다. 때로 치료자는 특정 가족세우기에서 살인자가 드러났을 때 사회 전체 집단과 사회적 판단에 맞서 홀로 대항해야 할 수도 있다. 하지만 만약 치료자가 내담자를 위한 현실적인 해결책을 성공적으로 이끌어내고자 한다면, 미묘한 방법으로 치료자의 인식을 물들이는 도덕적 편견이나 사회적 가치기준을 내려놓는 것이 필수다.

치유의 움직임 돕기 ■ ■ ■

　　치료자가 해야 할 일은 움직임이 원하는 방향으로 일어나도록 허용하는 것이다. 때로 이것은 내담자를 죽음으로 몰고 갈 수도 있다. 예를 들어 가족 세우기를 통해 내담자가 무의식적으로 어렸을 때 돌아가신 아버지를 따라가고 싶어한다는 것이 드러났을 때, 치료자는 그 생각이 별로 마음에 들지 않을 수 있다. 하지만 치료자는 내담자를 돌아가신 아버지 옆에 눕게 해야 할지도 모른다. 치료자는 아버지를 따라가려는 성향의 내담자를 구원하려고 노력하지 않도록 깨어 있어야만 한다. 치료자가 불편하게 느끼는 방향으로 내담자가 움직이는 것처럼 보여도, 이 움직임을 신뢰해야만 한다.

　　만일 치료자가 이 움직임이 극한까지 가도록 내버려둔다면 내담자는 자신의 행동이 옳지 않다고 느끼는 순간에 도달할 것이다. 내담자는 신성한 질서의 법칙에 대한 통찰을 갖기 시작하고, 아버지를 따라가는 것이 적절하지 않다는 것을 이해하게 된다. 이것이 바로 가족세우기가 극단적으로 진행되도록 내버려두는 핵심적인 이유다. 이를 통해 자연스러운 변화의 시점이 저절로 생겨나게 된다. 가족세우기가 극한적인 상황으로 내담자를 몰아갔을 때, 내담자의 행동이 옳지 않다는 이해가 더 잘 일어난다. 추가적으로 내담자는 아버지 대리인에게 내담자가 행복하게 잘 살기를 원한다는 피드백을 받을 수도 있다.

　　가족세우기에서, 치료자는 두 가지 움직임과 마주하게 되는데, 그것은 치유의 움직임과 얽힘의 움직임이다(이것은 21장에서 다루게 될 것이다).

　　첫째, 치료자는 얽힌 움직임이 드러나도록 돕고, 가족 체계 안에서 얽힌 움직임이 명백하게 보였을 때 치유 움직임이 일어나도록 돕는다. 예를 들어 아버지를 따라 죽고 싶다는 내담자는 지금 얽힘의 움직임에 사로잡혀 있다. 이것을 깊이 경험하고 어떤 의미인지를 알고 나면, 내담자는 다시 일어나서 돌아가신 부모에게 절을 하고 자신의 삶을 향해 걸어 나갈 준비를 할 수 있다.

이것이 자연스러운 치유 움직임의 발현이다. 하지만 간혹 내담자가 죽은 아버지 곁에서 일어나지 않으려고 할 수도 있다. 세션을 시작할 때, 치료자는 어떤 결과가 나올지 알 수 없다. 단지 대리인이 느끼는 것이 무엇이든지 간에 그 느낌을 존중할 필요가 있다. 이런 경우 대개 처음에는 대리인이 얽힌 움직임을 느끼지만, 시간이 조금 지나면 치유 움직임이 일어난다.

넓은 관점에서, 각각의 가족 체계는 스스로 치유되기를 원하고, 살아 있는 다른 생명체와 마찬가지로 지속과 생존, 건강에 대한 내재된 충동을 가지고 있다. 그러나 치유가 얼마나 시간이 걸리고 어떻게, 어떤 방법으로 일어날지 가족세우기 치료자는 알 길이 없다.

18
치료자를 위한 지침

 버트 헬링거 박사는, 가족세우기 세션을 진행할 때 전체 가족을 조망하는 것이 가장 먼저 해야 할 일이라고 말했다. 그는 "저는 우선 가족 체계에서 제외된 사람들, 인정받지 못하거나 사랑받지 못한 사람들을 찾습니다." 또한, "저의 가슴은 제외된 사람과 함께합니다. 제 마음이 제외된 사람들과 함께 있기 때문에, 저는 그들을 되돌려 놓을 수 있습니다. 특정 개인의 편을 드는 것이 아니라, 가족 전체의 편을 듭니다. 제가 제외된 사람을 지지할 때, 나머지 가족들은 새로운 상태로 들어가게 됩니다. 제가 가족 전체를 아우를 때, 가족들이 제외된 사람들과의 관계를 맺기 시작합니다"라고 설명한다.
 앞에서 언급했듯이, 치료자는 가족 체계에서 제외된 사람의 편을 들어야 한다. 그러나 처음에는 누가 제외되었는지 분명하지 않을 수 있다. 일반적으로, 치료자는 내담자와 인터뷰를 하고 대리인에게 정보를 얻어서 가설이나 이론을 세우고, 직관에 따라 세션을 시작한다. 제외된 사람은 보통 힘든 운명을 타고났거나, 다른 가족 구성원들에게 고통스러운 기억으로 남아 있는 사람인 경우가 많다.

제외된 사람을 찾는 일이 최우선이다. 왜냐하면 앞에서 말했듯이 나중에 태어난 가족 구성원 중 한 사람이 제외된 사람을 동일시하면서 고통받기 때문이다. 모든 가족 구성원이 인정받고, 가족에 속하는 동등한 권리를 갖도록 하려는 집단 양심이 이런 얽힘을 만든다.

치료자가 내담자 가족의 특정한 사건에 대해서 묻는 이유는 제외되거나 사라진 사람을 찾기 위해서다. 치료자가 제외의 증거를 찾으면, 이를 기초로 가설을 세우고 가족 세우기 안에서 실제 역동을 통해 확인해 본다. 제외된 사람을 가족 세우기 안에 세웠을 때 나머지 가족들의 반응으로 이 사람의 출현이 어떤 영향을 주는지 판단할 수 있다.

두 가지 기본적인 질문 ■ ■ ■

이것은 세션을 진행하는 방법 중 하나다. 다른 한 가지 방법은 중요하다고 생각하는 가족 구성원을 모두 배치하고, 그 후에 일어나는 것을 바라보면서 다음 두 가지 기본적인 질문을 하는 것이다.

> 1) 가족 체계 그림에서 **빠진 사람은 누구인가?**
> 제외되거나, 잊히거나 혹은 어떤 이유에서든 이 가족 체계에서 무시되는 사람은 누구인가?
> 2) **누가 떠나고 싶어하는가?**
> 누가 이 가족을 떠나고 싶어하는지 – 누구의 에너지가 이 가족 체계 밖으로 벗어나고 있는가?

보통 가족세우기에서 제외된 가족 구성원은 주변이나 다른 사람에게서 멀리 떨어져 뒤쪽에 있고, 아무도 그를 보지 않는다. 그 사람은 보통 드러나지 않고, 외롭고, 사랑받지 못하고, 존중받지 못하고, 외톨이처럼 느낀다. 치료자는 가족들이 그를 볼 수 있도록, 그의 자리를 옮기거나 가족들을 향해 돌려 세운다. 이때 일반적으로 눈에 띄는 변화가 나머지 가족들에게 생긴다. 모든 사람이 좀 더 활기 있어지거나 무슨 일이 일어나는지 관심을 갖고, 어떤 식으로든 내면의 감정을 느끼기 시작한다. 제외된 사람도 마음이 편안해지고 부담감을 덜 느끼게 된다.

가족 체계를 떠나고 싶어하는 사람은 멀리 있는 어떤 사람이나 어떤 것에 초점을 맞추거나, 죽은 사람을 보는 것처럼 바닥을 바라보고 있다. 또는 단순히 다른 가족 구성원들로부터 떠나고 싶다고 느낌을 표현하기도 한다. 때로 이 사람이 떠나고 싶어하는 충동을 따르게 하면 나머지 가족이 편안해지기도 한다. 어떤 경우에는 이 사람을 따라가고 싶어하는 아이가 있거나 그 사람이 떠나는 것을 막아서는 가족이 나올 수도 있다.

물론 먼 곳을 바라보거나 바닥을 내려다보는 것은 가족세우기에 누군가 빠졌다는 것을 뜻할 수도 있다. 치료자는 내담자에게 가족에게 이와 관련된 무슨 일이 있었는지 물어보거나, 단순히 내담자가 바라보는 방향에 한 사람을 배치해 볼 수 있다. 때로 이러한 개입은 어딘가로 떠나고 싶어하는 사람을 진정시키고, 사라진 사람에 대한 사랑이 드러나게 할 수 있을 것이다. 이것은 처음에 왜 이 사람이 가족을 떠나고 싶어했는지 이유를 보여 준다. 그것은 바로 사라진 사람들에 대한 사랑 때문이었다. 때로는 제외되었던 가족이 가족 체계 안에서 존중받고 제자리를 찾으면, 떠나고 싶어했던 사람이 가족과 함께 머물 준비를 하기도 한다.

또한 특정한 가족 내 모든 구성원들이 한 방향을 바라볼 때 이 역동은 아주 드라마틱하게 나타나기도 한다. 거의 대부분 이것은 가족 체계에 어떤 사람, 혹은 여러 사람이 사라졌다는 것을 보여 준다. 이러한 모습은 가끔씩 유태인 학살 생존자의 사례에서 나타나는데, 가족에서 나중에 태어난 사람들이 죽은 사람들이 있는 곳을 다 같이 바라본다. 죽은 유태인 선조들이 가족 체계 내에 자리를 찾게 되면 대부분 커다란 안도감을 준다. 나머지 가족들의 주의가 그들에게 가 있었기 때문이다.

물론 일반적인 세션 절차에 정확하게 들어맞지 않는 가족세우기 사례들도 많다. 각각의 사례는 독특한 역동을 가지고 있기 때문이다. 하지만 치료자가 가족 체계에서 누가 사라졌는지, 누가 떠나고 싶어하는지를 묻는 두 가지 기본적인 질문에 따라 가족세우기 세션을 안내하는 것은 좋은 접근법이다. 이런 질문을 통해 누가 포함되어야 하고, 누가 인정받고 존중되어야 하는지, 누구를 떠나보내야 하고, 자신의 운명을 찾아가야 할 사람은 누구인지 명백해진다.

예를 들어, 죄책감을 느끼는 친척이나 일찍 돌아가신 어떤 분을 부모가 따라가려고 하면, 아이는 부모의 욕구를 존중하고 부모를 떠나보내야 한다. 이것은 아이는 부모의 욕구를 존중해야 하고 부모의 운명을 방해해서는 안 된다는 뜻이다. 부모에게 집착하거나 가까이 있으면서 무언가를 바라는 것보다 이런 존중이 더 자연스럽고 높은 차원의 사랑이다.

가족세우기에서 치유의 움직임은 보통 어떤 가족 구성원에게 가까이 다가가거나 거리를 두는 것, 그리고 어떤 사람에게 마음을 열고 받아들이거나 보내 주는 것과 같은 기본적인 문제들과 관련되어 있다.

예를 들어 보자. 만약 내담자가 한쪽 부모에게 너무 가까이 있다면, 평안을 찾고 조화를 만들기 위해 애착을 포기하고 다른 부모와 더 가까워져야 한다. 이것이 내담자뿐 아니라 부모도 편하게 만든다.

물론 내담자가 애착하고 있는 부모로부터 떨어질 준비가 되었느냐 하는 것은 완전히 다른 문제다. 많은 경우 내담자는 계속해서 부모와의 얽힘을 유지하려고 한다. 내담자는 얽힘을 유지하는 것이 더 수월하고, 자신이 순수하다고 느끼게 된다. 왜냐하면 부모와의 애착을 포기할 때, 아이들은 자주 죄책감을 느끼기 때문이다. 대부분의 사람에게 부모와의 애착을 단념하고 혼자 될 준비를 하는 것은 힘든 일이다. 이때 치료자는 내담자에게 변화의 기회를 제공할 수 있다. 그러나 치료자가 내담자에게 애착을 포기하라고 강요할 수는 없다. 그렇지만 내담자에게 도움이 될 수 있는 중요한 고려 사항이 하나 있다. 그것은 모든 사람은 가족 안에 자신만의 고유한 자리가 있다는 신성한 질서의 법칙을 상기시키는 것이다. 아이는 아이여야만 하고, 부모는 부모여야만 한다.

세 가지 원칙 ■ ■ ■

양심이 소속과 균형, 질서라는 세 가지 법칙을 따르듯이 치료자도 세 가지 원칙을 고려해야 한다. 제외된 사람을 포함시키고, 떠나고 싶어하는 사람을 떠나가도록 하며, 서열을 바로 잡는 것이 바로 그것이다. 이 원칙은 치료자가 세션을 안내하고, 특정한 가족세우기의 움직임을 따를 수 있도록 도와주며, 사소한 문제에 사로잡히지 않고 초점을 유지할 수 있게 해준다.

이 방법을 사용하면, 치료자는 자연적으로 일어나는 움직임과 함께 가게 된다. 예를 들어 어떤 사람이 가족이나 한쪽 부모를 떠나고 싶어한다면, 치료자는 그가 바라보는 방향으로 몇 발짝 움직이게 하여 내담자를 도울 수 있다. 그런 다음에 이것이 다른 가족 대리인들에게 어떤 영향을 주는지 관찰한다. 만일 어떤 사람을 포함시켜야 한다고 느끼면, 그를 가족 체계 안에 데려와서 내담자를 돕게 한다. 그런 다음 또 다시 이것이 어떤 영향을 주는지 지켜본다.

하나의 움직임은 다른 움직임을 만들어내고, 점차 가족세우기의 에너지가 치료자에게 방향을 제시한다. 어떤 움직임이 있고 나서, 어떤 사람은 감정의 변화가 생기고, 어떤 사람은 더 가까이 가고 싶어하기도 한다. 많은 가능성이 생겨나고 움직임이 일어나게 된다. 하지만 마음속으로 언제나 세 가지 주요 원칙을 기억해야 한다.

19
세 가지 요소: 질서, 실체, 에너지

가족세우기 세션을 진행할 때, 치료자는 세션을 성공적으로 이끌도록 도와주는 다음의 세 가지 요소를 마음속에 담아놓으면 유용할 것이다. 독일인 가족세우기 치료사인 버톨드 울사머Bertold Ulsmer는 이것을 '질서, 실체, 에너지'라고 불렀다. 이 세 가지는 세션이 깊은 차원으로 들어가지 못하고 중간에 멈추게 되는 이유를 분석하는 데 도움을 준다. 이번 장에서는 이 세 요소의 관련성과 어떻게 가족세우기에 적용해야 하는지를 논의할 것이다.

질 서 ■ ■ ■

'질서'는 치료자가 가족 위계질서에 따른 가족 구성원들의 제자리가 어디인지 항상 명심해야 한다는 것을 시사한다. 가족 체계의 질서는 얼마나 오랫동안 가족 구성원이었는지에 따라 결정된다. 이에 대해서 앞의 4장에서 자세하게 다루었다.

가족세우기에서 질서가 잡혔는지 혼란스러운지는 대리인들이 배치된 모습을 통해 알 수 있기 때문에, 치료자는 누가 아버지이고 누가 아들인지, 누가 '큰 사람'이고 누가 '작은 사람'인지, 누가 먼저 태어났고 누가 나중에 태어났는지를 기억해야만 한다. 그러면 대리인들이 적절하게 행동하고 있는지 아닌지를 이해할 수 있다. 예를 들어 아이가 정말로 아이처럼 구는지 아니면 부모처럼 행동하지는 않는지, 또는 부모가 부모처럼 행동하는지 아이처럼 행동하는지 살펴본다. 가족 구성원이 다른 가족 구성원에게 하는 말이 신성한 질서에 따르고 있는지도 눈여겨본다.

한 여성은 가족세우기에서 자신을 아버지와 나란히 세우고, 어머니는 한쪽에 배치했다. 이 배치를 통해 치료자는 내담자가 어머니의 자리를 차지하고, 마치 자신이 아버지의 부인인 것처럼 행동하며 어머니를 아이처럼 바라본다는 것을 읽어낼 수 있다. 질서가 흐트러졌고, 내담자는 교묘하게 어머니의 자리를 빼앗았다. 치료자는 어머니를 아버지 옆에 세우고, 딸은 부모 맞은편에 세우면서 어머니와 딸의 위치를 바꿔주었다. 부모는 이 새로운 배치가 '옳다'고 느꼈고, 잠시 저항이 있었지만 딸도 이것을 받아들였다. 치료자는 딸이 어머니에게 절을 하고, "저는 아이일 뿐입니다. 저는 결코 어머니의 자리를 대신할 수 없습니다. 죄송합니다. 제가 좀 어리석었어요. 어머니는 크고 전 작습니다"라고 말하도록 초대한다. 이것으로 가족 모두에게 편안함과 평화를 가져오는 질서가 다시 잡힌다.

가족세우기를 통해 아이가 아버지의 고통을 짊어지고 있다고 드러났다면, 아이는 아버지에게 "제 행복을 희생하더라도, 아버지를 위해 뭐든지 하고 싶어요"라고 말하게 할 수 있다. 대리인들이 이 말의 진실함을 확인하고 나서, 치료자는 자연의 질서에 따르는 다음 문장을 말하게 한다.

"사랑하는 아버지, 아버지의 고통을 아버지에게 맡길게요. 저는 단지 아이일 뿐이에요. 아버지가 제게 해주신 모든 일에 감사해요. 이제 저는 당신을 존중하고 사랑으로 기억하며, 제 삶을 살아가겠습니다.…… 행복하게 살게요."

질서의 법칙에 따라 나중에 태어난 아이는 먼저 태어난 가족 구성원의 짐을 대신 짊어지거나 운명을 방해해서는 안 된다.

내담자를 돕기 위해, 치료자는 내담자에게 질서를 존중하라고 요청할 필요가 있다. 치료자는 원가족 안에 아이인 내담자가 원하지 않더라도 부모에게 절을 하라고 요청해야 할 것이다. 치료자의 이런 개입은 내담자가 알지 못하는 사이에 다른 가족 구성원의 짐을 지고 있다는 사실을 깨닫게 하고, 내담자를 즉각적으로 부담에서 벗어나게 하는 통찰로 이끈다.

물론 치료자는 내담자의 존중의 몸짓이 피상적인지 아니면 내면 깊은 곳에서 우러나오는 것인지 확인할 필요가 있다. 만일 어떤 저항이 있다면, 우선 이전 가족 구성원의 동일시와 같은 내담자 가족 역동의 다른 측면을 먼저 고려한다. 이것은 체계 내의 대리인들의 움직임을 따라가면 알 수 있다.

일반적인 지침으로, 치료자는 우선 가족 체계 에너지가 어디로 가고 있는지 살펴보아야 한다. 잠시 후에 이것에 대해 더 자세히 다룰 것이다. 세션이 진행됨에 따라 질서를 존중하기 위해 필요한 몇 가지 요인들을 더 사용해야 한다. 그렇지만 질서를 바로 세우는 것과 저절로 일어나는 에너지를 따라가는 것 사이의 균형은 매우 미묘하고, 오직 경험을 통해서만 체득할 수 있다.

질서를 인정하도록 요구하는 치료자의 작업은 다소 '지시적인' 접근이다. 만일 이 접근법에 너무 많이 의존한다면 기계적이며 표면적이기 쉽고, 내담자의 저항을 불러올 수도 있다. 또한 이것은 모든 것이 대리인을 '적합하게' 재배치할 수 있는 치료자의 능력에 달려 있다는 느낌을 갖게 한다. 물론 이것은 진실이 아니다.

반면 가끔은 치료자가 자신의 권위를 적절히 사용할 필요가 있다. 대리인들이 어디로 움직이고 싶어하는지 다른 구성원들과의 관계에서 어떻게 느끼는지에 대한 관찰에만 의존하다 보면, 모든 사람이 얽힌 채로 남거나, 해결책이 보이지 않는 막다른 골목에 다다를 수도 있다. 외부인으로서 치료자는 가족체계 내의 사람들이 간과하고 있는 것들을 볼 수 있다. 이에 따라 치료자는 망설임 없이 단호하게 자신의 직감을 믿고 통찰을 사용해야 한다.

어떤 세션에서 내담자가 나치 가해자와 동일시하고 있다는 것을 알게 되었을 때, 치료자는 내담자를 가해자 옆에 세웠다. 초기 저항이 있은 후에, 내담자가 자리를 옮기자 실제적인 느낌이 나아졌다. 치료자는 내담자가 가해자에게, 진실로 드러난 "나는 당신을 위해서 이렇게 느끼고 있어요"라는 말을 하게 했다.

지시적인 접근법에 너무 많이 의존할 때 생기는 위험은, 치료자가 현재 앞에서 보이는 가족 체계 에너지와 연결되지 못하고, 자신의 선입견을 따라 작업을 할 수 있다는 것이다. 때로 치료자의 제안을 수동적으로 따르는 대리인들이 이 점을 느낀다. 이런 식으로 나온 해결책은 표면적이고 힘이 없다. 이런 일은 경험이 부족한 치료자에게 일어나며, 일반적으로 치료자가 자신의 불안함을 가리기 위해 노력한 결과로 생긴다. 이럴 때는 지시에 따른 대리인들의 반응을 면밀히 살피며 세션 진행을 천천히 하는 것이 좋다. 지시적인 접근 방법의 또 다른 단점은 좀 더 미묘한 에너지와 숨겨진 얽힘을 간과하기 쉽다는 것이다.

가족세우기는 치료자 역시 배우는 과정이고, 치료자의 개입은 반드시 대리인의 반응에 의해 안내되어야 한다. 치료자는 대리인들의 상호작용을 보고, 대리인들에게 피드백을 받은 다음, 가족 내의 복잡한 얽힘과 숨겨진 역동을 파악하면서 점차 내담자의 문제를 이해하게 된다.

이제까지 우리가 본 것은 누가 누구보다 먼저인지에 대한 순차적인 질서를 바로잡는 일반적인 지침이었다. 이것은 치료자가 가족세우기의 기본적인 원칙에 뿌리를 두게 하고, 관점과 방향을 유지하게 해주며, 대리인 사이의 에너지 움직임이나 느낌 속에서 헤매지 않도록 도와준다. 이 관점을 통해서, 일반적으로 치료자는 가족 체계 안에 얽힘을 이해하고 조화와 균형을 위해 무엇이 필요한지 알 수 있다.

구조적으로 작업하는 데 익숙한 치료자들은 가족 체계 안에 자연스러운 질서를 바로잡는 일이 쉽다고 느낀다. 반면 좀 더 직관적이고 에너지에 따라 작업하는 데 익숙한 치료자들은 가족 체계에서 누가 실제로 부모이고 누가 아이인지를 기억해야 할 필요가 있다. 다양한 가족 구성원들이 서로에 대해 어떻게 느끼는지 아는 것은 꼭 필요한 일이다. 하지만 궁극적으로 중요한 것은 신성한 질서를 인식하는 것이다.

예를 들면, 가족 체계에서 아이가 어머니보다 우월하다고 느낄 때, 아이가 어머니에게 '저는 크다고 느끼지만, 저는 작습니다'라는 문장이 도움이 된다. 혹은 아버지가 아이처럼 느낀다면, 아버지는 아이에게 '내가 너보다 작다고 느껴지지만, 나는 너의 아빠다'라고 말하는 것이 도움이 된다. 이것은 가족세우기에서 진짜 중요한 것은 '삶의 실체'라는 것을 보여 준다. 다시 말해서 가족의 올바른 질서가 중요한 것이지 우리가 어떻게 느끼는지는 중요하지 않다는 뜻이다.

실 체 ■ ■ ■

가족세우기를 진행하는 치료자가 유념해야 할 두 번째 요소는 '실체'이다. 실체란 가족사에서 일어난 일을 말한다. 이것을 또한 '사실'이라고도 부를 수도 있는데, 누가 가족 시스템에 속하고 그들이 무엇을 했는지를 포함하는 의미이다. 보통 이런 사실들은 세션을 시작하기 전 내담자와의 사전 인터뷰에서 드러난다. 또한 세션이 시작된 다음에도 내담자에게서 추가적인 정보를 얻을 수 있다.

사 실 모 으 기 ■ ■ ■

우리가 이미 알고 있듯이, 세상을 떠난 가족 구성원들도 가족에 속한다. 그래서 치료자는 가족 중에 때 이른 죽음이 있었는지 내담자에게 물어본다. 여기서 '때 이른'이란 내담자가 어릴 적에 부모나 형제자매를 여의었다는 말이다. 만일 내담자의 조부모 중 한 분이 내담자가 어릴 때 돌아가셨다면, 이것은 때 이른 죽음으로 고려되지 않는다. 질병이나 사고, 누가 집을 떠났거나 어디론가 보내진 사람, 전쟁에 참가한 사람이나 전쟁과 관련된 경험 등도 가족 안의 중요한 사건에 포함된다. 가족 구성원이 저지른 범죄와 범죄 피해자, 부모와의 이른 이별, 부모가 결혼 전에 만난 애인도 중요한 사실이다. 내담자의 부모 국적이 다르거나 외국으로 추방된 사실 등도 역시 중요하다.

치료자는 세션을 하기 전에 인터뷰를 통해 이런 사실들을 얻게 되는데, 대개 이 사실들이 얽힘과 실질적으로 관련이 있는지는 가족세우기를 통해서만 확인할 수 있다. 가족세우기 작업에서는 최소한의 정보만이 필요하며, 사건 내용을 세세히 알 필요는 없다.

자연스럽게, 대부분의 내담자는 사건에 대한 어떤 느낌을, 때로는 아주 강한 느낌을 갖고 있다. 그래서 때로는 내담자가 사건을 평가하지 않고 사실을 있는 그대로 이야기하는 것이 어렵기도 하다. 또한 어떤 사건은 너무 충격적이어서 내담자가 일어난 일을 인정하기 싫어하기도 한다.

만일 내담자가 "제 아버지는 늘 화가 나 있었어요" "제 어머니는 행복한 적이 없었어요"라고 말하거나 가족사에 있던 일을 길게 늘어놓고, 왜 그렇게 힘들었는지에 대해서 분석을 하려고 하는 등 관계없는 정보에 대한 이야기를 시작하면, 치료자는 내담자를 멈추고 가족세우기에 필요한 정보만 이야기하도록 요청해야 한다.

이 책의 앞부분에서 설명한 것처럼, 내담자가 핵심적인 것에 초점을 맞추는 데 도움을 줄 수 있는 한 가지 방법은 내담자에게 자신의 문제와 가족에 대해 서너 문장 안에서 설명하라고 하는 것이다. 어떤 사건에 대한 해석은 치료자를 잘못된 방향으로 이끌고 가는 무의식적인 방법일 수 있다. 이를 통해 진짜 문제를 회피하는 것이다. 내담자에게 몇 문장만을 말하게 함으로써, 치료자는 자신의 주의가 다른 곳으로 가는 것을 막을 수 있다.

말을 많이 하는 것은 깊은 고통을 피하려는 내담자의 전형적인 모습이다. 핵심적인 것만을 말하게 하는 것이 내담자에게 익숙한 교묘한 전략을 쓰지 못하게 하는 것이며, 내담자가 중요한 문제를 직접적으로 만나게 해준다. 내담자에게 문장과 문장 사이에 깊은 숨을 쉬게 하거나 천천히 말하게 하고, 혹은 잠시 동안 침묵하게 하는 것은 위와 동일한 효과를 준다. 내담자가 '사실' 정보를 너무 많이 주는 경우, 치료자는 세션을 위해 무엇이 중요한지, 그리고 어떤 사건이 가장 큰 영향을 줄 것인지 선택해야만 한다.

반대로 내담자가 태어나기 전에 가족들에 대해 별로 아는 것이 없는 경우에는 아주 적은 정보를 가지고 작업하는 것도 가능하다. 이런 경우에는 가족세우기에 배치된 대리인의 움직임이나 피드백에 좀 더 의존해야만 한다. 많은 경우에, 특히 제외된 가족 구성원이 관계된 사건의 경우에 내담자가 중요한 사건들을 나중에 기억해내는 경우도 있다.

때로는 내담자가 관련된 정보를 모를 때도 있는데, 이런 경우에는 세션을 시작할 때 가족세우기에서 작업을 어떻게 하는지를 설명해 주는 것이 도움이 된다. 내담자가 아무런 정보도 제공하지 못하고 있다면, 치료자는 어떤 것이 중요한 정보인지를 내담자에게 설명해 주거나, 그룹 세미나의 경우에는 다른 사람의 세션을 먼저 보게 할 수도 있다.

모든 상황을 말로 설명할 수는 없지만, 가족 체계에 누가 속해 있고 내담자가 누구에게 불편함을 느끼는지 찾는 일은 언제나 중요하다.

정보를 모으는 것 이외에도, 세션 전 인터뷰를 통해 내담자가 가족 안에서 일어난 일에 대한 이해와 느낌을 어떻게 '접촉하고' 있는지를 알 수 있다. 또한 사전 인터뷰를 통해 가족세우기 세션에서 내담자를 위해 무엇을 할 수 있는지에 대한 아이디어도 얻을 수 있다.

어떤 치료자들은 정보를 얻기 위해 질문지를 사용하는데, 이것은 내담자가 가족의 사건과 사람들을 기억해내는 데 도움이 된다. 하지만 개인적으로 나는 내담자가 작성한 질문지를 보고 읽게 하지는 않는다. 나는 가족사에 대해 내담자가 직접 말하는 것을 듣고 싶어한다. 그 이유는 내담자의 이야기를 통해 내담자가 어떤 사건과 어느 가족 구성원에 대해 특별한 느낌을 갖는지 알 수 있기 때문이다. 또한 이것은 가족 체계 내에 어디에 불균형이 있는지 찾는 데 좋은 단서가 된다.

세션에서 사실 사용하기 ■ ■ ■

가족세우기 세션에서 실체와 작업한다는 것은 가족 체계의 사실들을 기억한다는 뜻이다. 예를 들어 살인자가 그 피해자에게 '나는 당신을 죽였습니다'라고 말하거나, 자신을 떠난 남편에게 부인이 '당신과 나 사이에는 아기가 둘이에요'라고 말하고, 또는 입양을 보낸 부모에게 아이가 '부모님은 저를 떠나보냈어요'라고 말하게 하는 것처럼, 사실들을 작업에 포함시킨다는 의미다.

　이런 사실들은 가족세우기를 통해 직접적으로 나타나지는 않는다. 그래서 치료자는 사실들을 포함시킬 방법을 찾아야만 한다. 예를 들면 감정이나 도덕적 판단 없이 짧고 직접적이고 사실적인 문장을 한 가족 구성원이 다른 가족 구성원에게 말하게 한다. 예를 들어 어떤 여성이 전 남편을 아직도 사랑하지만, 지금은 다른 사람과 결혼을 하고 아이를 가진 것이 실체라면, 그 사실은 공개적이고 직접적으로 인정해야 한다.

　혹은 병으로 일찍 돌아가신 아버지가 아들에게 그렇게 빨리 가족을 떠난 것은 자기 선택이 아니었다고 말하게 할 수도 있다. 만일 아버지가 자살했다면 문장은 달라진다. 아버지는 '나는 떠나고 싶었단다'라고 말할 필요가 있을 것이다. 이런 문장들을 통해서 가족 구성원들은 그들이 한 일이나 그들에게 일어난 일을 인정하고 실체와 직면하게 된다.

　치료자의 역할은 실체의 중요성을 완전하게 인정하게 하는 것이다. 그래서 치료자는 객관적이고 중립적인 태도로 진실이 무엇인지 말하는 것을 두려워해서는 안 된다. 예를 들어 살인자는 살인자라고 부르고, 말기 암 환자에게는 죽음을 직면하게 해야 한다. 만일 치료자가 어떤 일을 '보기 좋게' 만들면서, 적나라한 진실을 보기 두려워하거나, 사람들에게 자신의 책임에 직면하게 하지 않는다면, 실체는 가족세우기 안에서 충분한 영향력을 미칠 수 없다. 그 결과 세션은 명확한 해결책을 찾지 못하고 막연해진다.

　다시 말해서, 내담자에게 정확하게 무슨 일이 있었는지 묻는 것, 그리고 어떤 일을 애매모호하게 내버려두지 않는 것이 중요하다. 또한 '학대'라는 일반적인 용어를 쓰는 것보다는 정확하게 일어난 일을 묘사하는 것이 더 낫다. 일반적으로, 내담자는 자신이 삶에서 일어나는 일로부터 보호될 필요가 없으며, 어떤 사건이 명확해지면 오히려 편안해질 것이다. 자기 부인을 사랑하지 않는 남자의 경우, 그 남자는 '처음에는 너에게 호감을 느꼈는데, 시간이 지나면서 매력이 사라졌어'라고 말하는 것보다 '나는 너를 이용했어'라고 말하는 것이 더 도움이 될 것이다. '강한 분노가 느껴져'라고 말하는 것보다는 '널 죽이고 싶어'라고 말하는 것이 더 힘이 있다.

일반적으로 실제 사실을 직접적으로 말하는 것이 추상적인 표현을 쓰는 것보다 강력하다. 내담자가 부모에게 '저는 부모님을 존경해요'라고 말하는 것은 쉽지만, '저는 외할머니에 대한 어머니의 사랑을 존경하고, 어머니의 고통은 어머니가 지도록 할게요'라고 말하기는 어렵다. 비슷하게, 전처와 잘 지낸다는 내담자가 친모의 권리를 인정해야 할 때는 아주 다른 실체가 드러날 수도 있다.

치료자는 또한 현실을 거부하면서 내담자에게 나타나는 감정과, 현실을 인정한 결과로 나타나는 감정을 구분할 수 있어야 한다. 이 구분은 사람들이 환상을 버리고 사건의 진실을 직면하도록 돕는다. 모든 것을 통합하고 힘을 회복하는 유일한 방법은 실체를 직면하는 것이다. 그러므로 치료자가 해야 할 일은 내담자가 실체를 받아들이도록 돕는 것이다. 이것이 내담자가 비현실적인 상황에서 빠져 나오도록 도울 것이다.

일찍 아버지를 여읜 내담자가 치료자에게 눈물을 흘리면서, 만일 아버지에 대한 기억이 없었다면 살 수 없었을 것이라고 말했다. 치료자는 내담자가 마흔이 되고, 아이들을 갖게 될 때까지 긴 세월을 아버지 없이 살아 왔다는 사실을 말해 주었다. 내담자는 즉시 자기 연민에서 빠져 나왔고, 입가에 미소를 지었다.

많은 치료사들이 실체에 대한 '긍정'에서 나오는 감정인지, 아니면 무언가를 바꾸고 싶은 욕구에서 나온 감정인지 구분하지 않은 채 내담자가 감정에 빠지게 한다. 물론 고통스러운 사건을 기억하면서, 내담자가 강한 정서를 경험할 수도 있다. 하지만 이것은 보통 금방 지나간다. 일반적으로 실체를 인정하는 순간, 어떤 힘과 동시에 편안함을 느끼게 된다.

어머니를 일찍 여읜 여성은 어머니에게 분노를 느꼈다. 마치 어머니의 죽음으로 자신이 배신당한 것처럼 느껴졌다. 하지만 어머니의 죽음을 온전히 직면하고, 상실의 고통을 느끼고 난 뒤, 내담자는 기운이 솟으면서 어머니 앞에 설 수 있었다. 어머니를 바라보면서 "이제 어머니를 사랑과 존경으로 기억하고, 행복하게 살게요"라고 말했다.

에너지 ■ ■ ■

치료자가 기억해야 할 세 번째 요소는 에너지다. 에너지가 가족세우기에 어떤 영향을 주는지 알아보자. 에너지는 움직임, 감각, 충동, 살아 있음이다. 또한 그것은 역동적이고 필수적이며, 늘 변화하고 모든 사람이 느낄 수 있는 것이다. 하지만 어떤 이론이나 생각, 개념에 사로잡힌 사람들이 종종 잊어버리거나 놓치기 쉬운 것이 바로 에너지다. 세션이 진행됨에 따라, 치료자는 대리인들을 관찰한다. 대리인들의 신체 언어와 움직임, 어떤 느낌이나 감각이 느껴진다고 하지는 않는지 살펴본다. 치료자는 이런 단서들을 따라 세션을 진행하고, 다음 단계를 결정한다.

에너지는 늘 순간에 존재한다. 에너지는 지금 여기를 드러내고, 방 안에 있는 사람들의 반응 안에 표현되는 그 무엇이다. 때로 가족 체계 속의 에너지 역동은 두 대리인이 서로에게 강한 호감을 갖는 것처럼 세션 초기부터 명백하게 나타나기도 하지만 아주 미묘할 수도 있기 때문에 치료자가 조심스럽게 접근해야 할 것이다. 에너지는 가족세우기가 생기가 돌고 집중이 되는지, 아니면 지루해지고 김빠지고 피곤해지는지를 좌우한다.

치료자는 내담자의 에너지, 각 대리인의 에너지, 전체로서의 가족 에너지와 연결되어 있어야 하며, 또한 관찰자인 다른 참가자들의 에너지와도 연결되어야만 한다. 왜냐하면 수동적인 관찰자의 에너지도 가족세우기에서 무슨 일이 일어나고 있는지에 대한 단서를 줄 수 있기 때문이다. 예를 들어 관찰자들이 지루해 보이고 시계를 자꾸 쳐다본다면 그것은 가족세우기를 중단해야 하거나 다른 방향으로 진행해야 한다는 것을 나타내는 표시일 수도 있다.

세션이 진행되면서, 치료자는 가족세우기에 배치된 사람들 사이를 돌아다니거나 치유 문장을 이야기하게 하고, 각 단계가 사람들에게 어떤 영향을 주는지 관찰해야 한다. 예를 들어 제외된 사람을 가족세우기에 불러왔을 때, 배치된 모든 사람이 자연스럽게 그를 바라보거나 내담자가 안도의 깊은 한숨을 쉰다면, 보통 그것은 치료자가 정확한 사람을 불러냈다는 것을 의미한다.

내담자를 만나는 처음 순간부터, 치료자는 어떤 에너지 수준에서 내담자를 만나게 된다. 이러한 에너지는 언어를 통해 정신적으로 표현되지만, 또한 이 에너지는 정서와 신체 언어와 같은 더 깊은 방식으로 소통된다. 때로 내담자가 말로는 어떤 이야기를 하면서, 앉는 자세나 제스처, 전체적인 행동은 완전히 다른 것을 나타내는 모순적인 태도를 보여 주기도 한다. 이때 치료자의 일은 내담자가 정말로 하고 싶은 말이 무엇인지 알아내는 것이다. 오직 이성적인 차원에서만 내담자와 작업을 하다 보면 깊은 차원을 자주 놓치게 되고, 정서나 신체적인 차원에서만 작업을 한다면 목표나 명쾌함을 놓칠 수 있다.

치료자는 어떤 식으로든 내담자와의 대화가 치료자 자신의 마음에 와 닿는지 지속적으로 감지하고 있어야 한다. 이것은 내담자가 표현하는 것을 동일시하는 것이 아니라, 그것이 진실인지를 확인하는 것이다.

가족세우기를 이론적이고 학문적으로 접근하는 치료자는 일반적으로 내담자의 언어적 표현을 아주 중요하게 생각하는 경향이 있다. 반면에 에너지에 예민하고 직관적인 치료자들은 언어 이면에 내담자의 실제적인 느낌과 조율하지만, 명확한 목표의식 없이 정서적인 표현에 좌우되면서 길을 잃기 쉽다.

가족세우기는 가족 구성원 사이의 사랑을 포함한 가족 체계 속에 숨겨진 에너지를 드러내 준다. 이 에너지는 대리인이 서 있는 위치, 대리인들의 신체적 반응, 얼굴과 말에서 나타나는 표현 등을 통해서 눈에 보인다. 다소 미묘한 에너지들은 대리인들의 느낌이나 감각을 피드백하여 들으면서 더 명확해진다.

물론 에너지를 느끼고 감지하는 기술은 경험을 통해 발달하기 마련이다. 예를 들면 아들이 아버지에게 절을 할 때, 경험 있는 치료자는 아들이 마지못해 하는지, 아니면 사랑과 존경에서 나온 진정한 표현인지 바로 알 수 있다. 또는 아이와 어머니가 포옹하는 것을 관찰하면서, 치료자는 내담자가 아이처럼 어머니 품에 안기는지, 어머니를 마치 '어린아이' 처럼 다루며 어른처럼 안고 있는지 알 수 있다.

가족세우기에서 눈여겨보아야 할 미묘하고 중요한 일들이 아주 많다. 하지만 무엇보다 관심을 두어야 할 사항은 가족 체계에서 어머니와 외가, 아버지와 친가 중에서 어느 쪽에 더 많은 에너지가 몰려 있는가 하는 것이다. 추가적으로, 치료자는 계속해서 전체적인 가족 체계를 바라볼 필요가 있다. 이 말은 어떤 것이 즉시 다루어야 할 문제이며 어떤 것을 나중에 다루어야 할 문제인지 구분하고, 세세한 것을 놓치지 않으면서 전체를 끌어안아야 한다는 뜻이다. 특히 내담자에게 진정으로 도움이 되는 것이 무엇인지 놓치지 말아야 한다는 의미다.

치료자가 가족 체계의 에너지를 존중하지 않는다면 해결책을 찾을 수 없다. 치료자가 가족들을 '바른' 질서에 따라 움직이게 하더라도, 이내 대리인들의 커다란 저항에 직면하게 될 것이고 세션을 포기해야 할지도 모른다. 치료자가 피곤해지거나 너무 힘들다고 느껴질 때, 이것은 치료자가 알아차려야 할 신호로서, 치료자가 가족 에너지와 함께하지 않는다는 것을 나타낸다. 그러므로 대리인에게 어디로 가라고 말하는 대신에, 대리인들이 느낌에 따라 움직일 수 있게 하고, 자극이나 충동에 따라 어디로 가고 싶은지 물어야 한다. 이것이 어디에 가족 얽힘이 있는지 드러내 줄 것이다.

가족세우기는 협동 작업이다. 대리인들은 자신이 대리하는 가족 구성원과 그들 내면에 어떤 일이 일어나는지를 느끼고, 치료자는 마치 진행자와 같이 이런 역동이 분명해지도록 돕는다.

물론 에너지에는 다양한 수준이 있다. 보통 가족세우기의 초기에 나타나는 에너지는 얽힘, '숨겨진' 것과 연결되거나 '애착된' 사랑이다. 예를 들어 아들이 돌아가신 아버지 곁에 눕고 싶어한다면, 그것은 아버지 없이는 살고 싶지 않다는 뜻이다. 세션이 진행되면서 가족 구성원들이 사랑을 의식적으로 이해하게 되고, 깊은 차원의 에너지가 드러난다. 예를 들어 아들은 돌아가신 아버지에게 눈물로 작별을 고하고 자기 발로 일어서서 자신의 삶을 찾아간다.

에너지의 움직임에 대해서는 '영혼의 움직임'이라는 장에서 좀 더 자세하게 다룰 것이다. 하지만 여기서 우리가 기억해야 할 중요한 것은 가족세우기에서 에너지를 따르는 것은 한계가 있다는 점이다. 대리인들의 충동에 따른 움직임은 아이들의 '눈먼' 사랑의 표현에 그칠 수 있기 때문에, 해결을 불러오지 못할 수도 있다. 긍정적이고 치유적인 효과가 나타나기 위해서는 내담자의 사랑이 좀 더 의식적으로 성숙하고, 현실에 기초해야만 한다. 내담자는 단지 아이일 뿐이라는 사실을 다른 사람들에게 상기시키는 것과 같은 체계 내의 질서 요소를 확인시키는 것만으로도, 가족 얽힘을 좀 더 의식적으로 받아들이도록 돕는다.

세 가지 요소가 모두 필요함 ■ ■ ■

우리는 하나의 세션을 하기 위해서는 에너지, 질서, 사실의 세 가지 요소가 모두 필요하다는 것을 알 수 있다. 보통, 가족세우기가 잘 진행되지 않는 것은 위의 세 가지 요소 가운데 한 가지가 **빠졌기** 때문이며, 그것은 치료자가 질서를 존중하는 것을 잊어버렸거나, 가족에서 일어난 중요한 사실을 간과했거나, 체계의 에너지에 민감하지 못했다는 것을 의미한다. 세 가지 요소 가운데 빠트린 요소를 확인하고 적용하는 순간, 해결을 향한 더 깊은 움직임이 가능해진다.

20
치유 문장

가족세우기를 할 때, 치료자는 대리인들끼리 이야기하는 것을 거의 허락하지 않고, 그 대신 치료자가 매개자로서 대리인에게 다른 가족과의 관계에서 드는 느낌을 묻거나 각 대리인에게 문장을 제안한다. 이렇게 하는 이유는 분명하다. 우리는 종종 일상적인 대화에서 우리가 느끼고 표현하는 것에 깨어 있지 않기 때문이다. 진짜 감정은 숨기고 다른 사람을 비난하면서, 사람들이 우리에게 무슨 짓을 했는지에 대해서만 이야기한다.

게다가 자신의 마음 깊은 곳에서 무슨 일이 일어나고 있는지 대부분 감지하지 못한다. 예를 들어 다른 사람에게는 그녀에게 화났다고 말하지만, 사실 마음의 깊은 수준에서는 그녀를 그리워하고 있다. 이런 식으로 두 번째 감정은 초기감정을 덮어버린다. 그래서 우리의 일상적인 대화는 문제를 풀기보다는 어려움을 고착시키고, 개인적 갈등을 치유하기보다는 더 심각하게 만들고, 스스로를 방어하고 자신의 위치를 견고히 해서 결국 문제 해결을 어렵게 만드는 경우가 잦다. 사람들은 자주 그들이 '대화'를 하기 전보다, 대화를 한 후에 더 많은 상처를 받았다고 느끼기도 한다.

가족세우기에서는 책임감을 갖고, 중립적인 시각에서 정확한 문장을 사용하는 치료자를 통해서, 일상적인 대화방식을 방지한다. 치료자는 가족 체계 내의 누군가를 편들고자 하는 의도가 없기 때문에 이렇게 할 수 있다. 게다가 치료자는 특정한 문장을 말한 사람의 즉각적인 피드백을 받을 수 있다. 치료자는 그 문장이 진실인지, 절반만 진실인지, 또는 전혀 진실이 아닌지 확인한 다음 적절하게 개입하고 조정할 수 있다.

이런 방식으로 세션은 천천히 깊어지고, 가족 구성원이 서로에게 한 말들은 비난과 변명, 합리화의 악순환을 벗어나서 진실하게 공명하기 시작한다. 노련한 치료자는 내담자를 모든 사람이 얽힌 문제의 핵심으로 빠르게 안내한다.

예를 들어, 치료자는 내담자가 다른 가족 구성원이 한 행동을 비난하게 하는 대신, '당신이 나를 떠나서 화가 나요'라는 문장을 제안할 수 있다. 이 감정을 받아들인 후에, 내담자는 '나는 당신이 그리워요'라는 깊은 진실을 경험하도록 초대될 수 있다. 덧붙여, 이 감정들이 실제로 일어난 일에서 예상되는 감정보다 더 강하다는 것을 인지하고, 내담자는 어린 시절 돌아가신 어머니를 떠올린다. 그리고 내담자는 '나는 어머니가 보고 싶어요. 어머니는 너무 일찍 돌아가셨어요. 나는 아무것도 할 수 없었어요. 당신은 아무 책임이 없어요. 당신은 나의 어머니가 아닙니다'와 같은 문장을 말하도록 초대된다. 또는 그가 어린아이였을 때 어머니가 일찍 떠나셨기 때문에 성인이 되어 남녀 관계를 맺을 능력이 없다는 것을 이해하게 되면서, 내담자는 자신의 옛날 여자 친구에게 '당신이 나를 떠날 거라는 걸 알고 있었기 때문에, 당신을 여자 친구로 선택했어요'라고 말할 수도 있다.

이러한 문장들을 통해 드러난 원가족의 기본적인 얽힘에 대한 자각은, 내담자가 자신의 행동에 책임질 수 있게 해준다. 치료자는 사전 인터뷰나 가족세우기에서 에너지의 흐름을 읽고, 내담자의 인생사에 관한 정보를 얻고 가설을 세운다. 그리고 가설은 치료자가 제안하는 문장들을 통해 증명할 수 있다.

만약 내담자의 인생에 대한 정보가 별로 없다면, 치료자는 가족세우기 역동에 대한 일반적인 이해에 의지해야 한다. 예를 들면 남녀는 그들 관계의 결과에 대해 일반적으로 동등한 책임을 진다. 또 다른 경우에는 가족 체계의 신성한 질서에 대한 치료자 자신의 지식에 의지할 수도 있다. 예를 들면 내담자는 무의식적으로 배우자가 자기를 떠나기를 바랐기 때문에, 나중에 자기를 떠날 배우자를 선택한다고 본다. 근본적인 원인이 밝혀지자 자신을 떠난 사람에 대한 분노가 사라지고, 내담자는 이완된다.

가족세우기 세션에서 많은 경우에, '당신은 크고 나는 작습니다' '나는 당신을 존경합니다' '당신은 주고 나는 받습니다'와 같은 문장처럼 어떤 패턴을 가진 문장이 사용된다. 우리는 이런 종류의 문장이 계속해서 나타나는 것을 보았다. 어떤 치료자들은 이런 문장을 '영혼의 문장'이라고 부른다. 그러나 집단 무의식의 깊은 층에서 이 문장들은 진실로 여겨지고 공명한다고 말하는 것이 더 정확할 것이다. 이런 문장은 일상생활에서 다른 사람들에게 할 수 있는 말이 아니다. 이 문장들은 보이지 않게 인간의 행동을 통제하는 가족 체계의 자연적인 질서를 표현하는 것이다.

만약 가족세우기에서 이런 문장을 너무 서둘러 사용하면, 문장은 이상하거나 피상적으로 느껴진다. 그러나 얽힘의 구조가 명확해졌을 때 이 문장을 사용하게 되면, 개인적 고통의 원인에 대한 깊은 통찰을 주면서 확실한 효과를 발휘할 수 있다.

일반적으로 가족세우기에서 사용되는 문장은 세 가지 기본적인 측면과 관련되어 있다. 가족 체계 내의 질서, 체계 내의 에너지 그리고 가족 안에 일어나고 있는 사실이 그것이다. 질서를 포함하는 문장의 예는 '내가 먼저이고, 당신이 나중입니다' '나는 아이일 뿐입니다'와 같은 것들이다. 가족 체계의 에너지를 반영하는 문장은 '나는 당신에게 화가 나요' '나는 매우 크게 느껴져요'와 같이 감정을 포함하거나, 움직이고 싶다는 것을 암시하기도 한다. 예를 들어 '나는 당신을 따라가고 싶어요' '나는 더 이상 서 있을 수가 없어요. 눕고 싶어요' 와 같은 문장이 가능하다. 실체를 반영하는 문장은 평가나 판단 없이 실제로 가족에 일어났던 사건을 단순히 묘사한다. 그러한 예로는 '당신이 나를 죽였다' '나는 당신을 떠나서 다른 사람과 결혼했어요' '나는 사고로 죽었습니다' 와 같은 문장을 들 수 있다.

효과적이고 강력한 힘을 발휘하기 위해서는, 사용되는 문장이 단순하고 짧고 명백해야 한다. 문장은 비난이나 판단을 포함하지 않아야 하며, 크고 분명한 목소리로 말해야 한다. 그 문장이 대리인 자신에게 어떤 영향을 주는지를 느끼게 하기 위해, 서너 번 반복해서 말하게 할 수도 있다. 사용되는 문장이 적합하지 않으면, 보통 말하기를 거절하거나 아무런 감흥 없이 문장을 읽게 된다.

진실을 포함하는 문장은 그것을 말하는 사람에게 즉각적으로 힘을 준다. 힘을 주는 진실이라면 그것이 무언이건 상관없다. 진실을 말하고 직면하는 것으로 충분하다. 예를 들어 내담자가 세상을 떠난 이전 가족 구성원을 따라가고 싶어 한다는 것이 밝혀지면, 치료자는 내담자에게 '나는 당신을 따라 죽고 싶어요' 라고 말하게 해서 이 실체를 드러내도록 해야 한다.

가끔 치료자는 내담자의 행동이 다른 사람에게 어떤 결과를 불러오는지 보여 주기 위해서 문장을 사용하기도 한다. 예를 들어 현재 가족을 떠나고 싶어 하는 어머니의 경우, 그녀의 딸이 '당신이 떠나면, 당신에 대한 사랑으로 아버지 옆에서 제가 당신을 대신할게요' 라고 내담자에게 말하게 할 수 있다. 이런 행동의 결과에 대한 극단적인 발언이 가끔 어머니가 마음을 바꾸고 돌아오게 하는 계기가 되기도 한다.

이와 같이 사람들의 힘을 불러일으키기 위해서, 치료자는 행동의 결과를 명확하게 표현하는 것을 두려워하지 말아야 한다. 때로 이것은 극단으로 간다는 의미일 수도 있다. 예를 들어 살인자는 다른 가족들이 '당신은 죽어 마땅해' 라고 하는 말을 들어야 한다. 할아버지를 죽음까지 따라가고 싶어하는 아버지는 아들이 '아버지가 떠나면, 저도 따라 죽겠어요' 라고 말하는 것을 들어야 할 수도 있다.

보통 세션 초기에 나타나는 문장은 모든 사람에게 분명한 사실을 언급하고, 더 깊은 진실을 향해 움직이게 한다. 때로는 체계 안의 에너지나 어떤 실체를 드러내는 문장을 사용하지 않은 채로 세션을 시작하고 나중에 치유 문장을 사용하는 편이 더 낫다.

가족 체계의 더 깊은 실체로 들어가는 것은, 현혹되지 않고 사건과 상황을 통해서 실체를 파악하는 치료자의 경험에 많이 의지한다. 이것은 마치 양파껍질을 하나씩 벗기듯 조금씩 깊이 들어간다. 치료자가 가족 체계 에너지에 연결된 상태를 유지하고 자의적 해석을 피하면서 특정한 목적을 갖지 않고 접근하면, 대부분의 경우 진실은 스스로 모습을 드러낸다.

이미 앞장에서 언급했듯이 때로는 한 문장에 두 가지 요소를 결합하는 것도 좋다. 예를 들면 감정의 에너지를 포함하고 가족의 서열을 존중하는 '나는 아이처럼 느껴지지만, 니의 아버지다' 와 같은 문장이나, 또는 한 사람이 떠났다는 사건의 실체와 떠난 사람의 감정을 포함하는 '나는 당신을 떠났다. 당신의 마음을 아프게 해서 정말 미안하다. 나는 그 결과를 받아들일 것이다' 라는 문장을 사용할 수 있다. 또한 실체에 대한 진술과 서열의 존중을 포함하는 '저는 일찍 죽은 당신 형제에 대한 사랑을 존중해요. 이제 그 고통을 당신에게 남겨 둡니다' 라는 문장도 쓸 수 있다.

문장을 사용하는 세션에서 주의해야 할 점은, 틀에 박힌 공식처럼 문장을 사용해서는 안 된다는 것이다. 이럴 경우 문장은 사람의 가슴을 울리지 못하고, 깊은 효과를 발휘하지 못한다. 치료자가 문장을 적절하고 효과적으로 사용할 수 있는 지점까지 에너지가 움직이기도 전에 급하게 사용해도 효과가 없다. 심지어 '잘못된' 순간에 주어진 '올바른' 문장은 비효과적일 수 있다. 그래서 치료자는 체계 에너지에 잘 조율된 상태를 유지할 필요가 있다. 이 '조율' 이 독특하고 적합한 문장을 사용할 수 있는, 기대하지 않았던 통찰을 주기 때문이다. 이미 언급한 대로 모든 가족세우기 세션은 고유하고 독특하지만 처음 시작할 때는 비슷해 보인다.

 치유 문장은 모든 사람의 변화를 창조하는 힘이 있다. 어떤 문장을 말하고 난 뒤에, 가족 체계 안의 누구도 이전과 같은 상태로 남아 있을 수 없도록 아주 분명한 진실을 표현하기 때문이다. 가끔은 관련된 모든 사람이 분명히 알 수 있도록 얽힘을 과장하는 것이 효과적일 수 있다. 예를 들면 아버지를 만나지 못하게 하는 어머니에게 아들이 '나는 언제나 당신과 함께 있겠습니다'라는 문장을 말하게 할 수도 있다. 또는 치료자가 내담자에게 그것이 진실이 아니라는 것을 인지시키기 위해서 '다 당신 잘못이야!'와 같이 진실과 반대되는 문장을 의도적으로 사용할 수도 있다.

 헬링거 박사도 문제가 이곳에 있다는 것을 보여 주고 변형의 씨를 효과적으로 심기 위해서 이런 모순적인 개입과 제안, 문장들을 많이 사용한다.

 치유 문장이 가족세우기를 명확하게 하기 위해서 에너지나 움직임을 과장할 수도 있다. 예를 들면 내담자가 대리인에게 '나는 가고 싶어요'라고 말하라고 하는 대신에 '나는 죽고 싶어요'라는 문장을 말하게 할 수도 있다. 또는 남자 아이에게 가족의 모든 남자들을 바라보면서 '나는 당신들 모두보다 더 강해요'라고 말하게 한다. 갑자기 내담자는 그 문장의 어리석음을 보고 자신이 한 행동의 결과를 이해하며, 자신의 태도를 변형할 수도 있다. 이전에 언급한 대로, 문장의 효과와 치유 능력이나 또는 변형의 힘은 가족세우기에 참가한 사람들의 반응을 보면 확인할 수 있다. 힘과 진실을 모두 포함한 문장은 자신의 가족 관계에 대한 내담자의 인지를 영구히 변화시킨다.

21
영혼의 움직임

몇 년 전 헬링거 박사는 '영혼의 움직임'이라고 이름 붙인 방식으로 그의 작업을 변화 발전시켰다. 이 방식은 가족세우기 세션을 하면서 치료자의 개입을 가능한 줄이는 방식이다. 치료자는 대리인들에게 특정한 방향으로 움직이도록 하는 지시나 치유 문장의 사용을 줄인다. 이 새로운 작업 방식에서는, 치료자는 세션에서 일어나는 에너지와, 움직임과 신체 언어를 통해 보여지는 에너지의 흐름에 의지한다.

이 책의 첫 부분에서 나는 '영혼'이라는 말을 쓰는 데 주의를 기울여야 한다고 말했다. 왜냐하면 영혼은 인간 내면의 깊은 층과 마음을 넘어 존재하는 의식을 동시에 포함하는 애매모호한 용어이기 때문이다. 그러나 헬링거 박사가 특정한 방식의 이름으로 '영혼'이라는 단어를 사용했기 때문에 여기서는 이 단어를 사용할 것이다.

영혼의 움직임에서, 세션은 각각의 대리인이 어떤 편견이나 의도를 배제하고 가족 체계의 장으로 들어가서 즉흥적으로 일어나는 내면의 충동을 따르고 관찰하는 방식이다.

치료자는 대리인들에게 몸이 원하는 대로 움직임을 따라가게 한다. 예를 들면 특정 가족 구성원에게서 멀어지거나 가까이 다가가고, 바닥에 눕거나 가족세우기 장소를 떠날 수도 있고, 몸을 떨거나 하는 어떤 표현 행동을 말없이 할 수도 있다.

치료자는 이런 식으로 움직일 수 있는 대리인의 수를 제안할 필요는 있는데, 보통 세 명 이하로 한다. 너무 많은 대리인이 동시에 움직이면 혼란스럽다. 가끔 두 사람으로 시작해서 나중에 한 명을 더 세우기도 한다. 가족 체계의 다른 가족 구성원이 있다고 상상하고, 세션에 배치된 사람들은 전체 가족 체계를 대표하게 된다.

에너지 장에 따라 대리인들이 움직이기 때문에 앞에서 언급한 대로 내담자가 대리인을 선택하고 배치하는 일은 더 이상 중요하지 않다. 때로는 치료자가 특정 역할을 할 두 명의 대리인을 선택하여 두 사람을 마주 보게 하고, 그들의 미묘하고 비언어적인 상호작용을 관찰하는 것만으로도 충분하다.

시간이 지나면 어떤 움직임이나 신체적인 표현이 명확해지기 시작한다. 예를 들면 대리인들은 몸을 떨기 시작하거나 뒤로 물러나고, 바닥을 내려다보거나 먼 산을 바라본다. 이것은 이 가족 체계 안에 얽힘이 있다는 것을 암시한다. 치료자는 가족세우기 안에 제외된 사람을 세우고 이것이 대리인들의 움직임에 어떤 변화를 불러오는지 관찰한다. 나중에 치료자는 어떤 움직임을 제안할 수도 있다. 예를 들면 어떤 사람에게 다른 사람을 바라보게 하거나 누우라고 한다. 또는 치료자는 대리인들에게 몇 가지 문장을 제안하고 서로에게 말하게 할 수도 있다. 그러나 치료자의 개입은 항상 최소로 유지해야 한다.

때로 치유의 움직임은 스스로 일어나고, 치료자가 개입할 필요가 없을 때도 있다. 그렇지만 치료자의 주의 깊은 현존은 치료의 중요한 요소다. 치료자는 '아무것도 하지 않으면서 행위한다' 는 도가道家 사상적 접근법으로 세션에 영향을 주는 촉매제다.

이 방법이 전형적인 작업 방식과 많이 달라 보이지만, 이것 역시 질서, 균형, 소속의 기본적인 가족 법칙을 기본으로 한다.

계속되는 흐름 ■ ■ ■

'영혼의 움직임'이란 삶이 정지되거나 고정되어 있지 않은 지속적인 흐름이고, 인간 존재는 우리가 알든 모르든 항상 우리에게 영향을 주고 있는 더 큰 존재, 우리가 '존재계existence'나 '우주적 본성universal nature'이라고 부르는 것과 연결되어 있다는 사실을 인정하게 한다. 반면에 '세우기'라는 단어와 '해결'이라는 개념은 특정 가족 상황이 고정되어 있고, 변화는 단지 '얽힌 가족세우기'에서 '건강한' 세우기로 움직인다는 인상을 준다. 그리고 일단 가족 질서가 '제자리'를 잡은 뒤에는, 문제는 '해결'된 것으로 본다.

그렇지만 삶은 계속 움직인다. 지속되는 흐름 속에서 개인의 내적 성장에는 끝이 없다. 만약 인생을 살면서 최종 '해결책' 또는 '정답'을 찾게 된다면 개인의 성장과 배움도 끝날 것이다.

이런 관점에서 가족세우기는 지속적으로 움직이는 관계 역동의 한 순간을 찍은 사진 같은 것이다. 이것은 흐르는 강물을 사진 찍는 것과 같다. 그 사진은 고정되어 보이지만 강은 항상 움직이고 변한다. 똑같은 강이라도 나중에 찍은 사진에서 아주 다르게 보일 수도 있다. 강의 방향이 바뀔 수도 있고, 더 빨리 혹은 더 느리게 흐르면서 더 깊어지거나 얕아질 수도 있다.

'영혼의 움직임'에는 이러한 역동적인 실체가 반영되고 있으며, 그것은 가족 체계에 변화를 가져오는 것이 치료자가 아니라는 것을 보여 준다. 사실 치료자는 단순히 어떤 움직임이 일어날 수 있는 공간을 만들 뿐이다. 그래서 치료자는 이런 방식의 세션에서 움직임이 적어진다.

얽히는 움직임과 치유하는 움직임 ■ ■ ■

영혼의 움직임에는 서로 다른 층이 있다. 얽힘을 만드는 움직임이 있고, 치유를 불러오는 움직임이 있다. 얽히는 움직임은 고통을 불러오고 치유의 움직임은 화해를 불러온다. 영혼이 움직이는 방식으로 작업하기 위해서 치료자는 이 두 가지 움직임의 차이를 구분할 필요가 있다.

예를 들어, 누가 누구를 안느냐에 따라 부모-자식 간의 포옹은 얽힘이 생기게 할 수도 있고, 화해를 불러올 수도 있다. 화해의 움직임은 아이가 부모에게로 가야만 하고, 부모는 아이가 다가올 때까지 기다릴 수 있는 힘을 갖고 있어야 한다. 단, 8장에서 묘사한 방해받은 움직임의 경우는 예외다. 만약 부모가 다가가서 아이를 안는다면, 이것은 부모가 아이에게 무언가를 원한다는 뜻이다. 그때 아이는 종종 주저한다. 아이는 아마도 부모의 원가족 누군가를 대신하고, 아이로 보여지고 있지 않는 것이다. 이런 상황에서 치료자는 부모의 짐을 지고 있는 아이를 보호하기 위해서 개입한다.

치료자는 두 움직임의 차이를 인식하고, 보통 얽히는 움직임이 명확하게 보일 때 개입한다. 때로는 치유의 움직임이 시작될 수 있도록, 얽힘의 움직임 속의 사랑이 표면으로 떠오를 때까지 기다리기도 한다.

얽히는 움직임은 결코 성공할 수 없는 노력이라고 할 수 있다. 이것은 충격적인 과거의 사건을 계속 반복하는 것과 같다. 치유의 움직임만이 성공적인 완성으로 이끈다. 치유의 움직임은 과거 사건을 밖으로 드러내고, 얽혀 있던 사랑이 새로운 방향으로 자유롭게 흘러가게 한다. 이 과정은 몇 단계를 거쳐 완성된다. 예를 들면 내담자는 이전 가족 구성원을 존중하기 위해서 엎드려 절을 하지만,

그 후에 다시 일어서야만 완성된다. 먼저, 내담자는 조상 앞에 가까이 다가가서 절을 올리고, 일어선 다음 돌아서서 자신의 삶을 향해 나아가야 한다.

부모와 작별하고 싶은 사람들은, 먼저 부모에게 엎드려 절을 해야 한다. 그렇지 않으면 진정으로 헤어지지 못한다. 부모를 존중하지 않으면 내담자는 그 자리에 얼어붙게 되며, 보통 이것은 진정한 분리를 성취할 수 없다는 것을 뜻한다. 부모에게 절을 하는 것에는 아무 문제가 없지만, 다시 일어서지 않으려는 사람들이 있다. 그들은 부모를 보내고 싶지 않은 것이다. 내담자가 부모에게서 독립하기를 원한다면 먼저 반대로 행동해야 한다. 먼저 부모에게 다가가서 생명을 주신 것에 감사해야 한다. 내담자가 과거의 어떤 짐도 지지 않을 때 비로소 자신의 길을 갈 수 있다.

가끔은 움직임만으로 세션을 진행하는 것이, 단순히 가족 질서를 인식시키는 세션보다 더 깊게 작업이 될 수도 있다.

태어나자마자 아버지가 돌아가신 한 여성 내담자가 있었다. 치료자는 단순히 아버지와 내담자의 대리인을 세운 뒤, 대리인들에게 내면의 느낌을 따라서 움직여 보라고 했다. 먼저 내담자의 대리인이 아버지를 보지 않으려고 뒤돌아섰는데, 그런 뒤에 호기심 어린 눈으로 아버지를 쳐다보기 시작했다. 잠시 후 내담자는 깊은 고통을 느끼고 흐느끼기 시작했다. 한참이 지나자 내담자는 아버지에게 가까이 다가갔다. 이 모든 것이 아무 말 없이 긴 시간에 걸쳐 일어났다. 치료자는 아무 행위도 하지 않고, 다만 움직임들이 하나씩 하나씩 명확해지도록 공간을 제공했다.

위와 같은 사례를 좀 더 전통적인 방법으로 접근한다면, 치료자는 신성한 질서에 따라 아버지를 존중하기 위해서 내담자가 아버지에게 절을 하도록 지시 했을 것이다. 그러나 이 개입은 상대적으로 피상적이게 느껴지고 마음을 움직이지 못한다. 치료자는 에너지가 천천히 떠오를 수 있는 공간을 허용할 때 완전히 다른 깊이를 만들 수 있다. 영혼의 움직임에서는 아무도 예상할 수 없었던 미묘한 에너지와 움직임이 스스로 드러난다. 이것이 해결책에 깊이와 의미를 더하는 본질적인 요소다.

치료자가 영혼의 움직임으로 작업할 때, 아무 일도 일어나지 않는 순간이 오더라도 인내를 갖고 기다려야 한다. 치료자는 세션이 어디로 향해 가는지 알지 못하지만, 대리인을 통해 명확해지는 더 큰 힘을 신뢰하는 것이다. 이를 위해 치료자는 어떤 방향으로 역동을 몰아가려는 노력과 어떤 식으로든 세션을 통제하고, 대리인에게 치유 문장을 주고 싶은 마음을 참기 위한 자기 훈련과 용기가 필요하다. 이 영혼의 미묘한 움직임이 자리를 잡는 동안 언어는 방해가 될 수 있다. 이는 마치 깊은 감정을 느끼고 막 울음을 터트리기 시작한 사람에게 "지금 기분이 어때요?"라고 묻는 것과 같다. 치료자로서 개입해야 할 정확한 순간을 찾기 위해서는 경험이 많아야 하고 민감해야 한다.

일반적으로 말해서 신성한 질서에 따른 전통적인 가족세우기 방식은, 세션이 '올바르게' 되었다고 할지라도 다소 피상적이며 감동이 적다고 말할 수 있다. 반면에 영혼의 움직임을 통해 '아무것도 하지 않는 행위'의 접근법은 일반적인 인지력 너머에 있는 인간 정신의 깊은 층을 건드린다. 이때 진실은 옳거나 그르다는 우리의 판단을 넘어서 스스로 그 모습을 드러낼 것이다.

더 위대한 지혜 ■ ■ ■

영혼의 움직임을 통한 접근 방법은, 우리가 이성이나 지성으로 이해할 수 없는 더 위대한 지혜가 존재한다는 사실을 인정하게 한다. 치유를 책임지는 것은 치료자도 내담자도 대리인도 아니다. 사실은 더 위대한 힘이다. 이것은 몸에 상처가 났을 때 치유가 일어나는 과정에 비유할 수 있다. 우리는 상처를 소독하고, 연고를 바르고, 밴드를 붙인다. 이것이 치유에 도움이 되지만 상처를 아물게 하는 힘은 몸 안에 있다. 이것이 진정한 치유의 힘이다. 우리가 실제로 할 수 있는 일은 많지 않다.

같은 식으로 모든 치유의 뿌리에 더 위대한 삶의 힘이 있다고 말할 수 있다. 헬링거 박사는 이것을 '더 위대한 영혼'이라고 부른다. 나는 수많은 세션을 통해 우리 모두에게 화해와 해결로 가는 깊은 움직임이 존재한다는 것을 직접 경험했다. 만약 세션에서 이와 같은 깊이에 도달해서, 부모를 통해 삶의 전체성을 사랑할 수 있게 되면 치유가 일어난다. 이런 의미에서 가족세우기에서, 부모를 존중하는 행위는 영적인 행동이다. 더 이상 불평하지 않고, 만일 부모가 달랐다면 모든 것이 더 좋아졌을 거라고 생각도 하지 않고, 삶이 우리에게 다가오는 대로 '네'라고 긍정하는 것이다. 대신 부모가 우리에게 전해 준 생명을 통해 우리는 부모 너머를 보게 된다. 이런 의미에서 모든 부모는 완벽하다. 모든 부모가 자식에게 생명을 주기 때문에 그들은 모두 '좋고' '올바르다'.

가족세우기 치료법은 내담자에게 삶에 조율할 수 있는 충분한 민감성과 자각을 개발하고, 삶의 흐름과 움직임에 맞춰 조화롭게 살 수 있는 기회를 제공한다. 치유는 조화, 또는 하나됨의 상태에 있을 때 일어난다. 가족세우기의 주된 작업은 여느 영적인 치료법과 마찬가지로, 우리가 겪는 문제가 삶에 저항하면서 생긴 것이라는 걸 인지시키면서, 그 길에 있는 장애물을 제거하는 것이다. 이러한 과정은 삶에 우리보다 위대하고 우리의 이해를 넘어선 존재가 있다는 통찰을 준다. 이 신비를 이해하고 존중하는 것이 중요하다.

가족세우기를 배우기 시작하는 치료자는 영혼의 움직임을 경험하기 전에, 전통적인 가족세우기 세션 방법을 먼저 배우는 것이 좋다. 영혼의 움직임을 사용하는 방법이 대리인을 느낌대로 움직이게 하기만 하면 되기 때문에 더 간단해 보일 수도 있다. 하지만 대리인이 더 위대한 움직임과 깊이 연결되었는지, 아니면 단순히 자신의 생각을 따라가는 것인지에 대한 판단은 민감한 문제다. 오직 가족 질서와 같은 전통적인 방법의 기본적인 틀을 사용할 줄 아는 치료자만이 그러한 틀 없이도 효과적으로 세션을 진행할 수 있다.

세션의 경험을 더 많이 할수록, 스스로 조화를 만들어 가는 가족 체계의 에너지를 더 신뢰하고 허용하게 된다. 그러나 움직임이 허용되는 대리인의 수를 제안하는 것이 좋다. 이것은 단지 혼란을 피하기 위해서만이 아니라 내담자를 세션에 집중하게 하기 위해서다. 우리는 특정한 내담자를 위해 세션을 한다. 치료자는 이 사실을 명심하고 가족 구성원 모두를 위한 해결책을 찾으려고 노력하면서, 자신의 주의가 흐트러지지 않도록 해야 한다.

예를 들어, 내담자의 어머니가 죽은 사람을 따라 죽으려고 할 때라도, 세션은 어머니가 아닌 내담자를 위한 해결책을 찾아야 한다. 어머니가 계속 살아 있도록 노력하기보다는, 내담자가 아버지와 연결되도록 해야 할 것이다. 이 점은 분명한 원칙이지만, 아직도 많은 가족세우기 치료자들이 이 중요한 부분을 놓치고 있는 것 같다.

과거와 현재

치료자는 가끔씩 과거 사실을 살펴보아야 할 때와 현재에 초점을 맞추어야 할 때를 구분하는 데 어려움을 겪는다. 중요한 것은 내담자가 부모를 존중하지 않고 계속해서 부모를 비난하면서, 과거 사건에서 변명거리를 찾고 있지 않은지 확인하는 것이다. 이런 내담자들은 부모 탓을 하고, 부모를 무시하는 자신의 행동을 합리화한다. 과거 사건의 기억이 내담자가 얽힘을 이해하는 데 도움이 된다면, 그것을 살펴보는 것도 유용한다. 그러나 변해야 할 사람은 부모가 아니라 내담자다. 내담자가 부모를 대하는 태도를 바꾸어야 한다.

예를 들어, 내담자의 아버지가 입양아이고 친부모에게 계속 끌리고 있다면, 그의 아들인 내담자는 '나의 아버지는 나를 위해 있지 않았어'라고 느낄지도 모른다. 그러나 치료자는 이 상황에 대한 내담자의 관점을 지지해서는 안 된다. 오히려 진실은 반대다. 아버지는 자신의 부모가 한 행위를 반복하지 않았다. 그는 아들을 버리지 않았다. 이 사실이 힘을 준다. 이 긍정적인 관점을 받아들이도록 아들에게 '아버지, 저를 키워주셔서 감사합니다'라고 말하게 할 수 있다.

치료자는 내담자가 원가족에 대해서 아는 것이 치유에 도움이 되는지 아닌지 이해하는 것 또한 필요하다. 예를 들어 가족사의 비밀인 경우, 부모 사이에 일어난 범죄 같은 것은 아이가 알아야 할 문제가 아니기 때문에 보호될 가치가 있는 비밀이다. 하지만 숨겨진 형제자매에 관한 것은 아이가 꼭 알아야 될 비밀이다.

일반적으로 부모에게 깊은 사랑과 이해를 느끼고, 현재 삶을 책임질 수 있는 힘을 주는 데 도움이 된다면, 과거로 돌아가는 것도 의미가 있다.

어떤 사람들은 현재 자신의 삶에 대한 책임을 피하기 위한 변명을 찾으려고 과거를 보고 싶어한다. 만약 치료자가 내담자의 삶을 변화시키고 적극적으로 돕고 싶다면 이런 생각을 지지하지 말아야 한다. 과거를 보는 것은 내담자의 에너지가 온전히 현재로 돌아올 수 있도록 하기 위해서, 아직 잔여물이 남아 있는 어떤 것을 마무리 지으려는 의도에서만 해야 한다. 따라서 온전하게 현재를 사는 것, 이 순간을 온전히 경험하는 데 방해가 되는 과거의 잔여물이 무엇인지 이해하는 것, 이 두 가지 모두 필요하다.

다른 감정들 ■ ■ ■

중요하게 생각해야 할 또 다른 하나는, 서로 다른 종류의 감정을 구분하는 것이다. 사람을 단순히 지치게만 만들고, 분명한 끝이 없이 영원히 마무리되지 않는 감정들이 있다. 헬링거 박사는 이것을 '이차'감정이라고 불렀다. 이것은 일반적으로 짧고, 힘을 주고, 어떤 사건의 적절한 반응인 '원'감정과는 대조적이다. 보통 이차감정은 사람들이 고통스런 현실을 보는 것을 피하게 하고, 깊은 감정을 덮어버리는 경향이 있다. 예를 들면 내담자는 상처받았다는 말 대신에 화를 내고, 진짜 화가 났을 때는 울어버린다. 때로 이러한 이차감정은 다른 가족 구성원을 조종하기 위해서 만들어진 경우에 어떤 요구처럼 보인다. 아이들이 어머니에게 자주 이렇게 한다.

원감정은 사건에 대한 직접적인 반응이다. 원감정은 지속 기간이 짧다. 내담자가 원감정을 온전히 표현하면 즉시 상쾌해지고, 강해짐을 느끼고, 행동할 수 있게 된다. 치료자는 두 감정의 차이를 구분하는 법을 배워야 하고, 이차감정의 표현을 막아야 한다. 예를 들어 내담자가 울고 있을 때, 치료자는 스스로에게 이 감정 표현이 내담자가 더 통합되고 강하게 되는 데 도움이 되는지, 아니면 단순히 내담자를 지치게 만드는지 질문해 볼 필요가 있다. 이 대답이 항상 곧바로 분명해지는 것은 아니지만 만일 감정이 끝날 것 같지 않고 오랫동안 계속된다면 대부분의 경우 이것은 이차감정이다. 원감정은 보통 내담자를 이완하게 해준다. 원감정은 오래 지속되지 않고, 사람을 전보다 더 강하게 만들어 준다.

가족세우기에서 자주 나타나는 다른 종류의 감정이 있다. 우리는 이것을 '체계의' 감정이라고 부른다. 이런 감정들은 가족 체계의 다른 사람으로부터 내담자가 전해받은 것이다. 내담자가 이 감정을 주인에게 돌려주면 이완되고, 홀가분한 느낌이 든다.

치료자는 불편한 감정을 피하려는 내담자의 방어적인 감정 표현과 감정이 저절로 풀려나오는 건강한 감정 표현을 구분할 수 있어야 한다.

때때로, 사람들은 화를 내면서 자신의 무기력함을 부정하거나 사랑의 고통을 피하려고 노력한다.

에너지가 일어나도록 허용하기 ■ ■ ■

앞에서도 언급한 것처럼, 많은 가족 체계가 비슷해 보이지만 모두가 독특하다는 것을 기억해야 한다. 어떤 두 사람은 각자의 가족에서 비슷한 운명을 지닌 것처럼 보일지도 모른다. 하지만 한 사람은 모든 것이 쉽게 풀리고, 가족 모두가 깊은 감동을 받는 반면, 다른 사람은 아무것도 일어나지 않고, 해결책도 찾기 힘들 수 있다. 거기에는 이유가 다양하다. 예를 들면 가족의 본질적인 실체가 아직 빛을 보지 못했을 수도 있고, 내담자가 어떤 식으로든 진짜 문제를 피하고 있는 것일 수도 있다. 그러나 기본적으로 치료자는 '이 경우는 이렇다' 라는 다름을 받아들여야 한다. 물론 치료자의 기술은 중요한 요소다. 어떤 치료자는 다른 사람이라면 어려웠을 얽힘을 쉽게 풀어내는 능력이 있다.

에너지가 일어나도록 하기 위해서, 예를 들면 사랑이나 분노를 드러나게 하기 위해서는 적절한 때가 중요하다. 치료자는 움직임을 강요하지 않고 기다릴 줄 알아야 하고, 항상 자신이 갖고 있던 기존의 생각을 내려놓을 준비를 하고 있어야 한다. 움직임은 때가 되어야 일어난다. 어떤 움직임이 생기기 전에, 내담자는 외부의 도움 없이 오랫동안 한쪽 부모를 바라보고 서 있어야 할 수도 있다. 어떤 행동을 하는 것보다 기다림을 통해 더 많은 것을 성취할 수 있다. 하지만 그것은 일종의 지혜로운 기다림이어야 한다. 주의 깊고 중심 잡힌, 언제라도 움직일 준비가 된 기다림이다. 또한 치료자는 시간이 한동안 지나도 아무런 움직임이 없다면, 에너지의 흐름이 끝났고 가족세우기를 중단해야 한다는 것을 느낄 수도 있어야 한다. 이런 작업에서 에너지를 감지하는 능력은 중요하다. 동시에 올바른 가족 질서에 대한 이해는 세션이 나갈 방향을 알려 주고 명확성을 줄 것이다.

전형적인 가족세우기와 '영혼의 움직임', 이 두 작업 모두 본질적으로 장단점을 갖고 있다. 정확한 순간에 치유 문장을 사용하여 상황을 명확하게 할 수도 있지만, 치유 문장을 너무 자주 사용하면 세션이 피상적으로 될 수 있고, 고정관념을 만들 수도 있다. 즉흥적인 움직임을 허용하면 깊은 내면의 공간을 만날 수 있지만, 치유 문장을 사용하지 않으면 그 의미가 모호해질 수도 있다.

두 방식 중 '영혼의 움직임'은 많은 논쟁을 불러오고 있다. 심지어는 가족세우기 치료자들 사이에서도 이에 대한 의견이 분분하다. 이는 이 두 가지 방식을 창조한 천재, 헬링거 박사가 '영혼의 움직임' 작업을 신비롭고 막연한 것으로 남겨두는 데 만족하고 있기 때문인 것 같다.

4부

가족세우기와 명상

4부에서는 명상과 관련하여 가족세우기 작업을 설명할 것이다. 자기 자신을 이해하고 우리를 타인에게 연결시키는 무의식적인 자연의 유대를 바라본다는 측면에서, 명상을 추기하면 가족 역동을 더 깊이 이해할 수 있다는 것을 알게 될 것이다. 가족세우기 치료자로서 나는 개인적인 경험을 통해, 가족세우기 치료자가 다른 사람들을 돕기 위해서는 많은 치료기법이나 기술이 필요한 것이 아니라, 세션을 안내하는 치료자의 의식이 얼마나 깨어 있느냐가 중요하다는 사실을 알게 되었다. 명상은 기본적으로 의식 수준을 고취시키는 수단이기 때문에, 내담자와 치료자가 최대한 깨어 있도록 도와준다. 그래서 명상이 중요하다.

22
명상 기법

이번 장에서는 명상이 무엇이며 가족세우기와 일반적인 심리 치료에 어떤 도움이 되는지 알아보자.

전통적으로 명상은 두 가지 의미로 사용돼 왔다.

1) 자신의 정신을 들여다보고, 내적 실체를 탐구하도록 도와주는 방편. 이런 의미에서 명상은 마음의 움직임을 관찰하고, 그 너머의 의식 상태에 도달할 목적으로 사용된 특정한 방법을 의미한다.

2) 오로지 침묵, 평화, 고요함만이 존재하고, 생각하는 과정의 사라짐이 계속되는 상태, 의식적으로 깨달은 상태를 의미하는 명상. 이 상태는 여러 가지 이름으로 불리는데, 선禪 수도승들은 이것을 '무념' 또는 '침묵의 울부짖음'이라 부른다. 인도의 신비가들은 '사마디Samadhi' 혹은 '목샤Moksha'라고 부르고, 기독교 신비가들은 '이해를 넘어선 평화'라고 부른다.

이 두 가지 정의는 서로 연결되어 있다. 명상의 궁극적인 목적은 결국 지속적이고 영구적인 명상 상태에 도달하는 것이기 때문이다.

이번 장에서는, 명상이라는 단어를 이완과 침묵으로 이끌고 자기 안의 깊은 진실과 만날 수 있게 안내하는 첫 번째 의미로 사용할 것이다. 나는 지난 28년 간 인도 신비가인 오쇼가 만든 명상법을 경험했으며, 그 기간 동안 다양한 종류의 치유기법에 명상을 접목한 방법들을 경험했음을 밝혀둔다.

가족세우기에서 명상은, 우리의 생각이나 욕망, 바람보다 더 깊은 곳에 있는 어떤 것과 접촉하려는 노력이다. 신비가들은 이러한 우리 존재 내부의 '어떤 것'을 셀프self, 에센스essence, 영spirit, 신God이라는 이름으로 불렀다. 헬링거 박사는 그것을 '영혼soul'이라고 불렀다. 어쨌든 본질적으로 그 경험을 말로 설명할 수 없기 때문에, 이름은 중요하지 않다. 하지만 나는 관념적 색채가 가장 적은 '내면의 존재inner being'라는 단어를 사용하고 싶다.

일반적으로, 일상생활에서 깨어 있는 의식인 보통의 상태에서는 이러한 내면의 존재를 자각하지 못하는데, 그것은 외부 세계나 해야 될 일, 지켜야 할 약속, 만나야 할 사람들에게 마음을 빼앗겨 있기 때문이고, 또한 자기감정이나 생각, 믿음에 지나치게 사로잡혀 있기 때문이다. 즉, 끊임없이 일어나는 정신적이고 감정적인 행위에 빠져 있기에 내면의 존재를 잊는 것이다.

우리는 이 모든 것의 이면에서, 모든 현상을 알아차리고, 모든 행위가 일어나는 대로 단순히 관찰하고 있는 존재를 알아차리지 못한다. 이러한 바라봄이나 알아차림의 상태는 주변 세상뿐만 아니라, 세상에 대한 우리의 반응, 즉 우리가 어떤 순간에 어떻게 느끼고 있는지에도 적용된다.

예를 들어, '나는 화가 난다'와 '내 안에서 화가 일어나는 것을 알아차린다'라는 말에는 차이가 있다. 두 문장이 같아 보일 수도 있지만, 경험적으로나 존재론적으로는 전혀 다른 의미다. 명상에서는 작은 틈과 같은 이 차이를 중요하게 생각한다. 이 차이는 우리가 어떤 현상을 지켜보는 능력을 깨어나게 해준다. 이것은 우리로 하여금 우리에게 일어나는 모든 일을 주시하는 내면의 존재와 연결되게 해준다. 모든 신비가가 이것을 우리의 본성이라고 했고, 그 것은 모든 것을 주시하는 자이며, 어떤 것에 의해서도 흐트러지지 않는다고 했다.

현대적이고 접근하기 쉬운 명상법을 만든 오쇼는 모든 명상의 본질적인 뿌리는 주시라는 사실을 강조했다. 예를 들어 108가지의 명상법이 나오는 인도 고대 경전 『탄트라 비전 Vigyan Bhairav Tantra』에 대한 강의에서, 오쇼는 지속적인 내면의 각성 상태의 미묘한 흐름인 현존에 주의를 기울이라고 반복해서 말한다.

이것은 마치 영화관에 앉아서 재미있는 영화를 보는 것에 비유할 수 있다. 영화 스크린에는 모든 이야기가 전개되는데, 만일 영화가 잘 만들어졌다면 관객들은 영화 속 주인공이나 어떤 배역에 쉽게 빠져 들어서, 울고 웃으며 주인공이 모든 어려움을 해결하고 행복한 결말을 맞게 되기를 바란다.

동시에 관객의 의식에서 어떤 부분은 이것이 그저 영화라는 것을 알아차리고 있다. 의자에 편안히 앉아 재미있는 이야기를 보면서 우리는 아무것도 하지 않는다. 실제로 이 이야기가 자신과 관련이 없다는 것을 기억하는 순간 우리는 편안해진다. 하지만 이 사실을 잊어버리면, 우리는 긴장하거나 그 이야기 속에 빠져서 감정을 느끼고 흥분하게 된다.

명상도 이와 비슷하다. 삶을 살면서 어떤 일이 일어나든, 무엇을 느끼든지 간에, 그저 의자에 앉아서 전개되는 드라마를 바라보듯이 우리 의식의 가장 깊은 곳에서 침묵으로 지켜보는 존재가 있다는 것을 이해하는 것이다.

영화에서 배역을 맡은 사람에게만 사건이 벌어지는 것이지 관객에게는 아무 일도 일어나지 않는다.

현실세계에서 우리는 표면적으로는 연기를 하고 있는 배우이며, 중심에서는 지켜보는 존재이다. 지켜보는 존재는 우리의 깊은 실체이지만, 우리 대부분은 내면의 존재에 들어가기 위한 명상적 알아차림이 부족하다. 그래서 우리는 연기하는 사람과 자주 동일시하고, 관계를 맺게 된다.

내면의 존재를 발견하면서 생겨나는 가장 중요한 특성은 자기 수용, 혹은 자기 사랑이다. 왜냐하면 이것이 바깥세상에서 그토록 찾아 헤매던 진정한 평화와 충만감이 자기 본성의 고유한 부분이라는 깊은 깨달음을 주기 때문이다. 그 순간 자기 판단, 자기 불신, 자기 비난은 사라지게 된다. 있는 그대로의 자신을 받아들이며, 어떤 것을 바꾸거나 개선하려 하지 않고 있는 그대로의 삶 자체에 '네' 라고 말할 수 있게 된다.

가족세우기는 이런 면에서 명상과 관련이 있다. 명상과 가족세우기는, 무엇이 어떻게 되었으면 하고 바라는 것이 아니라, 그것이 어떤 상태인지를 바라보는 것이다. 헬링거 박사는 『있는 그대로 인정하기 Acknowledging What Is』라는 그의 저서에서 이 점을 매우 잘 묘사하고 있는데, 이 말은 명상에서 말하는 자기 내면 들여다보기, 그대로 바라보기, 그리고 일어난 일에 대해 긍정하기와 같은 것이다.

가족세우기 그룹에서 때로 참가자들에게, 자신과 삶에서 일어나는 모든 사건들에게 '네' 라고 말할 때 어떤 느낌이 드는지 경험할 수 있는 연습을 하곤 한다. 이것은 명상과 치유를 결합하려고 오랜 기간 연구했던 상가프리야 드롱 밀러 Sagapriya Delong Miller가 개발한 것으로, 단순하지만 아주 효과적인 기법이다.

그룹 참여자들에게 몸이 원하는 대로 움직이면서 방을 돌아다니게 하는데, 어떤 식으로든 통제나 안내를 하지 않는다. 참여자들이 방을 돌아다니면서 자기 자신에게 다음과 같은 형식의 문장을 큰 소리로 말하게 한다. '내 몸이 원하는 대로 한다면, 나는 ○○○ 할 거야' 라고 말하는데 문장의 빈 곳에는 매번 움직일 때마다 자연스럽게 움직여지는 몸의 부분을 집어넣는다. 예를 들어 오른팔을 허공에 높이 올리고 방 안을 돌아다니는 사람은 이렇게 말하면 된다. '내 몸이 원하는 대로 한다면, 내 팔은 위로 올라갈 거야.' 방 안을 뛰기 시

작하는 사람은 이렇게 말하면 된다. '내 몸이 원하는 대로 한다면, 내 몸은 방 안을 뛰어다닐 거야.'

매 순간 참여자들은 자신의 몸을 자연스럽게 움직이면서 그것을 자신에게 말한다. 이때 일어나는 상황을 바라보고, 동시에 내면의 변화에 주의를 기울이는 것이다. 시간이 잠시 흐른 후, 이 활동을 간단한 단어로 말하게 해보면, 보통은 '확장된' '이완된' '가벼운' '즐거운' '살아 있는'과 같은 긍정적인 경험을 표현한다.

명상도 이와 유사한 경험을 제공한다. 예를 들어 수백 년 동안 이어져 내려오는 불교 명상법인 '위파사나Vipassana'는 말없이 앉아서 호흡을 바라보면서 몸의 감각과 마음에 일어나는 생각을 알아차리는 방법이다. 앉아 있는 동안 일어나는 생각이나 느낌, 관념 등이 일어나는데 어떤 것도 판단하거나 평가하지 않는다. 명상하는 사람은 일어나는 모든 것을 단순히 바라보거나 알아차리며, 이 방법을 통해 자기 수용의 느낌과 삶과 조화를 이루는 마음, 내면의 고요한 상태를 경험하게 된다.

명상을 하면서 어떤 것도 바꾸거나 변화시키려 하지 않고, 오히려 그저 자신의 의식적인 주시 상태, 내면의 존재를 알아차리는 것이다. 이런 알아차림이 생기는 순간 모든 갈등과 노력은 사라진다. 그래서 많은 신비가들은 자기 본성을 경험하는 방법으로 이완과 노력하지 않음을 가르쳐 왔다.

가족세우기에서는 자신이 가족과 어떻게 관계를 맺고 있는지 살펴보고, 자기 뿌리를 끌어안고 받아들이는 법을 배워서, 우리 모두를 움직이게 하는 우주의 삶의 에너지에 접촉하게 한다. 부모에게 감사함을 느끼는 그 순간, 자기 수용의 확장된 느낌을 경험하고 삶의 전체성과 조율할 수 있다.

자신이 가족과 어떻게 이어져 있는지를 보고 이해하면, 자신이 왜 그런 행동을 하게 되었는지도 이해하게 된다. 이것이 바로 자신의 상태라는 것을 받아들이게 되면, 인간 성격의 피상적인 부분이 아닌 영원한 내면의 존재, 영혼,

혹은 에센스를 통해서 무언가가 빛을 발하게 된다.

사실 이 순간에 찾아오는 것은 영적인 것이다. 보통 사람처럼 삶에서 많은 것을 경험하거나 행동할 수 없는 장애인을 상상해 보라. 대부분의 '보통' 사람들은 이 사람이 불리한 상황을 갖고 있다고 생각할 것이고, 어쩌면 그 사람 자신도 그렇게 느낄지도 모른다. 하지만 이 사람이 자신의 운명에 온전하게 동의하고 받아들인다면, 그는 다른 사람들이 가질 수 없는 내면의 힘과 행복을 키울 수도 있을 것이다.

어떤 면에서, 삶에 대한 우리의 부정과 거부는 장애처럼 기능한다. 가령 우리는 어린 시절이 달랐거나 부모가 다르게 행동했다면, 어떤 관계에서 다르게 행동했더라면 더 나아졌을 것이라고 생각할지도 모른다. 개인의 삶을 되돌아보면 후회할 일이 천지다. 하지만 후회는 우리에게서 무언가를 빼앗아간다. 왜냐하면 이미 일어난 일은 바꿀 수 없기 때문이다. 이때 우리가 하는 후회는 자신과 자신의 과거를 받아들임으로써 생겨나는 긍정적인 경험을 스스로 거부하는 것과 다름없다.

가족세우기에서는 명상을 통해 우리 자신보다 더 위대한 존재와 조화를 이루려고 노력한다. 헬링거 박사는 이것을 '위대한 영혼'이라고 불렀는데, 나는 '존재'라는 말을 더 좋아한다. 나의 관점에서 개인적 성장과 성숙은 이 위대한 힘에 조금씩 조율해 가면서, 분리된 존재라는 생각을 단념하는 것이다.

가족 역동에 적용해 보면, 이것은 부모를 포함한 모든 가족을 사랑으로 받아들이고, 그들이 과거에 한 모든 행위를 '옳고' '그름'으로 판단하지 않으며 아무런 견해를 갖지 않고 진심으로 동의하는 것을 말한다.

이렇게 한다는 것은 대단한 개인적인 성취다. 하지만 이렇게 하는게 결코 쉽지는 않다. 예를 들어 부모가 살해당한 사람에게 이것을 요구한다고 생각해 보라. 그는 살인자에 대한 증오를 버리고, 부모의 운명에 동의하는 것만이 자기 부모를 존중하는 유일한 길이라는 것을 이해해야 한다. 부모가 살해당한 사람이 이렇게 할 수 있다면, 그 순간 그는 개인 양심과 집단 양심을 넘어서게 된다.

역설적으로, 어떤 사람이 양심의 감옥을 벗어나고 싶어하는 순간, 양심의 감옥을 벗어나는 것은 불가능해진다. '내 가족의 짐을 모두 벗어버리고 싶어'라고 말하는 순간, 이 사람은 그 짐의 덫에 갇히게 된다. 진정한 자유를 얻으려면 그는 가족의 운명과 짐을 있는 그대로 받아들여야 한다. 다시 말해서 조상을 위해서 지고 있던 짐이나 고통을 다 없애겠다는 생각은 버려야 한다. 이 생각에 동의하는 바로 그 순간, 우리를 억누르던 과거는 짐은 가벼워지고, 새로운 힘과 자유를 느끼면서 축복받고 있는 자신을 발견하게 된다.

명상은 이와 동일한 경험을 제공한다. 개인은 동일시에서 벗어나 존재의 핵심에 도달함으로써 자기 수용의 상태를 얻게 된다. 스스로를 변화시키려던 욕망은 삶이 우리에게 주는 모든 것에 대한 완전한 수용으로 변화된다.

어떤 고통을 벗어버리려는 욕망을 포함한 모든 욕망은 걸림돌이다. 오쇼는 다음과 같이 설명했다.

"초월은 경험을 통해서 온다. 당신은 초월을 조장할 수 없다. 초월은 당신이 해야만 하는 무언가가 아니다. 당신은 그저 많은 경험을 하고, 그 경험들이 당신을 더욱 성숙하게 할 뿐이다."

명상에 대해 몇 가지 덧붙일 것은 다음과 같다. 규칙적으로 명상을 수행하면 내면의 세계, 몸의 감각, 생각, 느낌, 기분을 주시하기 쉬워질 것이고, 개인적인 감각이 민감해진다. 바꾸어 말하자면, 대리인으로서 가족 구성원이 되었을 때 기분의 변화를 더 쉽고 정확하게 알아차리게 된다. 동시에 내담자에게 개인적인 태도와 믿음에 대한 탈동일시와, 지켜보기 연습을 하게 하면 가족체계의 이전 구성원을 위해 지고 있던 짐을 좀 더 쉽게 내려놓을 수 있다.

23
개인 세션과 세미나

개 인 세 션 ■ ■ ■

　일반적으로 가족세우기는 그룹으로 이루어지지만, 대리인이 없는 경우에는 개인 세션도 가능하다. 개인 세션에서 내담자 가족의 대리인을 대신해서 상징물을 사용하기도 하는데, 그 상징물은 가족 구성원이 바라보는 방향을 나타낼 수 있어야 한다.
　어떤 가족세우기 치료자들은 상징물로 신발이나 앞뒤가 표시된 종이를 사용하기도 한다. 보통 나는 방석을 사용하고, 그 위에 화장지로 방향을 표시한다. 이 방법은 신발을 여러 켤레 들고 다닐 필요가 없기 때문에 가장 간편하고, 멀리서도 위치가 분명하게 보이기 때문에 종이보다 더 편하다. 각자 세션에서 무엇으로 어떻게 가족 구성원을 대신할지는 독창적인 방법을 택할 수 있지만, 어떤 경우에든 배치된 사람이 어느 쪽을 보고 있는지 알 수 있어야 하는 것이 중요하다.
　각각의 상징물로 가족 구성원을 대신한 다음, 치료자는 내담자에게 상징물을 배치하게 한다. 혹은 내가 자주 사용하는 방법으로, 내담자가 상징물을 하나씩 집어서 치료자에게 건넨다. 그리고 내담자는 상징물을 들고 있는 치료자를 적당한 자리에 배치한다. 치료자는 방향을 정확히 표시해서 상징물을 그 자리에 내려놓는다. 이런 식으로 연관된 가족이 모두 배치될 때까지 반복한다.

비록 이 방법이 시간이 좀 더 걸리긴 하지만, 치료자가 각각의 방석을 손에 들고 배치를 하는 동안 각 가족 구성원의 느낌을 직접 알 수 있다는 장점이 있다.

모든 가족이 배치되고 나면 치료자는 내담자에게 배치된 가족의 모습을 보면서 무엇이 보이는지, 어떤 것이 떠오르는지 말하게 한다. 그런 후에 치료자는 이 가족 배치도에서 보여지는 가족 관계에 대한 자신의 생각을 내담자에게 말해 줄 수 있다. 혹은 치료자가 하나 혹은 각각의 방석 위에 모두 올라서서, 그 사람에 대해 어떤 느낌이 드는지 내담자에게 말해 줄 수도 있다.

때로는 내담자가 방석 위에 올라서서 가족 개개인이 어떻게 느끼고 있는지 느껴 볼 수도 있다. 물론 이렇게 되려면, 내담자가 가족 개개인의 느낌을 잘 감지할 수 있는 능력을 갖고 있어야 하지만, 대체로 어느 정도 효과는 있다. 내담자가 직접 가까운 가족들이 어떻게 느끼는지 경험해 보는 것도 흥미롭겠지만, 치료자는 내담자가 어떤 가족 구성원에 대한 편견에 의지하지 않고, 그 순간의 실제 감정을 느끼고 말하도록 주의 깊게 지켜보아야 한다.

어떤 경우에 내담자가 방석으로 대신하고 있는 가족 구성원에게 어떤 문장을 말하게 하면서 세션을 시작하기도 한다. 또는 치료자가 다른 가족 구성원의 자리에서 피드백을 줄 수도 있다. 각각의 세션은 서로 다른 방향으로 진행될 것이고, 치료자는 내담자에게 도움이 될 수 있는 것과 가능한 것에 대한 자신의 지각을 따라야 한다.

상징물을 사용하는 세션도 실제 사람으로 작업하는 것과 비슷하게 진행될 수 있다. 위치를 바꾸고 문장을 말하게 하고, 내담자에게 세션이 진행되면서 일어나는 느낌이나 감정의 변화가 있는지 물어본다. 물론 치료자는 사람을 대리인으로 사용했을 때 일어나는 에너지 변화를 직접 볼 수는 없다. 이것이 바로 사람으로 작업하지 않을 때의 단점이다. 하지만 상징물을 사용하는 세션은 집단 작업의 대안적인 방법이며 결과도 유사하다.

만약 이전 세대의 가족을 다룰 때, 가족에 대한 정보가 많지 않다면 문제가 생긴다. 왜냐하면 대리인 없이 단순히 방석이나 다른 상징물의 배열만으로는 각 가족 구성원이 어떻게 느끼는지 판단하기 어렵기 때문이다.

그래서 치료자는 현재 상황에 좀 더 초점을 맞추고 가족 역동의 이런 한계점을 염두에 두어야 한다. 일반적으로 상징물의 숫자는 최소한으로 하는 것이 좋다. 때로 세션 초기에는 내담자를 한 쪽 부모 앞에 세우고, 내담자가 어머니 혹은 아버지 앞에 오랫동안 서 있게 하는 것으로 충분하다. 그리고 내담자의 에너지 변화와 신체 언어를 지켜보면서 부모에게 어떤 말이나 움직임, 몸짓을 하게 할 수도 있다.

그룹으로 작업할 때, 치료자는 특정한 내담자와 작업을 시작한 뒤, 다음 순간에 세션 중단을 결정할 수 있다. 이때 내담자에게 자리로 돌아가 다른 사람들이 가족 체계를 탐험하는 것을 관찰하게 한다. 하지만 개인 작업에서는 이것이 불가능하다. 왜냐하면 한 내담자와 정해진 시간 안에 세션을 하기로 약속했기 때문이다. 따라서 세션을 시작하면서 충분한 대화를 통해 올바른 접근을 하는 것이 필요하다. 아마도 짧은 명상이 내담자가 깊은 문제나 감정에 접촉하는 것을 도와줄 것이다.

세미나 : 집단 작업 ■ ■ ■

집단으로 작업할 때 가족세우기의 매력과 독특함이 분명하게 드러난다. 내담자가 대리인들을 배치하면 그 순간부터 내담자는 기본적으로 자기 앞에 드러나는 가족 관계의 상호작용을 바라보는 관찰자가 되며, 그것을 받아들일지 말지는 내담자에게 달렸다.

내담자는 대부분의 시간 동안 자기 앞에서 일어나는 현상이 마음에 와 닿도록 가슴을 열고, 그저 자리에 앉아서 지켜본다. 내담자 가족에 대한 정보가 많지 않아도 대리인들이 그 가족의 에너지 장에 들어가면 작업은 전개된다. 치료자는 대리인을 통해서 간접적으로 작업하기 때문에, 내담자에게 생길 수 있는 심리적인 저항을 효과적이고 부드럽게 피할 수 있다.

나는 집단 작업의 경우에 참가자 수를 최소한 15명 이상으로 하고 최대 50명을 넘지 않게 한다. 적은 숫자일 경우에는 가능한 남녀 비율을 맞추려고 한다.

집단 작업에서는 모든 참가자에게 개인 세션을 할 수 있다는 약속은 하지 않는다. 대리인으로 참가하거나 다른 사람의 세션을 보면서도 많은 도움을 받을 수 있고, 이것을 통해 세션에 참가한 모든 사람이 어떤 통찰을 갖게 되기 때문이다. 내 경험에 비추어 보면, 반드시 개인 세션을 받으려고 고집하는 참가자들은 대개 세션에서 정말로 중요한 것은 생각하지 않는다. 사실 누구의 세션을 하는지는 그리 중요한 것이 아니다. 누구의 세션이든 참가자의 마음에 감흥을 일으키고, 치유와 해결을 향한 움직임을 만들 수 있다. 일반적으로 나는 그 순간의 에너지를 믿는다. 그 말은 '정확한' 순간에 '정확하게' 그 사람이 세션을 받게 될 것을 믿는다는 의미다. 문제의 해결은 때가 되어야 일어나는 것이지, 어떤 약속이나 동의를 통해 만들어질 수 없다는 믿음을 키우는 것이 중요하다.

나는 세션을 준비하면서, 어디에서든지 가능하면 의자를 준비하여 참가자들이 세션을 편안하게 볼 수 있게 하고, 바닥에 앉게 될 때 쉽게 피곤해지고 주의가 흐트러져서 잠에 빠지는 것을 미연에 방지한다. 대부분 원형으로 의자를 배치하고, 내 옆에는 세션을 받는 내담자가 앉을 빈 의자를 준비해 두는데, 가족세우기 세션은 의자로 만든 이 원 안에서 진행된다.

일반적으로, 그룹 작업을 시작할 때 내가 가족세우기에 대해서 간단하게 소개한 다음, 참가자들이 돌아가면서 '나눔의 시간'을 갖는다. 나눔의 시간에 대해서는 이어서 설명하겠다. 전형적인 워크숍은 개인 세션, 나눔의 시간, 신체 활동과 다양한 명상으로 구성된다.

나눔의 시간 ■ ■ ■

이것은 헬링거 박사가 집단 작업에서 사용한 나눔의 방법으로, 내 경우는 헬링거 박사와 같은 방식으로 하기도 하고, 가끔은 약간 바꾸기도 한다. 나눔의 시간에서는 모든 참가자가 돌아가면서 현재 자신의 느낌이나 지금 이 순간 본인에게 일어나고 있는 것에 대해 짧게 몇 마디씩 한다. 나는 집단 작업을 시삭하면서 진행하는 첫 번째 나눔의 시간에는 참가 동기와 자신에 대한 간략한 소개를 하게 하고, 마지막 나눔의 시간에는 집단에 참가한 후 자신에게 생긴 중요한 변화에 대해 이야기하도록 이끈다.

나눔의 시간은 대개 짧게 갖는다. 나는 참가자들이 자신의 이야기를 장황하게 늘어놓거나 자신의 인생사에 대해 분석하지 못하게 한다. 때로는 집단의 에너지가 어디에 집중되어 있는지 알기 위해, 모든 사람에게 그 순간 자신의 느낌을 한 단어로 말하도록 하기도 한다.

나눔의 시간에는 모든 참가자에게 얘기할 수 있는 공평한 기회가 주어지지만 다른 사람에 대한 이야기는 허용되지 않는다. 내용은 개인적인 것이어야 하고 자신에 대한 이야기여야 한다. 치료자는 가족세우기를 진행하는 동안 이 규칙이 지켜지도록 해야 한다.

나는 집단 작업을 진행하면서 언제든, 그 순간의 집단 전체의 느낌을 파악하거나, 누가 세션을 받을 준비가 되었는지, 혹은 지금 이 순간에 어떤 사람의 문제를 먼저 살펴보아야 하는지 알기 위해서 나눔의 시간을 갖는다. 무거운 주제의 세션이 끝난 다음에 이루어지는 나눔의 시간은, 참가자들이 자신의 느낌을 통합하고 다음 작업을 준비하는 데 도움이 된다.

때로 나는 중요한 문제가 나올 경우에는 나눔의 시간을 중간에 끊고 세션에 들어가는 경우도 있는데, 그럴 때는 세션이 끝난 다음에 나눔의 시간을 이어서 한다.

신체 활동 ■ ■ ■

나는 워크숍을 진행하며 가끔씩 모든 사람을 대상으로 신체 활동을 한다. 참가자들은 이런 활동으로 내면의 에너지를 움직이고 작업에 임할 준비를 한다. 계속 앉아서 세션을 지켜보기만 하는 참가자들은 몸을 움직일 필요가 있기 때문에, 이런 활동을 통해 몸을 움직이게 한다. 몸과 마음은 하나다. 가족세우기 세션에서 '내면의 움직임'과 정신적인 작업이 많이 일어날 때, 적당하게 신체를 움직이면 몸과 마음의 균형을 잡는 데 도움이 된다. 그래서 나는 동적 명상이나 춤, 간단한 신체 움직임을 사용한다.

신체 활동을 할 때 참가자들은 지시하는 대로 정확하게 따르지 않아도 좋다. 어떤 그룹 작업이든 참석한 사람들의 특성과 유형이 다양하고, 어떤 참가자는 신체 활동을 정말로 좋아하지만 다른 사람은 별로 하고 싶어하지 않을 수도 있기 때문이다.

첫 번째 나눔의 시간 이후에는, 대개 짝과 마주 보고 앉아서 자신의 원가족과 부모의 원가족을 떠올려보는 명상을 안내한다. 가족세우기에서 중요하게 생각하는 일들의 사례를 들려주고, 참가자들에게 짝과 함께 자기 가족사에 대해 이야기하도록 한다. 짝은 상대가 하는 이야기를 조용히 들으면서 어떤 이야기가 자신의 가슴에 와 닿는지 주의를 기울인다. 이것은 참가자들로 하여금 자신의 가족 체계와 가족에게 일어난 중요한 사건을 가슴으로 느낄 수 있는 적당한 준비 활동이 된다.

세션을 하면서 사용하는 다른 활동 역시 짝과 함께 하는 것이다. 서로 마주 보고 서서 한 사람은 아이가 되고, 상대방은 부모가 된다.

부모 역할을 하는 사람은 오로지 '어떤 존재'로 서 있게 된다. 아이가 된 사람은 부모를 바라보면서, 그 위치에서 서 있는 느낌을 살펴본다. 이 관계에서 자신이 부모보다 '크거나' '작게' 느껴지지는 않는지, 또는 더 가까이 가고 싶은지 뒤로 물러나고 싶은지 느껴 본다. 잠시 후 아이는 자신의 방식으로 시간을 두고 부모에게 절을 한다. 끝나면 역할을 바꾼다. 두 사람 모두 마치면, 자신과 짝에 대해 느낀 것을 나누게 한다. 이런 활동은 자신이 생각하는 것과는 상당히 다른, 부모와의 관계에 대한 실체를 만나게 해준다.

때로는 그룹 전체를 4~5명의 소모임으로 나눈다. 그중 한 사람은 내담자가 되고 다른 한 사람은 치료자가 되며, 나머지 사람들은 대리인 역할을 하게 된다. 치료자는 내담자가 아버지와 어머니, 자신의 대리인을 배치하게 하는 작은 가족세우기를 하는 것이다. 이 작은 가족세우기를 통해서 깊은 작업은 이루어지지 않는다. 이것은 얽힘과 관련된 사람들을 한곳에 모은 가족 초상화일 뿐이다. 대리인들에게 자신의 위치에서 어떤 느낌이 드는지 말하게 할 수도 있지만, 이런 반응을 말하게 하는 것을 빼고는 치료자 역할을 하는 사람은 아무것도 하지 않는다. 물론 치료자 교육 프로그램에서는 이 과정이 더 깊이 있게 진행된다.

이미 4장에서 소개했던 것처럼, 일정이 긴 프로그램에서 사용하는 다른 활동에서는, 참가자들에게 방향을 구분할 수 있고, 쉽게 배치할 수 있는 작은 소품인 상징물을 가져오게 한다. 세 명이 한 모둠이 되어 각 참가자는 책상이나 바닥에 자신의 원가족을 대신하는 상징물로 가족세우기를 한다. 한 사람이 가족을 배치하고 나면 나머지 두 사람은 그 모양을 보고 자신이 관찰한 것을 얘기해 준다. 참가자는 상징물 앞에 가서, 그 상징물이 대신하는 가족원이 그 자리에서 어떤 느낌을 갖는지 느껴 볼 수도 있다.

나는 다양한 활동과 구조를 사용한다. 예를 들면 양심이 어떻게 작용하는지, 또는 자신 뒤에 부모가 서 있을 때 연인과의 관계가 어떻게 느껴지는지 등의 활동이다. 하지만 여기서 모든 활동을 소개하지는 않겠다. 위의 예시들만으로도 일반적인 이해를 갖기에는 충분할 것이다.

명상 ■ ■ ■

22장에서 명상이 무엇을 의미하는지 이미 설명했다.

가족세우기 작업은 자신의 느낌과 생각, 행동을 자각하게 하고, 마음속에서 해결되지 않은 갈등을 분명하게 보여 주기 때문에 우리를 명상으로 더 깊이 들어가도록 도와준다.

다른 한편으로, 명상 또한 내면의 실체와 움직임을 알아차릴 수 있게 해주기 때문에 더 깊이 있는 가족세우기 작업을 할 수 있도록 도와준다. 명상과 가족세우기는 서로 양방향으로 작용한다.

내 경우 워크숍에서는 구조화된 명상과 안내된 명상을 모두 사용한다. 예를 들면 오전과 저녁에는 역동적인 신체 활동으로 시작해서 침묵으로 끝나는 구조화된 동적 명상을 한다. 대부분 오쇼의 두 가지 동적 명상법을 사용하는데, 오전에는 다이내믹 명상을, 저녁에는 쿤달리니 명상을 한다. 둘 다 1시간짜리 명상으로 가족세우기 세션을 하는 동안 참가자들의 느낌과 자극, 감흥을 통합하게 해준다.

안내된 명상은 보통 1시간보다는 짧고, 하루 중 아무 때나 할 수 있는데, 이것은 참가자들이 더 깊은 작업으로 들어갈 수 있게 해준다. 예를 들어 쉬는 시간 이후 혹은 첫 번째 세션을 시작하기 전에 사용한다. 특별히 무거운 주제를 다룬 세션 후에 감정을 추스르고 내면의 움직임을 통합하는 것을 돕기 위해 사용하기도 한다.

이런 명상은 어떤 순간에 집단 전체를 위해 필요하다고 느껴졌을 때 치료자에 의해 즉흥적으로 안내되는 것이다. 여기에 예시로써 내가 사용하는 안내된 명상을 몇 가지 소개한다. 다음에 소개하는 명상은 참가자들에게 지시사항을 충분히 듣고 행할 수 있는 시간을 줘야 한다. 참가자들은 앉거나 서서 명상할 수 있다.

1. 조상에게서 힘 받아들이기

눈을 감고, 오른쪽 어깨 뒤에는 아버지가, 왼쪽 어깨 뒤에는 어머니가 서 있다고 상상해 보세요. 어떤 느낌인가요? 혹시 어느 한 분이 더 가까이 서 있는 것 같지는 않나요?

이제 부모님 뒤에 조부모가 서 있다고 상상해 보세요. 지금 당신과 부모처럼, 아버지 뒤에는 친할아버지 친할머니가 좌우에 서 있고, 어머니 뒤에는 외할머니, 외할아버지가 서 있습니다. 이런 식으로 증조부모 고조부모 역시 뒤에 서 있습니다. 시간을 거슬러 올라갈수록 이 줄은 계속 길어집니다. 그러나 단 한 사람도 뺄 수는 없습니다. 모든 사람이 필요합니다. 당신의 존재를 위해 모든 사람이 도움이 되었습니다. 모든 사람이 자기가 받은 생명을 후대에 전해 주고 있습니다.

이제 조상들이 여러분 뒤에서 떠받치고 있다고 상상하고 그들에게 기대어 보십시오. 이 긴 줄을 따라 당신에게 흘러오는 그 힘을 느껴 보세요.

2. 자신의 뿌리 느끼기

무릎을 살짝 구부리고 섭니다. 두 다리가 땅 속 깊이 박혀 있는 당신의 뿌리라고 상상해 보십시오.

들숨에 무릎을 구부리면서, 뿌리에서 전해지는 땅의 기운을 받아들이고 있다고 상상합니다. 호흡을 들이쉴 때마다 무릎을 더 많이 구부리도록 하세요.

날숨에 무릎을 펴세요. 마치 땅을 박차고 하늘로 뻗어 나가는 한 그루의 나무처럼, 솟아오르기 위해 땅을 밀어내고 있습니다.

들숨과 날숨의 리듬을 타면서 무릎을 구부렸다 펴고, 동시에 땅의 기운을 받아들이고 하늘을 향해 뻗어 나가는 움직임을 반복합니다.

이 움직임을 잠시 동안 계속하세요.

자, 이제 두 개의 뿌리인 양 다리가 부모님에게서 온다고 상상해 보세요. 한 쪽 다리는 어머니, 다른 쪽 다리는 아버지에게서. 이 뿌리가 얼마나 단단히 땅에 박혀 있는지 느껴봅니다. 이 뿌리는 당신 가족의 역사만큼 깊이 뿌리내리고 있습니다. 당신은 대부분의 선조들을 모릅니다. 당신은 그들을 결코 알 수 없을 것입니다. 하지만 그들은 모두 당신을 지지하고 보호해 줍니다. 이제 이 두 가족의 줄이 당신 안에서 만나는 것, 당신의 회음부에서 두 개의 뿌리가 만나는 것을 상상해 보세요. 몸의 세포 하나하나는 아버지와 어머니의 만남이 낳은 결과입니다. 두 분이 똑같이 애쓰셨습니다.

3. 영화보기

눈을 감고 몸을 느끼면서, 어떤 부분에 긴장이나 고통이 있지 않은지 살펴봅니다. 다리, 손, 목, 어깨 등등. 아무것도 바꾸려 하지 말고 있는 그대로 내버려둡니다. 몸에서 편안하고, 확장되고, 가볍고, 유쾌하게 느껴지는 부분은 어디인지 살펴봅니다.

호흡의 패턴과 들숨과 날숨의 리듬을 느껴봅니다. 몸에서 일어나는 혹은 일어나려고 하는 움직임을 느껴봅니다. 어떤 감정이 일어날 수도 있습니다. 아무것도 하지 말고 모든 감각을 알아차려 봅니다. 같은 방식으로 마음을 스쳐가는 끊임없는 생각의 흐름을 바라볼 수도 있습니다.

마치 그것들이 눈앞의 스크린 위에서 일어나고 있는 것처럼 영화관에 편안히 앉아서, 이런 생각, 이미지, 움직임, 감정 들이 스쳐 지나가는 것을 지켜보세요. 아무것도 하지 말고, 어떤 판단이나 기대도 갖지 말고, 변화시키려는 노력도 하지 말고 모든 것이 저절로 일어나도록 내버려두세요.

영화를 보면서 사랑, 고통, 두려움, 기쁨과 같은 다양한 감정을 경험하게 될 것입니다. 그것들은 왔다가 지나가고, 모든 것은 계속 변합니다. 당신은 그저 지켜보고 있습니다.

'안내된 명상'이 어떤 것인지 몇 가지 예를 살펴보았다. 보통 이것들은 특정한 순간의 집단 에너지에 대한 반응이기 때문에 미리 계획하지 않는다. 명상의 목적은 참가자들이 내면의 깊은 층으로 들어가게 하며, 실제로 가족세우기에 들어길 준비를 하게 하는 것이다.

위와 같은 활동은 단순해 보이지만 매우 효과적이다. 우리의 아버지와 어머니를 포함한 모든 선조는 그 자체가 생명의 연결체이고, 선조들을 향한 우리의 태도는 삶에 대한 우리의 태도를 반영한다. 신체적·물질적인 차원에서 선조들은 우리의 근원을 상징하며, 어떤 식으로든지 모든 사람이 이것을 느끼고 있다. 마음 깊은 곳에서, 이것을 어떻게 받아들이느냐에 따라 부정적으로도 긍정적으로도 작용할 수 있다.

안내된 명상과 구조화된 기법에 덧붙여, 명상은 우리가 치유 작업을 넘어설 수 있게 해준다. 이것은 다음 장에서 살펴보도록 하겠다.

24
작업의 배경

테 라 피 theraphy와 명 상 ■ ■ ■

　테라피는 균형을 맞추는 본질적인 능력을 지지해 주는 방법이다. 이런 의미에서, 테라피는 현재의 상태를 '더' 건강하다고 생각하는 상태로 변화시키려는 노력이다. 다른 한편으로 이것은 더 건강한 상태가 무엇인지에 대한 이해를 필요로 한다.

　몸과 질병에 관해서는 더 건강한 상태에 대한 방향이 분명해 보이지만, 같은 개념을 삶의 다양한 문제와 어려움을 갖고 있는 우리의 평범한 일상생활에 적용하기는 어렵고, 어떤 객관적인 기준을 정의하는 것이 거의 불가능하다는 것을 발견하게 된다.

　예를 들어, 건강의 일반적인 개념이 행복하고, 충만하고, 편안한 느낌을 포함한다고 가정하자. 하지만 자세히 들여다보면, 행복하기 위해 어떤 사람이 바라는 것이 다른 사람에게는 불행이라는 것을 알게 된다.

　어떤 사람은 경력을 쌓고, 높은 자리에 오르기 위해서 일터에서 자기 목소리를 좀 더 높이고, 활동적이며 자신감을 키우기 원할지도 모른다. 반면 다른 사람은 같은 목표를 위해서 경쟁하지 않으면서도 조용히 긴장을 풀고 이완하는 방법을 찾고 싶어한다. 어떤 사람은 혼자 있을 수 있는 능력을 바라는 반면, 다른 사람은 타인과의 친밀감을 키우는 기술을 배우고 싶어한다.

테라피는 '자기 개선' 또는 '자기 수양'이라는 이름으로 개인의 문제를 다루고, 각자가 바라는 행복의 조건을 만족시킬 수 있도록 돕는다. 그러나 가족세우기 세션을 통해 보았듯이, 문제는 이런 욕망이 깊은 곳에 있는 삶의 힘과 조화를 이루지 않는다면, 오랫동안 자신의 소망을 이루기 어렵다는 것이다.

자기 개선을 위한 테라피는 사람들이 현실을 있는 그대로 받아들이고 내면의 진정한 자아와 만나게 하기보다는, 내담자가 꿈꾸는 소망이나 환상을 부추긴다. 이런 꿈은 내담자가 본래 가지고 있던 것이 아니라, 대중 매체나 문화를 통해서 집단적으로 주입된 사회적 가치와 유행이다.

이런 테라피를 받고 나서 내담자가 더 행복해진 자신을 발견할지 모르지만, 깊은 내면을 들여다보면 여전히 그곳에는 긴장과 두려움이 숨어 있다. 그 사람은 테라피를 통해서 단지 특정한 행동을 억압하고, 교육받고 주입된 행동을 투사하는 것만 배웠기 때문이다. 언제라도 그 이면의 다른 실체가 드러나면서 최근에 얼굴에 씌워진 사회적 가면이 벗겨질 수 있다.

행복을 지속하는 방법은 단 한 가지밖에 없다. 나의 행복은 바깥세상, 외부 환경, 내가 원하는 것의 성취에 달려 있는가? 아니면 행복은 내 안에 뿌리내리고 있는 것인가? 만약 행복이 외부의 도움이 필요한 것이라면, 그것은 순간적인 현상이다. 만약 행복이 내 존재의 본성 중 하나라면, 그것은 본질적으로 나의 것이다.

이런 관점에서 볼 때, 테라피가 개인을 진정으로 행복하게 하기 위해서는 내담자에게 허황된 꿈을 꾸게 할 것이 아니라 내면을 들여다보게 해야 한다. 그리고 테라피를 하는 사람은 명상에 대한 개인적인 이해와 경험이 필요하다.

왜냐하면 우리가 알다시피, 명상은 자신의 내면과 친밀해지는 기법 그 이상도 그 이하도 아니기 때문이다.

명상에 기초한 테라피는 자신이 바라는 모습이 아니라 자신을 있는 그대로 신뢰할 수 있는 힘을 키워 주고, 굴곡이 심한 일상생활에서 독립적으로 존재할 수 있는 내면의 이완된 상태로 이끌어 준다.

두 가지의 행복 ■ ■ ■

우리는 두 가지의 행복을 구분해야 한다.

하나는 인간의 마음에서 일어나는 것으로, 우리를 행복하게 만들어 줄 모든 욕망과 환상, 꿈이며 이것은 우리로 하여금 자기 주위의 사회적 환경에서 얻을 수 있는 것에 마음을 집중하게 만든다. 이런 종류의 행복이 잘못된 것은 아니며, 비난받아야 하는 것도 아니다. 하지만 그것은 때로 간과하기 쉬운 기본적인 약점이 있다. 그것은 이 행복이 오래 지속되지 않으며, 주기적으로 다른 욕망과 불만족이 따라온다는 것이다. 당신은 오랫동안 추구했던 목표가 성취되었을 때 큰 기쁨을 느꼈지만, 잠시 후 다음 목표를 향해 가고 있는 자신을 발견한 적이 있을 것이다. 오쇼와 많은 명상가들이 지적한 대로, 이것은 결코 만족을 모르는 인간 마음의 오랜 습관이다. 그래서 이런 종류의 행복은 순간적이라고 말할 수밖에 없다.

또 다른 종류의 행복은 인간의 깊은 내면에서 오는데, 이것은 내면의 진정한 존재와 만났을 때 나타나는 것으로, 외부에 의존하지 않기 때문에 오랫동안 지속될 수 있다. 이것은 끊임없는 현재의 내적인 흐름이요, 경험이라기보다는 상태에 가깝다. 보통 이것은 정신적인 선입견 없이 완전히 현재에 머물면서 깊이 이완하는 순간 분명하게 드러난다.

우리 모두는 첫 번째 행복을 알고 있고, 많은 사람이 어느 정도 두 번째 행복을 맛보았을 것이다. 치료자는 내담자와 작업할 때, 이 두 가지 행복을 명확하게 구분할 줄 알아야 한다.

가족세우기에서는 눈먼 사랑과 의식적인 사랑이라는 두 가지 사랑을 설명했다. 아이가 부모 가까이 있을 때 느끼는 것은 눈먼 사랑이고, 아이가 부모를 전체적으로 보기 시작할 때 느끼는 것이 의식적인 사랑이다. 첫 번째 경우, 아이는 부모를 위해 짐을 지게 될지라도, 자신의 부모와 묶여 있고 얽혀 있기 때문에 아이는 '행복'하고 순수하다고 느낀다. 두 번째의 경우 아이가 부모에게 고통을 돌려주기 때문에 혼자라고 느끼고, 죄책감을 느낄 수 있다. 그러나 짐을 벗으면 완전히 새로운 방식으로 행복을 경험한다. 이것이 성숙한 행복이고, 어른들이 삶에서 찾는 행복이며, 과거에 의해 조종되지 않는 행복이다.

치료자는 내담자의 이러한 두 가지 상태 즉, 미성숙한 사랑과 성숙한 사랑을 구분하는 것이 중요하다.

가족세우기를 하는 두 가지 방법 ■ ■ ■

앞에서 설명한 것처럼, 가족세우기는 두 가지 방법으로 진행할 수 있으며, 이 두 가지 모두 내담자에게 유용하다.

첫 번째 방식은, 내담자 가족의 얽힘을 풀어서 가족과 관련된 개인적인 문제를 극복할 수 있도록 돕는 테라피적 접근법이다. 이 방식은 전 세계 정신학계에서 사용하는 다른 테라피적 방법만큼이나 인간 본성에 대한 통찰을 준다.

두 번째 방식은, 개인 양심과 집단 양심을 넘어선 인간 내면의 존재와 만날 수 있게 하고, 삶에서 우리를 움직이게 하는 힘과 만나게 하는 접근법이다. 이 접근은 영적인 차원에서 이루어지기 때문에 헬링거 박사는 이를 '응용철학

applied philosophy'이라고 불렀으며, 나는 '명상적 접근meditative approach' 이라 부른다.

일반적으로 테라피는 우리의 몸과 마음, 정서에 작용하여 갈등, 스트레스, 긴장을 완화하고 전체적인 조화를 이루도록 도와준다. 반면에 명상은 우리가 몸과 마음의 구조를 넘어선 존재라는 깨달음을 갖게 한다. 이런 의미에서 명상을 테라피의 궁극적인 형태라고 말할 수 있을 것이다. 우리가 깊은 명상 상태에 빠져 있을 때, 스트레스에서 진정으로 해방될 수 있기 때문이다.

아무리 '평화로운 마음'에도 긴장은 생길 수 있는 것이고, 아무리 잘 조화된 체계라도 다시 불안정해져서 긴장과 대립이 생길 수 있다. 진정한 해답은 우리는 몸도 마음도 아니라는 통찰에서 온다. 인생의 드라마는 단지 실존적인 연극일 뿐이다. 문제는 오직 우리가 연극 속의 배우라는 사실을 잊어버릴 때 생긴다. 우리는 연극이 진짜라고 생각한다.

나는 진정한 테라피라면 내담자를 영적인 탐구로 인도해야 한다고 생각한다. 왜냐하면 자기 개선에 대한 어떤 관심이 진짜라면, 끊임없이 자신 안으로 더 깊이, '나는 누구인가?'라는 질문 안으로 더 깊이 들어갈 수밖에 없기 때문이다.

테라피는 더 쉽게 내면의 여행을 하기 위해서 곪은 살을 치료하는 유용한 첫걸음이다. 우리가 긴장과 스트레스에 젖어 있다면 명상할 에너지가 없을 것이다. 그래서 대부분의 사람은 먼저 테라피를 통해서 정신적인 스트레스를 내려놓고, 진정한 자기 탐구의 길을 찾아갈 준비를 하게 된다.

실 체 모 델 ■ ■ ■

가족세우기에서 우리는 개인이 자신을 형성하는 사회 조직과 가족의 일부이고, 이것이 우리 행동의 많은 부분을 설명한다고 배운다. 그래서 우리는 개인사뿐 아니라 더 큰 체계를 살펴보고, 그것이 내담자에게 어떻게 영향을 주는지 알아보고 있다. 하지만 개인이 단순히 가족의 과거가 만들어낸 부산물이라는 관점은 잘못된 것이다. 어떤 의미에서 인간은 자신의 부모이기도 하지만 다른 한편에선 그 이상의 다양한 차원을 가진 고유한 존재다.

하나의 유기체로서 전체적으로 복잡하게 얽혀 있는 사람의 모든 기능을 설명할 수는 없다. 하나의 나무라도 바라보는 시각에 따라 완전히 다른 나무로 보이는 것처럼, 우리도 여러 가지 치유적 관점에서 스스로를 탐구해 볼 필요가 있다. 그 결과들을 종합해 보면서 우리는 마침내 하나의 완전한 그림을 볼 수 있게 된다. 헬링거 박사는 '삶의 충만은 한 가지 길로 만들어지지 않는다'라고 말했다.

여기서 잠깐 남녀 관계를 생각해 보자. 10장의 남녀 관계에서 살펴보았듯이 가족세우기는 주고받음의 균형을 포함해서 많은 통찰을 제공한다. 이런 관점으로만 남녀 관계를 살펴보면, 계속해서 얼마를 주고 얼마를 받았는지 계산하는 장사라고 오해할 수도 있다. 이것은 사랑의 즉흥성을 파괴할 뿐만 아니라, 두 사람이 하나가 되어 생각이 멈추고 황홀한 초월 상태로 들어가는 사랑의 본질적 경험과는 상반되는 것이다. 초월 상태는 불과 몇 초 동안의 짧은 순간이기는 하지만 말이다.

이런 오해는 사랑의 지도map에만 너무 관심을 쏟고, 실제로 일어나는 일에는 관심을 두지 않을 때 생긴다. 아무리 훌륭한 본보기나 지도, 다른 사람의 통찰이 있다고 해도 자신의 경험과 통찰을 넘어서지는 못한다. 남녀 관계는 몇 개의 개념으로 단정 짓기에는 너무 광범위하다. 진짜 사랑이 무엇인지 알고 싶다면 사랑을 해봐야 한다.

나는 신비가들이 아마 이런 이유로 철학적 체계를 만들지는 않았을 것이라고 생각한다. 예를 들어 선zen 스승들은 선입견이나 믿음을 넘어선 깊은 층의 의식을 신뢰하고, 마음의 틀을 깨우쳐 주기 위해서 상황에 따라 말을 바꾸었다.

연인 관계로 다시 돌아와서, 균형에 대해 생각하지 않고 손익을 따지지 않아도 의식적인 사랑을 한다면 아마 그곳에는 주고받음의 균형이 자연스럽게 일어날 수밖에 없을 것이다. 마찬가지로 내가 나의 부모님을 의식적으로 사랑한다면, 신성한 질서에 대해 배우고 선조와 부모님에게 절을 하면서도 동시에 그것을 초월할 수 있을 것이다. 진정한 존경과 사랑은 우리가 존경하고 사랑한다는 것을 기억할 필요가 없을 때 일어난다. 사랑과 존경은 우리 본성이며, 즉흥적인 행위다.

초월적 관점 ■ ■ ■

초월적 관점에서 보면, 모든 진리는 상대적인 것이다. 예를 들어 가족세우기에서 부모는 주고 아이는 받는다는 것을 배웠다. 이것은 생물학적 차원에서 보았을 때 당연하다. 그러나 영적 차원에서 보면, 사랑과 자비가 넘쳐 흐른다는 의미에서 크게 자각한 사람이 자각이 덜 된 사람에게 많이 준다는 것 또한 진실이다. 이 수준에서는 아이가 부모에게 주는 것이 가능하다. 이것은 물질적인 것을 주는 것이 아니며, 위계적인 질서가 바뀌는 것을 의미하지도 않는다. 이것은 행위 없이, '하고 있다는' 의식 없이 주는 것이다. 아이의 현존, 또는 존재 자체가 선물이 된다. 물론 부모는 이를 기꺼이 받는다.

생물학적 측면에서 출생은 부족과 종족의 생존을 가능하게 하는 가장 위대한 창조다. 영적인 측면에서 보면 출생은 모든 살아 있는 생물의 매우 평범하고 세속적인 행위다. 영적인 차원에서는 한 사람의 의식이 깨어나서 새로 태어나는 것이 가장 위대하고 창조적인 행동이다. 두 가지 관점 모두 진실이다.

다만 그것은 당신이 바라보는 관점에 달려 있다.

존경과 존중에 대해서도 생각해 보자. 가족세우기에서 자식은 부모가 우리에게 생명을 주었다는 사실 하나만으로 부모를 존경해야 한다. 단순히 부모는 부모이기 때문에 존경해야 한다. 이것이 절대적 진리가 된다면 문제가 생길 수 있다. 왜냐하면 이런 관점은 권위에 대한 무조건적인 복종과 존경을 강요하는 것일 수 있고, 실제 이러한 관점은 수천 년 동안 인간의 역사를 오염시킨 주범이었다.

오늘날에는 단순히 나이가 많거나 어떤 지위에 있기 때문이 아니라, 그가 무엇을 말하고 행동하느냐에 따라 존경을 해야 한다는 의식이 일반적이다. 다시 말해서 부모라도 부모로서 마땅한 도리를 다 했을 때 존경받을 수 있다는 이야기다. 두 가지 관점이 모두 옳지만 양립할 수 없어 보인다. 이는 이 두 가지 관점이 서로 다른 진실을 이야기하고 있기 때문이다.

아버지는 존경하지만, 아버지가 한 행위는 존경하지 않아도 된다. 아버지를 존경한다고 해서 아버지가 한 모든 행위를 정당화할 필요는 없다. 다시 말해서 아이가 아버지의 어떤 행동이 잘못되었다고 말한다고 해서, 아이가 아버지를 존경하지 않는 것은 아니다. 한 가지 행동으로 그 사람 전체를 평가할 필요는 없다.

옛날에는 오랫동안 토목 분야에 종사한 아버지가 새로 일을 배우기 시작한 아들보다 일에 대해 훨씬 잘 알고 있었다. 이런 상황에서 아들은 아버지에게 존경심을 갖기 쉽다. 하지만 오늘날처럼 과학 기술이 급속히 발달한 사회에서 아버지의 기술과 지식은 시대에 뒤떨어져서 아들에게는 더 이상 쓸모가 없다. 이런 상황에서 아들은 자신이 아버지보다 더 뛰어나다고 생각하면서 아버지를 무시할 수도 있다.

아버지를 존경한다고 해서 항상 아버지의 의견을 따를 필요는 없다. 존경과 감사는 복종과 동의어가 아니다. 과거에는 그렇게 생각했지만, 누군가를 따르는 것과 누군가에게 감사하는 것은 대치되는 현상이다. 실제 역사적으로 독재자를 따랐던 많은 사람이 그에게 감사하지 않고 오히려 분노했다.

존경과 존중의 진정한 의미를 이해하는 것은 쉽지 않다. 어떤 사람이 존경을 받을 만해야 존경할 수 있다는 자세를 갖는다면, 맹목적인 복종을 범하는 실수를 막을 수는 있겠지만, 부모가 우리에게 한 행위를 판단하고 비난하는 함정에 빠질 수도 있다. 그렇게 되면 그들이 부모이기 때문에 마땅히 존경받아야 한다는 가족세우기의 관점을 이해하기가 어려워진다.

믿음 체계를 넘어서 ■ ■ ■

가족세우기, 레이키 요법, 애니어그램, 내적인 남성과 여성의 원형에 대한 융의 분석심리학과 같이 인간의 심리를 작업하는 기법들은 인간의 의식 성장에 도움이 되지만, 이것들을 스스로 점검해 보지도 않고 무작정 믿어버리면 쓸모없는 지식이 되고 만다. 이점을 명심하고, 항상 우리 자신과 신념에 대한 기존의 태도와 가정에 의문을 갖고, 자신의 이해를 깊게 하는 데만 이러한 체계를 사용해야 한다.

많은 경우에 사람들은 어떤 기법을 통해 자신에 대한 이해가 깊어지면, 거기에 푹 빠져서 자신과 그 기법을 동일시한다. 그 기법이 인생에 대한 고정된 관점, 맹목적 믿음이 되어버린다. 누가 되었든지 상관없다. 특정하게 이상화된 가르침이나 기법이 자기 경험이나 점검 없이 받아들여지면 위험해진다. 헬링거 박사는 학생들에게 자신이 말하는 것은 지금 이 순간 이 상황에만 적용되는 진실이라는 것을 항상 강조해 왔다.

여기서 평범한 교사와 위대한 교사의 차이를 볼 수 있다. 평범한 교사는 자신이 가르치고자 하는 기법을 쉽고 단순하게 만들어서 학생들이 쉽게 습득할 수 있도록 하는 데 신경을 쓴다. 위대한 교사는 학생들에게 비전을 제시하고, 학생들에게 고정된 틀에 매이지 않고 기존의 믿음 체계를 넘어설 수 있는 지적 도전과 자극을 준다. 평범한 교사의 학생들은 편안하고 안전하다고 느끼지만, 위대한 교사의 학생들은 힘들고 불안하다. 왜냐하면 위대한 교사는 학생들 스스로가 자신의 진리를 찾기를 기대하기 때문이다.

많은 사람이 불확실한 인생에서 무엇을 해야 하고 어떻게 생각해야 하는지를 분명하게 제시하는 특정한 모델과 방법론에 쉽게 빠져든다. 그렇지만 나는 가족세우기가 '올바른' 행동에 대한 지침으로 쓰이는 것을 원치 않는다. 오히려 오쇼와 헬링거 박사가 말한 것을 포함한 이 책의 모든 내용을 가설로 여기고 독자 스스로가 검증해 볼 것을 권한다.

나는 다른 가족세우기에서 대리인으로 참가했고 여러 번 세션을 받아 본 내담자들이, 실제로 온 힘을 다해 세션에 임하지 않고 내면으로 들어가는 시늉만 하는 것을 본 적이 있다. 그들은 이미 '올바른' 치유 문장이 무엇인지, 누구에게 '절'을 해야 하는지 알고 있지만, 그들의 감정은 기계적이며 때로는 그들의 행동은 교회의 형식적인 예배를 떠올리게 한다.

또한 어떤 가족세우기 치료자들은 틀에 박힌 문장과 질문을 반복한다. 그들은 서로 다른 내담자와 사건을 새롭게 보지 못한다. 예를 들어 특히 절을 하는 것이 그렇게 해야 된다고 생각해서 하는 형식적인 것이라면, 내담자가 아버지에게 절을 하는 대신 아버지에게 화를 내는 것이 더 진정한 행동일 수 있다. 치료자로서 어떤 상황에서, 어떻게 진행해야 할지 모를 때는 그것을 받아들이는 것이 더 솔직한 것이다.

자신의 경험을 신뢰하고, 항상 질문하면서 열린 마음을 유지하는 것이 중요하다. 여기서 나는 상황에 따라 견해를 바꾸는, 심지어 전에 말했던 것과 반대되는 관점으로 바꾸는 헬링거 박사의 유연함을 언급하고 싶다. 같은 맥락에서 자기 탐구의 기초로써 개인의 책임을 주장한 신비가 오쇼의 말도 전하고 싶다. 그는 진실이란 빌려줄 수 없고 또한 다른 사람에게서 전해 받을 수도 없다고 말했다. 모든 사람은 자신의 고유한 방식으로 진화하고 성장해야 하며, 이론은 항상 개인적인 경험을 따라가야지 그 반대가 되어서는 안 된다.

가족세우기 배우기 ■ ■ ■

가족세우기 세션은 내담자뿐만 아니라 대리인과 치료자 모두가 배우는 과정이다. 이 배움의 과정에는 몇 가지 차원이 있다.

타인의 가족을 위해 가족세우기에 서는 대리인들은, 자신이 동일시하고 있는 인물의 감정과 생각을 느끼면서 자신이 한 번도 겪어 보지 못한 경험을 할 수 있다. 치료자도 그룹 참가자들과 만나면서 그들의 열린 마음과 깊은 사랑을 통해서 새로운 경험을 하게 된다. 치료자와 내담자는 실제로 살아 보지 않았던 인생을 경험하면서 새로운 것을 배울 수 있다.

치유의 도구로써 가족세우기를 배우게 되면 양심의 기능, 모든 가족 안에 존재하는 '사랑의 질서' 그리고 가족 체계를 지켜가는 법칙에 대한 이해가 깊어진다.

게다가 치료자들은 가족세우기와 직접적으로 연결되지는 않지만, 내담자들을 돕기 위해 요구되는 부가적인 기술의 중요성을 인식해야 한다. 예를 들어 치료자는 자기중심을 잡고, 투사와 같은 상담 과정에서 생기는 현상에 대한 이해를 바탕으로 상담을 할 수 있어야 한다.

또한 내담자의 신체 언어가 매우 중요하다는 것도 명심해야 한다. 내담자가 말하는 것과 몸짓으로 표현하는 것이 다른 경우가 종종 있기 때문이다. 때로는 내담자가 말하는 것을 따라 세션을 진행하지 않고 그가 보이는 작은 움직임이나 몸짓을 보고 진행하기도 한다. 억눌렸던 감정을 풀어주는 작업은 필요하지만, 어떤 감정을 표현하게 하고 어떤 감정은 표현하지 못하게 해야 하는지 판단할 수 있는 능력이 필요하다.

가족세우기 원리에서 중요한 것 ■ ■ ■

앞에서 논의한 대로 가족세우기에서는 존재 깊은 곳에서 삶을 움직이는 법칙들과 만나게 될 것이다. 만약 이 법칙들을 좀 더 광범위한 영역에 적용한다면, 그것들은 우리에게 치유를 넘어서는 어떤 가치 있는 원리를 제공해 준다.

소속의 법칙

소속의 법칙은 존재계 안의 우리 모두에게 제자리가 있다는 것을 말해 준다. 성인이거나 죄인이거나 상관없이, 어떤 사람이 이 세상에 존재해야 할 더 많은 권리를 갖는 것이 아니다. 한 신비가는 '작은 풀 한 포기도 하늘의 떠 있는 가장 큰 별만큼 소중하다. 모든 것은 필요하기 때문에 있는 것이고, 그 존재 가치를 비교할 수 없다'라고 했다. 좋고 나쁘고, 높고 낮고, 착하고 악하다는 구별은 인간 마음에만 존재하는 것이다. 우리가 속한 우주에는 이런 구분이 없으며 존재하는 모든 것은 가치 있다. 모든 것이 지금 여기에 존재하고, 계속해서 서로 영향을 주고받는다.

질서의 법칙

질서의 법칙은 우리 각자가 유일하다는 사실을 말해 준다. 두 사람이 똑같을 수 없다. 그래서 각자는 존재계에 고유한 자리가 있고, 다른 사람이 그 자리를 대신 채워줄 수 없다. 신성한 질서의 확장된 개념으로 우리의 고유함이 우리의 자리를 보장한다고 말할 수 있다.

균형의 법칙

균형의 법칙은 우리가 행동의 결과를 무시할 수 없다는 사실을 상기시켜 준다. 우리는 주위와 영향을 주고받는다. 우리는 의존적인 존재도 독립적인 존재도 아니다. 우리는 상호 의존적인 광대한 그물망 안에 살고 있다. 이것은 시계추처럼 한쪽으로 밀면 탄력이 붙어서 다시 되돌아온다. 밀물 다음에 썰물이 따라오고, 겨울이 있으면 여름이 있고, 밤이 지나면 낮이 찾아오듯이 삶에는 균형을 잡는 힘이 있다. 당신이 누군가에게 상처를 주면 어떤 식으로든 당신 스스로 상처받게 될 것이다. 모든 사람은 자신이 한 행위에 대해서 스스로 책임져 왔고, 앞으로도 그럴 것이다. 헬링거 박사는 이것을 책임감을 짊어진다는 의미로 '자신의 죄책감 짊어지기'라고 부른다.

죽은 자를 기억하기

죽은 사람들에 대한 중요성을 인식하는 것은 우리에게 삶과 죽음이 떨어질 수 없는 관계라는 사실을 상기시켜 준다. 삶과 죽음은 다른 하나가 없으면 홀로 존재할 수 없다. 사실 삶은 죽음이 있기 때문에 가치가 있다. 이것은 대조의 문제다. 학교 교실의 학생들은 흑판 때문에 하얀 분필로 쓴 글씨를 읽을 수 있다. 이와 유사하게 생명의 춤은 고타마 붓다가 '순야타shunyata', 공空이라고 불렀던 죽음의 자궁, 무無에서 출현한다. 죽은 사람을 기억하지 않는 사회는 실존적인 힘이 없다.

피해자와 가해자

피해자와 가해자 관계에 대한 이해는 두 반대 극성이 전체의 부분이라는 관점에서 시작된다. 하나가 없으면 다른 하나도 존재할 수 없다. 가해자가 없으면 피해자도 없고, 피해자가 없으면 가해자도 없다. 가해자와 피해자는 서로를 정의해 준다. 사실 이 두 가지 극성은 모든 사람 사이에 존재한다. 단지 한 면은 보이고 다른 한 면은 숨겨져 있을 뿐이다. 많은 경우 피해자는 자신 안에 폭력성을 숨기고 있고, 가해자는 이전에 피해자였던 경우가 흔하다. 이것은 떨어져 있는 두 반대 극성이 하나가 되기 위해 강하게 끌어당기는 인간 마음의 경향성을 보여 준다.

삶의 흐름과 함께하며

내담자가 자신의 모든 가족 구성원에게 마음을 열면, 그는 삶과 더 깊은 조화를 이루고 영적인 행동을 수행하게 된다. 심지어 가족 안에서 악마적 존재였던 사람이 같은 힘에 의해 좋은 사람이 된다. 이런 의미에서 우리 모두는 평등하며, 누구도 더 높거나 낮지 않다.

우리가 누군가를 판단하고 비난할 때, 사실은 그가 속할 권리를 거부하려고 노력하는 것이다. 이것은 모든 사람을 무조건적으로 수용하는 삶의 근원에 반하는 행위다. 우리는 그 사람이 왜 그렇게 행동했는지 이해할 수 없다고 해서 그를 비난할 수는 없다. 어떤 경우에만 그 사람이 왜 그런 행동을 했고, 왜 그런 일이 일어났는지 이해할 수 있을 뿐이다. 삶의 중요한 부분은 우리의 이해를 넘어서는 신비다. 우리가 할 수 있는 일은 설명할 수 없는 신비 앞에 머리를 숙이는 것이다.

인생에서 일어나는 모든 중요한 사건은 우리가 계획한 것이 아니라 저절로 일어난다. 사랑이 좋은 예다. 우리는 사랑을 만들 수도 없고, 어떻게 사랑이 생기는지 설명하지 못한다. 정의를 내릴 수도 없고 신비로운 특성이 사랑을 아름답게 한다. 우리는 삶의 신비한 움직임에 의해서 움직여진다. 마치 한동안 파도에 떠다니다가 다시 알 수 없는 곳으로 사라지는 것과 같다.

앞에서 살펴보았듯이 우리의 삶은 음과 양, 대립과 증오, 긍정과 부정, 사랑과 화해, 남자와 여자 사이를 오간다. 만약 우리가 오직 평화와 조화만 경험하게 된다면 삶은 지루하고 고리타분하게 느껴질 것이다. 그래서 우리는 삶에서 대립과 갈등, 조화와 균형 사이를 왔다 갔다 한다. 가족세우기 세션을 할 때 움직임을 살펴보면 이런 현상을 잘 볼 수 있다. 두 사람 사이에 갈등이 생기면, 이들의 깊은 내면에는 화해를 향한 움직임이 생긴다. 두 사람이 화해하는 데 시간이 걸리기는 하겠지만, 결국은 두 사람이 다시 함께하는 것을 보게 된다.

앞서 언급했듯이 가족세우기 세션은 계속해서 변화하는 가족 역동을 찍은 스냅 사진과 같다. 이 사진을 통해서 우리는 다음 움직임의 방향을 세우는 데 도움을 얻는다.

동독에 살았던 독일인 브리짓Brigitte의 세션에서, 브리짓의 가족은 전쟁이 끝난 뒤 러시아 군대를 피해서 서독으로 갔기 때문에 모든 재산을 잃었다고 했다. 브리짓의 어머니는 러시아인과 결혼했는데, 그 남편은 첫째 아이를 데리고 떠났다. 브리짓은 어머니의 둘째 아이다.

가족세우기에서 브리짓의 외할머니는 러시아인에게 화가 많이 나 있다는 것을 볼 수 있었다. 그리고 브리짓의 어머니가 러시아인과 결혼하면서 자기 어머니와 러시아인을 화해시키려는 성공할 수 없는 노력을 볼 수 없었다. 하지만 한편으로는 자신의 어머니에 대한 충성심으로 러시아인을 미워하기 위해서 어머니와 같은 운명을 선택했다. 러시아 남편이 떠났고, 브리짓의 어머니는 결국 자신의 어머니와 같은 분노의 감정을 갖게 되었다.

후손인 브리짓을 통해 독일인과 러시아인의 화해를 마무리 지을 수 있었다. 브리짓은 독일인이 먼저 러시아를 침공했다는 사실을 기억할 필요가 있었다.

결국 그녀는 "나는 러시아인도 사랑합니다"라고 어머니와 외할머니에게 말할 수 있었다.

대립을 끝내려는 사람은 자신의 고통을 있는 그대로 드러내고, 자신의 동일시와 분노를 멈추어야 한다. 전쟁 때문에 독일인과 러시아인은 모두 심한 고통을 받았다. 이 단순한 사실이 두 나라 사람들을 다시 만나게 할 수 있다. 만남은 대리인이나 내담자의 가슴 안에서 이루어진다. 이것은 우리가 적이라고 생각하는 사람들도 삶의 위대한 힘에 의해 어쩔 수 없이 그랬다는 사실을 인정한다는 뜻이다.

자 유 의 길 ■ ■ ■

크게 보면 삶에서 반대 극성이라는 것은 없다. 모든 반대 극성은 전체의 일부분이다. 우리가 어느 하나를 동일시했기 때문에 갈등과 대립이 생긴다. 고타마 붓다를 비롯한 많은 선각자가 동일시가 고통을 부르기 때문에 동일시로부터 자유로운 자만이 진정한 자유를 얻을 것이라고 말했다. 일반적으로 우리는 직업, 관계, 국가, 믿음, 인종을 우리 자신과 동일시한다. 이미 말했듯이 명상은 이런 것들이 우리의 본질이 아님을 깨닫게 도와준다. 가족세우기도 우리의 본질이 무엇인지에 대한 통찰을 주기 때문에 명상 상태 가까이 우리를 인도해 준다.

예를 들어, 브리짓이 러시아인도 사랑한다고 말했을 때, 그녀는 자신이 독일인이라는 동일시를 끝낸 것이다. 동시에 독일인이 갖고 있던 분노를 내려놓을 수 있었다. 브리짓은 사실 독일인과 러시아인이 동등하다고 말한 것이다. 독일인과 러시아인은 똑같은 인간으로서 전쟁을 통해 많은 고통을 받았다. 이것이 애국심보다 깊은 차원에 존재하는 진실이다. 진정 우리가 어디에서 왔으며, 누구인지를 알게 되면 국가도 넘어설 수 있다.

동일시는 성숙을 위한 자연스럽고 필수적인 과정이다. 동일시는 개인이 정체성을 갖게 해주지만, 삶에 대한 깊고 성숙한 이해는 그 모든 것을 넘어선 곳으로 우리를 데려간다. 이런 맥락에서 초월은 노력해서 성취되는 것이 아니라, 우리가 우리의 근원을 진심으로 존중할 때 저절로 일어나는 현상이라 할 수 있다.

오쇼는 '이해된 다음에는 아무런 행위가 없다. 이해는 그 자체가 행위다. 그것은 당신이 방 안에 등불을 갖고 들어가서 어둠을 몰아내야 한다는 것이 아니다. 이해가 빛이다. 당신이 이해하는 순간 당신이 버려야 할, 내려놓아야 할, 제거해야 할 고통은 사라지고 없다. 이해는 손쉽게 당신을 청소한다'라고 말했다.

동일시와 존중을 구분할 필요가 있을 것 같다. 동일시는 무의식적으로 일어난다. 이것과 반대되는 저것을 선택했을 때, 우리는 동일시하는 사람과 하나가 된다. 존중은 의식적으로 일어나며, 어떤 것을 찬성하거나 반대하면서 무엇을 선택하지 않는다. 우리는 사랑의 향기 뒤에 남은, 두 사람 모두를 자유롭게 하는 우리의 분리된 실존을 깨닫는다.

브리짓이 외할머니를 존중한다는 것은 할머니가 살았던 시대상을 알고 왜 외할머니가 그렇게 화가 났는지 이해하지만, 외할머니의 분노와 고통은 외할머니에게 남겨두는 것이다. 이 순간 브리짓은 외할머니를 동일시하지 않게 되고 다른 편에 서 있던 러시아인들과 자유롭게 교류할 수 있게 된다.

존중과 존경은 잘못 이해하기 쉽다. 그 사람을 존중하고 존경한다고 해서 그에게 충성을 맹세하고 무언가를 해야 하는 것은 아니다. 진정한 존중과 존경은 이해에서 나온다. 존중과 존경은 그 사람과 그의 인생을 아무 편견 없이 인정하고 수용할 때 일어나는 부차적인 현상이다.

이것이 헬링거 박사가 한때 자주 사용했던, '나는 당신을 존경합니다'와 같은 치유 문장을 더 이상 사용하지 않는 이유 중에 하나일 것이다. 사랑은 행위가 아니라, 상대에 대한 깊은 경외심과 각자의 홀로 있음을 수용하는 것이다.

  자유도 잘못 이해하기 쉬운 말이다. 대부분의 사람은 '자유란 내가 하고 싶은 대로 하는 것'이라고 생각한다. 그러나 진정한 자유는 위대한 통찰과 자각에서 생긴다. 사람들이 자유에 대해서 말할 때, 애인을 떠나는 사람처럼, 부모에게 '싫어'라고 말하는 아이처럼 어떤 목적을 위해 사용한다. 이것은 관계의 유대를 푸는 것이다. 이것은 '무엇으로부터' 자유로 다소 부정적이다. 자유 그 자체는 부정적이지도 긍정적이지도 않지만 말이다. 우리의 삶에 대한 접근이 진실한 '긍정'이 되고, 충만해지는 것은 오직 '무엇을 향한 자유'라는 또 다른 차원을 발견했을 때이다.

  이런 맥락에서 테라피가 '무엇으로부터의 자유'를 준다면, 다음 단계인 '무엇을 향한 자유'는 명상을 통해 얻게 된다. 다른 말로 하자면 치유를 통해서 정신적 속박에서 벗어나는 것은 좋은 출발이지만, 궁극적으로 삶의 진정한 의미는 영적인 차원에서 찾을 수 있다는 뜻이다. 두 가지 자유를 연결할 수 있는 가능성은 테라피의 한 종류인 가족세우기에서 찾을 수 있다. 내담자는 어떤 문제를 해결하는 방법으로써 그 과정에 매료될 수 있고, 삶이 움직이는 방식에 대한 깊은 이해로, 진정 우리가 누구인가를 경험하고 발견하기 위한 탐구로 나아갈 수 있다.

부록
자주하는 질문

- **가족세우기 세션은 얼마나 받아야 하나요?**

가족세우기는 단 회기 기법이며, 개인적인 문제를 해결하는 심리 치료와는 다른 개념을 기초로 한다. 3년간 일주일에 한 번씩 가족세우기 세션을 받으러 올 필요는 없다. 가족세우기는 내담자에게 자기 현실과 깊이 만날 수 있도록 도와주며, 가족 구성원과 어떻게 얽혀 있는지에 대한 새로운 이해를 갖게 해 주고, 여기서 작업은 끝이 난다. 이것은 마치 삶의 새로운 목표와 관점을 발견하는 것과도 같다. 숨겨져 있던 사실들이 드러나고 내면의 변화가 서서히 일어난다. 물론 가족 안에는 뒤엉킨 실타래처럼 수많은 얽힘이 존재하기 때문에 한 번 세션으로 모든 것을 풀 수는 없다. 한 번에 한 가지 얽힘만을 다룰 수 있다. 한 번은 현재 가족의 문제를 다루고, 다른 세션에서는 원가족의 문제를 다룰 수 있다. 또는 새로운 사실을 알게 되었거나 새로운 통찰이 일어났을 때 가족세우기를 다시 할 수 있다.

보통 내면의 깊은 감화를 받은 내담자는 다시 가족세우기를 받을 필요성을 느끼지 않는다. 공식적인 세션이 끝나도 통합과 내면화의 과정은 오랫동안 계속되기 때문이다.

• 가족세우기 세션을 받은 후에 어떻게 해야 하나요?

이 질문은 세션의 결과를 어떻게 하고 싶은 마음에서 일어난다. 이 질문에 대한 대답은 아무것도 하지 말라는 것이다. 새롭게 알게 된 가족 관계에 대한 통찰과 이해를 신뢰하고 모든 풀림은 저절로 일어날 것임을 믿어라.

세션이 끝나면 내담자의 태도와 생활방식을 바꾸어야 한다고 생각하는 치료자는 내담자의 삶을 간섭하고 있는 것이다. 내담자가 세션 후에 무엇을 하든 그것은 치료자가 관여할 일이 아니다. 그래서 일반적으로 좋은 세션을 평가하는 기준이 가족세우기에는 적용되지 않는다.

• '해결 지향'이란 무슨 뜻인가요?

가족세우기를 할 때 해결 지향적인 접근을 한다는 말은, 치료자가 내담자의 가족세우기를 보고 가장 긍정적인 결과가 무엇인지를 판단하여 그 방향으로 세션을 이끌어간다는 뜻이다. 이를 위해 치료자는 간단한 문장이나 움직임을 대리인에게 지시하기도 한다.

가족세우기 작업은 가족 간의 얽힘을 풀어내는 작업이기 때문에, 호기심을 풀거나 원인을 알기 위해서 세션을 해서는 안 된다. 내담자가 가족 안의 얽힘을 보고 통찰을 갖도록 하는 것이 가장 중요하다. 치료자는 안내자나 지시자가 아니라 촉진자에 가깝다. 치료자는 문제 해결의 열쇠를 찾는 것이고, 이 열쇠가 얽힘을 스스로 풀어나간다.

필요 이상으로 많은 대리인을 세우는 것과 같이 필요 이상 개입을 하게 되면, 핵심적인 문제를 벗어나거나 세션의 효과를 감소시킨다.

- **가족세우기 세션 안에 내담자를 직접 세워야만 하나요?**

일반적으로 내담자가 직접 가족세우기 장 안에 들어갈 필요는 없다. 실제 사람이 아니라 에너지 장에서 작업하는 것이기 때문에 대리인을 세워도 충분하다. 가족세우기의 장점이자 아름다움은 내담자가 보고 듣는 것만으로도 많은 통찰을 얻고 내면의 변화가 일어난다는 것이다. 치료자는 내담자와 직접적으로 작업하지 않기 때문에, 내담자의 저항을 최소화하여 효과적으로 세션을 진행할 수 있다. 내담자는 세션에서 나타난 진실을 자신이 할 수 있는 만큼 시간을 갖고 천천히 내면화하게 된다. 치료자는 내담자에게 어떤 결과나 변화가 일어나기를 기대하지 않는다. 나는 종종 세션의 끝부분에서 내담자가 직접 가족세우기 에너지 장으로 들어가서 몸소 느껴 보게 하는데, 감정이 격해져서 중심을 잡을 수 없는 내담자의 경우는 계속 앉아서 지켜보도록 한다.

- **언제 세션을 중단하나요?**

일반적으로 가족세우기 장 안에 에너지 움직임이 사라지거나, 중요한 사실을 알 수 없을 때 혹은 내담자가 강한 저항을 보일 때 세션을 중단한다. 세션을 중단하는 것은 내담자에게 주는 벌이 아니다. 세션 중단 그 자체가 내담자 내면에 변화를 가져오는 중요한 행위며, 내담자가 준비되면 다시 세션을 할 수 있다.

치료자는 세션이 얼마 동안 진척되지 않고 멈추었을 때, 세션을 중단해야 하는 순간인지 아니면 숨겨진 사실이나 진실의 통찰이 일어나기를 기다려야 하는 순간인지 잘 판단해야 한다.

- **다른 사람의 가족세우기를 대신할 수 있나요?**

실제로는 이곳에 단 한 명이 있지만, 가족세우기를 통해 가족 전체가 영향을 받는다는 것을 보았다. 그러므로 지금 이곳에 있지 않은 사람의 가족세우기도 가능하며, 이것도 그 사람에게 똑같이 영향을 주고 치유를 불러올 수 있다. 이런 대리 가족세우기 세션은 가족세우기 트레이닝 그룹에서 종종 일어난다. 참가자 중 한 명이 자신의 내담자의 사례를 가지고 와서 가족세우기를 한다. 참가자의 지도자는 내담자가 없는 상태에서 참가자가 주는 정보만으로 세션을 진행한다. 물론 이 일은 사전에 내담자의 동의가 있을 때만 할 수 있다. 가족세우기가 무엇인지 모르는 친구나 친척을 대신해서 대리 가족세우기 세션을 하는 것은 바람직하지 않다.

- **세션 후에 아무 변화도 일어나지 않는 것 같아요.**

내면의 변형은 자신과 자신의 삶에 대한 이해와 통찰을 얻어가는 과정이다. 변화를 바라는 욕망이 자연스러운 변화를 막기도 한다. 우리는 어떻게 변화가 일어나는지 완전히 알지 못한다. 우리가 바꾸고자 하는 습관과 태도, 상황에 대한 통찰이 일어나는 순간 이것들은 스스로 변하거나 사라진다. 내면의 변형은 바꾸고자 하는 노력에 의해 일어나지 않는다. 이것이 내적인 변형의 비밀이다.

가족세우기 세션의 동기가 무엇을 바꾸거나 개선하고자 하는 것이 아니라, 실체에 대한 통찰이어야 한다. 가족세우기는 있는 그대로의 모습을 보는 작업이다.

가족세우기의 효과는 세션이 끝난 후 바로 나타나기도 하고, 시간이 지난 다음 나타나기도 하지만, 오랫동안 지속된다.

그래서 세션 후에 아무 변화가 없다면, 이것은 진실이 완전히 드러나지 않았거나, 치료자나 내담자가 어떤 문제를 완전히 이해하지 못했다는 뜻일 수도 있다. 혹은 내담자가 자신이 갖고 있는 생각을 아직 내려놓지 못하고 있거나 내려놓기를 저항하고 있기 때문일 수도 있다.

• 사물, 느낌, 추상적 관념에 대한 가족세우기

가끔 치료자는 추상적 관념의 대리인을 세우기도 한다. 예를 들면 국가, 신, 죽음, 운명, 전쟁, 질병의 대리인을 세운다. 난치병을 앓고 있는 환자인 경우 환자와 병의 대리인을 세우고 세션을 시작하기도 한다. 알코올 중독과 같은 장애나 두려움과 같은 느낌을 대리인으로 세울 수도 있다.

일반적으로 나는 추상적인 관념을 대리인으로 세워서 작업할 때 주의를 기울인다. 왜냐하면 우리의 느낌이나 장애는 관계의 부산물이지 실제 원인이 아니기 때문이다. 종종 국가의 대리인이 실제로 어떤 사람 혹은 어떤 그룹이나 내담자의 이전 세대 가족의 한 사람이라는 것을 볼 때도 있다. 폭행이나 질병의 대리인을 세우는 경우에도 마찬가지인데, 이것들은 동일시된 가족으로 제외된 사람을 대리한다.

때로는 실제 사람을 세우는 것보다 추상적인 관념을 세우는 것이 더 효과적일 수 있다. 예를 들어 전쟁으로 죽은 가족이 있을 때 내담자가 전쟁을 마주 보게 하면서 삶에는 인간이 통제할 수 없는 큰 힘이 있다는 것을 이해시킬 수 있다. 또는 일찍 돌아가신 어머니 옆에 운명을 세우고 내담자가 운명과 마주한다. 내담자는 어머니의 운명 앞에서 자신의 작음을 인정하고 겸손해질 수 있다.

나는 내담자가 질병이 있거나 가까운 사람이 죽은 경우를 제외하고는, 추상적인 관념으로 세션을 시작하지 않는다. 왜냐하면 세션의 깊이가 없어지고 모호해지기 때문이다. 어떤 여자에게 화가 난 남성 내담자의 경우, 남자의 대리인과 화를 마주 보게 한다면 이 세션은 아마 금방 끝나버릴 것이다. 이 경우에는 남자와 여자를 마주 보게 하거나 남자가 실제로 화내고 있는 원가족을 찾는 것이 훨씬 낫다. 그럼에도 불구하고, 많은 치료자가 추상적인 관념을 활용하여 좋은 결과를 얻고 있다.

옮긴이의 글 1

　　선생님이란 자기 영역의 전문가이면서 자신이 하는 일을 정확하게 이해하고 그것을 구체적으로 설명해 주는 사람이 아닐까? 내게 스바기토는 선생님과 같은 존재다. 2007년 인도의 명상 리조트에 들렀다가 가족세우기 공개 워크숍을 진행하는 스바기토를 만났다. 그 자리에서 가족세우기 책을 한국에 소개했으면 하는 바람을 전했는데, 올해가 되어서야 도서출판 동연의 도움으로 그 소망이 이루어지게 되었다. 대부분 치유나 명상에 대한 책들이 원론적인 면을 강조하고 있다면, 이 책은 스바기토의 뛰어난 직관력과 통찰력, 그리고 구체적인 면이 그대로 드러나는 치유와 명상의 원리와 그에 따른 구체적인 사례를 들어 설명하고 있다는 점에서 내 자신에게도 많은 도움이 되었다. 번역을 하면서 특히 내 마음을 끌었던 부분은 3부의 가족세우기 안내자를 위한 부분이다. 안내자가 해야 할 것과 하지 말아야 할 것, 세션 안내의 기본 원칙, 그리고 질서와 실체, 에너지라는 세 가지 요소를 분명하고 구체적으로 설명하고 있다. 나는 이 책을 통해 나의 원 가족과 현재 가족의 어려움을 더욱 깊이 바라볼 수 있게 되었으며, 그 근원을 만나게 되었다. 특히 2008년 스바기토의 개인적인 가족세우기 세션을 통해 아들 재현이 아토피 증상의 뿌리를 볼 수 있었던 일이 마음에 많이 남아 있다.

　　책의 번역을 마무리 할 수 있도록 내내 옆에서 도와준 아내 사랑님과 가족세우기 세션의 효과를 눈으로 직접 확인할 수 있게 해준 아들 재현이에게 고마움을 전한다. 그리고 두 차례의 인도에서 머무르던 시간 내내 우리 가족과 동행하며 세심한 것까지 챙겨준 신차선 선생에게도 온 마음으로 감사를 보낸다.

흰바람 박선영

옮긴이의 글 2

나는 2001년부터 인도와 유럽을 오가며 명상과 테라피를 경험했다. 몇 년 동안의 노력으로 내 안에 있던 답답함과 어려움은 많이 사라졌지만, 여전히 2% 부족함을 느꼈다. 그때 내가 만난 것이 가족세우기다. 가족이라는 말만 들어도 가슴이 답답하고 눈물을 글썽거리던 나에게 첫 번째 가족세우기 그룹은 큰 충격을 줬다. 친구들에게 머리에 핵폭탄을 맞은 듯했다고 얘기한 기억이 난다. 그룹 작업을 하고 2, 3일간은 충격에 정신이 없었고, 그래서 해마다 인도 오쇼 아쉬람을 갈 때마다 가족세우기를 했다.

가족세우기는 내가 그토록 거부하고 싫어하던 가족에 대한 사랑과 이해를 회복시켜 주었다. 특히 스바기토의 명상적 가족세우기는 어느 명상적 테라피보다 가족에 대한 명징한 통찰을 안겨주었다. 내가 그의 책을 번역할 수 있었던 것에 대해 무한한 고마움을 느낀다. 그리고 그가 전해 준 삶과 명상에 대한 보석 같은 지혜를 이 책을 통해 함께 나눌 수 있어서 참 기쁘다.

이 책에는 스바기토가 명상가로서, 가족세우기 치료자로서 30년 가까이 쌓아온 경험과 지혜가 그대로 녹아들어 있다. 또한 그동안 내가 받았던 트레이닝의 핵심적인 요소들이 예시와 함께 쉽게 쓰여 있어서, 가족세우기에 관심이 있거나 가족세우기 치료자가 되고 싶은 사람 모두에게 좋은 교과서가 될 것이라 확신한다.

끝으로 언제나 내 마음속에 함께하는 사랑하는 어머니, 아버지, 오빠, 언니, 동생에게 우리 가족으로 태어나 주어서 고맙다는 말을 하고 싶다. 그리고 가족세우기 그룹에서 자신들의 삶을 공개하고 함께 고민해 주었던 모든 참가자들, 번역이 힘들 때마다 격려해 준 희라, 예리, 소영 선생님, 가족세우기와 관련된 많은 기회를 만들어 주시고 조언을 아끼지 않으신 신차선 선생님, 공동번역을 해주시고 어려운 일들을 처리해 주신 박선영 선생님, 이 책을 쓴 나의 가족세우기 선생님 스바기토와 나를 다시 태어나게 해준 오쇼에게도 진심으로 고마움을 전한다. 좋은 책을 만들어 준 동연 식구들의 노고에도 감사한다.

2009년 3월 김서미진

참고도서

Bader, E., Pearson, P. (1988): *In Quest of the Mythical Mate* (Brunner&Mazel, New York)

Franke, U. (2003): *The River Never Looks Back. Historical and Practical Foundations of Bert Hellinger's Family Constellations* (Carl-Auer-Systeme Verlag, Heidelberg)

Hellinger, B. (1999): *Acknowledging What Is Conversations with Bert Hellinger* (Zeig Tucker & Theissen, Inc.)

Hellinger, B., G. Weber and H. Beaumont (1998): *Love's Hidden Symmetry. What Makes Love Work in Relationships* (Zeig Tucker & Theissen, Inc.)

Hellinger, B. (2003): *Farewell. Family Constellations with Descendants of Victims and Perpetrators* (Carl-Auer-Systeme Verlag, Heidelberg)

Hellinger, B. (2003): *Peace Begins in The Soul. Family Constellation in the Service of Reconciliation* (Carl-Auer-Systeme Verlag, Heidelberg)

Neuhauser, J. (2001): *Supporting Love. How Love Works in Couple Relationships* (Zeig Tucker & Theissen, Monaco)

Osho: *The Great Pilgrimage* (Rebel Publishing House, India)

Osho: *Beyond Psychology* (Tao Publishing Pvt. Ltd., India)

Osho: *The Rebellious Spirit* (Rebel Publishing House, India)

Osho: *Satyam, Shivam, Sunderam* (Tao Publishing Pvt. Ltd., India)

Osho: *Meditation. The First and Last Freedom* (St. Martin's Press, USA)

Osho: *Love - Freedom - Aloneness. The Koan of Relationships* (St. Martin's Press, USA)

Prekop, J. (1992) *Hättest du mich festgehalten. Grundlagen und Anwendung der Festhalte- Therapie* (Goldmann)

Ulsamer, B. (2001): *The Art and Practice of Family Constellation* (Carl-Auer-Systeme Verlag, Heidelberg)

삶의 얽힘을 푸는 가족세우기

2009년 4월 25일 초판 1쇄 발행
2020년 2월 25일 초판 4쇄 발행

지은이 | 스바기토 R. 리버마이스터
옮긴이 | 박선영·김서미진
펴낸이 | 김영호
펴낸곳 | 도서출판 동연
등 록 | 제1-1383호(1992년 6월 12일)
주 소 | 서울시 마포구 월드컵로 163-3
전 화 | (02) 335-2630
팩 스 | (02) 335-2640
이메일 | h-4321@daum.net / yh4321@gmail.com
블로그 | https://blog.naver.com/dong-yeon-press

Copyright ⓒ 도서출판 동연, 2009

이 책은 저작권법에 따라 보호받는 저작물이므로, 무단 전재와 복제를 금합니다.
잘못된 책은 바꾸어 드립니다.
책값은 뒤표지에 있습니다.

ISBN 978-89-85467-77-3 03180